Alles andere als langweilig

Ralf Mühe

BLB

Ralf Mühe

Alles andere als langweilig

Mein Leben mit Jesus

Lektorat: Iris Voß
Umschlaggestaltung: Luba Ertel
Umschlagfoto: © Ralf Mühe
Fotos Innenteil: © Ralf Mühe
Bibeltexte:
Gute Nachricht Bibel, revidierte Fassung,
durchgesehene Ausgabe,
© 2000 Deutsche Bibelgesellschaft, Stuttgart.
Lutherbibel, revidiert 2017,
© 2016 Deutsche Bibelgesellschaft, Stuttgart.
Neue Genfer Übersetzung
© 2011 Genfer Bibelgesellschaft,
mit freundlicher Genehmigung.

Satz: Breklumer Print-Service, www.breklumer-print-service.com
Druck: FINIDR, s.r.o.; Tschechische Republik

ISBN 978-3-95568-479-2

www.bibellesebund.net

Inhalt

Warum mich dieses Buch begeistert

Als mich Ralf Mühe nach einer Rezension für das vorliegende Buch fragte, musste ich nicht lange überlegen, um zuzustimmen. Wir kennen uns seit Jahren durch gemeinsame Freizeiten und Begegnungen, die zu einer langjährigen Freundschaft führten.

Um es vorweg zu sagen: Das Lesen seines Buches ist „alles andere als langweilig". Es ist ein typisches Ralf-Produkt: durch und durch ehrlich und authentisch, aber auch geistlich-theologisch tiefgründig und aussagekräftig. Seine Lebenserfahrungen sind fest verankert in der Bibel und machen Mut, das Wort Gottes ernst zu nehmen und immer wieder nach seinem Wahrheitsgehalt zu fragen, um es dann im eigenen Leben anzuwenden. Hier kommt seine Gabe zu lehren zum Vorschein, aber auch sein evangelistisches Herz, das die Begegnung mit Jesus jedem Menschen wünscht. Hin und wieder wehte mir auch der Hauch „urchristlichen Gemeindelebens" entgegen, wenn Ralf von seinen Kämpfen mit geistlichen Mächten berichtet. Uns beide verbindet darüber hinaus eine große Übereinstimmung in geistlichen Erkenntnissen. Bewegend und „typisch Ralf" ist seine Offenheit, mit der er seine Unfertigkeit, sein Versagen, seine Fragen und Zweifel zur Sprache bringt. Das macht nicht nur dieses Buch, sondern auch ihn selbst sehr sympathisch. Beim Lesen der letzten Kapitel über die Begleitung seiner sterbenden Frau sind mir mehr als einmal die Augen feucht geworden. Ich vermute, dieses schwere Ereignis wird viele Leser trösten, weil Gott uns Menschen nicht allein lässt, wenn es ans Sterben geht (Psalm 23,4-5).

„Alles andere als langweilig" beschreibt ein Leben, das Gott für sich beschlagnahmt hat und in dem man deutliche Spuren seines Wirkens und Segens erkennen kann, wie es David in Psalm 23,5-6 ausdrückt. Ich bin sicher, dass viel Segen durch dieses Buch in das Leben von Menschen fließt, und wünsche ihm darum eine weite Verbreitung.

Werner Röhle, Pastor der FeG Neustadt in Holstein

Ralf Mühe beschreibt in seinem Buch geradezu unglaubliche Begebenheiten aus seinem Leben mit Gott. Manche können unwahrscheinlicher nicht sein, und doch sind sie wahr. Schonungslos und detailliert lässt er uns an seinen Erlebnissen teilhaben und in wohlgesetzten Kurzepisoden nimmt er uns mit auf seine spannende Lebensreise.

„Alles andere als langweilig" ist ein Titel, der zwar gut passt, aber eher untertrieben wirkt. Zwischen okkulten Erfahrungen und dem Glauben an Jesus Christus, zwischen echten Wundern und schierer Verzweiflung, zwischen Alltagsgeschehen und Ausnahmesituationen wechseln seine Lebens- und Familienthemen auf den Seiten dieses Buches. Dabei erspart er dem Leser erschütternde Situationen nicht, sieht sie aber immer in seinem grenzenlosen Vertrauen in Jesus Christus und die Bibel als Gottes Wort.

Ralf Mühe drückt sich als erfahrener Autor und Kolumnist nicht nur exzellent aus, sondern würzt seine Episoden gerne mit dem für ihn eigenen Humor. So ist dieses Buch das, was es auch sein soll: „alles andere als langweilig“, und damit eine echte Empfehlung für jeden Leser!

Sabine Czilwa, Personal Coach und langjährige Freundin der Familie

1. Nur ein Unfall auf der Couch?

Es ist erstaunlich, wie weit Erinnerungen zurückreichen, wenn sie auf eindrücklichen Impulsen basieren. Zu ihnen gehörten die Erzählungen meiner Mutter über ihre Erfahrungen während des Zweiten Weltkriegs. In den ersten zehn Jahren unserer Kindheit schliefen wir zu dritt in einem Zimmer: meine zwei Jahre ältere Schwester, meine Zwillingsschwester und ich. Elf Jahre später kam eine weitere Schwester als Nachzüglerin zur Familie. Zu dieser Zeit waren Fernsehgeräte noch rar. Wir jedenfalls besaßen keines. Aber wir hatten das Privileg einer sehr viel lebensnäheren Alternative. Wenn es ihre Zeit erlaubte, legte sich Mutter zu uns ins Bett. Wir kuschelten uns um sie herum und boten ihr als aufmerksame Zuhörer eine willkommene Bühne für ihre Geschichten.

Wir mochten immer wieder hören, was sie damals bewegt hatte und beim Mitteilen ganz sicher auch verarbeitete. War sie doch auf der Flucht vor einem der zahlreichen Bombenangriffe alliierter Fliegerverbände auf die BASF bei Ludwigshafen in einen Bombentrichter gestürzt. Dabei hatte sie sämtliche Schneidezähne eingebüßt. Unsere kindliche Anteilnahme war ihr gewiss. Der Urgroßvater hingegen blieb bei solchen Gelegenheiten seelenruhig in seiner Wohnung. „Wenn der Herrgott es will, dann bleibe ich am Leben“, argumentierte er schicksalsergeben.

Was wäre aus uns Kindern geworden, wenn Mutter in dieser schlimmen Zeit ums Leben gekommen wäre? Hätten wir zwar den Vater, aber statt ihr eine andere Person als Elternteil? Würden wir überhaupt existieren? Mit Fragen wie diesen quälte ich sie und mich.

In dieser unruhigen Lebensphase des Krieges registrierte Mutter mit hoher Sensibilität die Unruhe beim Stubenvogel oder bei Katzen als Vorwarnung auf nahende Bombengeschwader. Darüber hinaus verfügte sie über hellseherische Fähigkeiten. Sie erkannte hin und wieder bildhaft, welcher Teil der Straße oder des Hauses durch die tödlichen Lasten aus der Luft zerstört werden würde. Dementsprechend änderte sie die Laufrichtung ihrer Flucht. Man bezeichnete sie deshalb halb im Scherz als Prophetin. Über die Quelle dieser Fähigkeit hat sich meines Wissens niemand Gedanken gemacht. Was für Menschen von Nutzen ist, kann doch nicht vom Bösen sein, ist eine durchaus gängige, aber irrige Ansicht.

Es blieb nicht bei diesen übersinnlichen Erfahrungen. Mutter kam in Kontakt mit einer Spiritistin, in deren Augen sie gläsern zu sein schien. Die Fremde war in der Lage, persönliche Lebensdaten und Fakten zu nennen, die Mutter ihr niemals mitgeteilt hatte. Davon neugierig geworden, ließ Mutter sich zu Sitzungen einladen, bei denen Frauen versuchten, durch Geist etwas über den Verbleib des Mannes, Bruders oder Vaters an der Front oder in Gefangenschaft zu erfahren.

Für den Gewinn an Wissen aus solchen okkulten Quellen bezahlen Menschen in der Regel einen hohen Preis. Im Laufe meiner Dienstjahre hatte ich mehrfach Personen in der Seelsorge, die sich auf solche geistlichen Abwege eingelassen hatten. Doch Gott hat zum Schutz seines Volkes solche Abwege ausdrücklich verboten:

Wenn ihr in das Land kommt, das der HERR, euer Gott, euch geben wird, dann hütet euch, die abscheulichen Bräuche seiner Bewohner zu übernehmen. Keiner von euch darf seinen Sohn oder seine Tochter als Opfer auf dem Altar verbrennen. Ihr dürft keine Wahrsager und Wahrsagerinnen unter euch dulden, niemand, der aus irgendwelchen Zeichen oder mit irgendwelchen Praktiken die Zukunft voraussagt, auch niemand, der Zauberformeln benutzt und damit Geister beschwört oder Tote befragt. Wer so etwas tut, ist dem HERRN zuwider. Genau wegen dieser Dinge vertreibt der HERR die Bewohner des Landes vor euch. Der HERR ist euer Gott; ihm sollt ihr ganz und ungeteilt gehören. (5. Mose 18,9-13 GNB)

Häufig zeichnet sich bei den Personen durch Grenzüberschreitungen zur jenseitigen Welt ein destruktiver Lebensverlauf ab. Sie werden von Unruhe, Depressionen und einer gegenüber Gott feindlichen Grundhaltung geplagt, die sie gefangen halten. Es benötigt ein bewusstes Abwenden und Lossagen, um dem Dunkel zu entrinnen. Das habe ich bei Ratsuchenden mehrfach beobachten dürfen. Aber leider nicht bei meiner Mutter. Bei ihr traten diese Folgen mit zunehmendem Alter stärker auf. Meine Kinder kannten ihre Oma nur mit diesem leeren Blick der Teilnahmslosigkeit.

Im Jahr 1954 kannte man noch keine Ultraschallgeräte. Als Zweiter von Zwillingen war ich bei der Hausgeburt für meine Eltern also eine echte Überraschung. Mit mir hatten sie nicht gerechnet. Und ich erfuhr es, wann immer sich durch den Alkohol die Zungen gelöst hatten. Der Satz „Eigentlich haben wir die Nachgeburt erwartet, doch dann kam Ralf" wurde für die Gäste in unserem Wohnzimmer zum ultimativen Schenkelklopfer. Getoppt wurde er durch die gezielte Indiskretion, dass meine Zwillingsschwester und ich eigentlich nur ein Unfall auf der Couch gewesen seien. Ich hörte es und versteckte mich voller Scham hinter einer Gardine.

Verdankte ich mein Leben tatsächlich nur einer Achtlosigkeit? Der Gedanke, rein zufällig auf dieser Welt zu sein, weckte in mir das Gefühl des Ungeborgenseins und beschäftigte meine Gedanken. Ich hatte Fragen zum Beginn und Ende des Lebens, auch wenn ich sie noch nicht gezielt in Worte fassen konnte. Mir ist noch gut in Erinnerung, wie ich erschrak, als Mutter einmal an unseren Betten „Guten Abend, gut' Nacht" von Johannes Brahms sang. Da heißt es im Refrain: „Morgen früh, wenn Gott will, wirst du wieder geweckt."

„Was ist, wenn Gott nicht will?" Ich war zutiefst beunruhigt. Gab es eine Instanz über uns, die darüber bestimmte, ob und wie lange wir leben? Meine Mutter reagierte auf meine Frage sichtlich überfordert. „Ach, er wird schon wollen!", meinte sie schroff. Ich spürte deutlich ihre Verunsicherung. An diesem Abend versuchte ich vergeblich, das Einschlafen zu verhindern, indem ich lange Zeit krampfhaft die Augen offen hielt.

Bei einem Ausflug auf den Bauernhof versuchte ich im Alter von etwa sieben Jahren zu ergründen, wie Tiere mit der Tatsache des Todes umgingen. Da wir in der Familie nie darüber sprachen, beschloss ich, es mit den Kühen im Stall zu tun. Ich vergewisserte mich, dass mir niemand sonst zuhörte, und brüllte ihnen die äußerst beunruhigende Nachricht zu:

„Ihr werdet alle geschlachtet!"

Zu meiner Verblüffung mahlten die Wiederkäuer ihr Futter unberührt zwischen den Zähnen weiter. Mich packte dennoch das schlechte Gewissen, deshalb eilte ich kurze Zeit später erneut in den Stall. Diesmal mit einer Trostbotschaft.

„Ich habe mich erkundigt. Es dauert noch, bis ihr geschlachtet werdet. Gebt erst mal reichlich Milch!" Erneut bekam ich keinerlei Reaktion. Ich beneidete die Tiere um ihre völlige Gelassenheit.

Die Frage nach Leben und Tod brach im sechzehnten Lebensjahr erneut mit ganzer Kraft auf. Vertreter der Zeugen Jehovas klingelten an der Tür und fragten, worauf ich die Ursprünge dieser Welt zurückführte. Sie erläuterten mit knappen Worten das gedankliche System der Evolution und klärten mich darüber auf, wovon sie aufgrund der Bibel und ihrer Zeitschrift „Der Wachtturm" überzeugt waren. Ich folgte der Einladung zu den Treffen im Königreichssaal. Bis heute bin ich von deren gästeorientierter Freundlichkeit beeindruckt. In dieser Weise habe ich das bei evangelikalen Gemeinden eher selten erlebt. Bei ihren anschließenden Schulungen beobachtete ich, wie sie gründlich ein gewinnendes Auftreten bei Hausbesuchen in Rollenspielen einübten. Ein innerer Funke flog – Gott sei es gedankt – nicht über.

In der griechischen Sprache des Neuen Testaments gibt es den alles bestimmenden Zeitpunkt in der Vergangenheit, dessen Bedeutung bis in die Gegenwart hineinstrahlt. Es ist der Kairos. Für mich fiel er auf den Herbst 1971. Da traf ich auf dem Gehweg vor der Handelsschule mit Johanna zusammen, die für zweiundvierzig Jahre meine Ehefrau werden sollte. Ich kannte sie nur vom Sehen: eine kleine, quirlige Frau mit gewinnendem Lachen. Ebenso flüchtig waren mir einige andere bekannt, die mit ihr zu einer Veranstaltungsreihe einluden. Ein kurzer Blick auf die Themen des Flyers reichte, um mein Interesse zu wecken. Da wurden Vorträge über Gott und das ewige Leben angekündigt. Ich war davon geradezu elektrisiert. Intuitiv erfasste ich, dass ich etwas in Händen hielt, was mir eine neue Ausrichtung vorgeben würde. Zu Hause saß ich allein am Mittagstisch und studierte das Druckwerk. Unter „Stadtmission" als Veranstalter konnte ich mir überhaupt nichts vorstellen. In meiner Kernfamilie waren wir katholisch sozialisiert. Alles außerhalb der etablierten Kirchen betrachteten wir als Sekte. Mich focht es aber nicht weiter an.

Die Vortragsreihe eröffnete mir neue Horizonte. Hier sprach man über Gott und den Tod und was ihm folgte. Über all das wurde in der Familie nicht gesprochen. Religiöses Vokabular verwendete man schon gar nicht. Es sei denn im bewussten Tabubruch beim Fluchen, um dem Ärger Luft zu verschaffen.

Ein erster Schritt zum Glauben war die Überzeugung, dass es Gott geben musste. Trotz religiöser Unterweisung war er in meiner Wahrnehmung kaum mehr als ein Wort. Er stand für intensive Langeweile und Zwänge. Dagegen lehnte ich mich auf, zumal meine Eltern den Glauben selbst nicht praktizierten. Sie forderten hingegen von uns die formale Religionsausübung, weil es so üblich war. Im Jahr vor dem Empfang der ersten Kommunion waren wir am Sonntag zum Kirchgang verpflichtet. Ich entschied mich betrügerisch für die Frühmesse. Sie fand zu einer Zeit statt, in der die meisten Menschen noch schliefen. Ich fuhr mit dem Fahrrad zur Kirche, steckte als Alibi das für den betreffenden Sonntag ausliegende Faltblatt ein und radelte weiter zu den Rheinauen von Frankenthal. Dort beobachtete ich Fasane oder bestaunte die schwer beladenen Frachtschiffe. Wenn meine Schwestern zur besten Zeit des Tages maulend den Besuch der Messe zu umgehen suchten, galt ich ihnen als tugendhaftes Vorbild. Religiöser Druck ist eben dazu geeignet, Scheinheilige hervorzurufen.

Die Vortragsreihe in der Stadtmission hatte ein anderes Format als die ritualisierten Abläufe der heiligen Messen, wie ich sie als Kind empfand. Was an Themen dargeboten wurde, warf Fragen auf, über die es sich nachzudenken lohnte. Nach dem Abschluss jener Woche hielt ich mich zum Jugendkreis der Stadtmission in Frankenthal. Hier erlebte ich ein fröhliches und respektvolles Miteinander. Wohltuend spürte ich die andere Qualität in der Ausrichtung der Aktivitäten. Im Rückblick empfinde ich diese Jahre als einen zwar nicht unbeschwerten, aber doch glücklichen Ausklang meiner Jugendzeit.

Wenige Wochen nach diesem Event lud Johanna mich zu einer Jugendkonferenz der Bibelschule Seeheim ein. Das im Odenwald gelegene ehemalige Schlösschen bot für dieses Wochenende ein einzigartiges Ambiente. Ich erinnere mich an kaum mehr als an die simultan übersetzte Predigt eines amerikanischen Verkündigers von „Greater Europe Mission". Er vermittelte nicht nur biblische Wahrheiten, sondern veranschaulichte Gottes Realität an praktischen Erfahrungen seines Alltags. Damit gewann er meine ganze Aufmerksamkeit. Jesus im täglichen Leben? Nie zuvor war mir Derartiges zu Ohren gekommen. Beten um einen Parkplatz im Großraum Paris? So praktisch konnte Glaube gelebt werden! Der Prediger forderte dazu auf, Jesus als Herrn anzunehmen. Wer bereit war, sollte das mit einem Handzeichen anzeigen. Ich zögerte, weil ich annahm, mich auf diese Weise auffällig zu verhalten. Auf keinen Fall wollte ich Johanna in Verlegenheit bringen. Ich konnte ja dankbar sein, dass sie mich zu diesem Treffen mitgenommen hatte. Schließlich war das Verlangen, Gott kennenzulernen, doch größer. Ich nahm mir vor, Johanna später um Verzeihung zu bitten, und reckte den Arm. Mit anderen, die wie ich Gott kennenlernen wollten, gab es ein Gespräch. Vieles wurde erklärt, was ich nicht annähernd verstand. Sündenerkenntnis hatte ich jedenfalls keine. Als man mich aufforderte, Jesus im Gebet zu sagen, dass ich mit ihm leben wolle, hatte ich keine Ahnung, wie das gehen sollte. Frei zu beten war mir unbekannt. Der Schweiß lief aus allen Poren, als ich es irgendwie doch schaffte. Ich bin ziemlich sicher, dass sowohl die Formulierung als auch die Grammatik das Unterirdischste gewesen sein muss, was je an Gottes Ohr gedrungen ist. Aber es kam aus dem tiefsten Verlangen. Das zählte. Und es genügte, um Christ zu werden. Meine ersten geistlichen Schritte begleitete Werner Meier, der mir bei der Entscheidung zum Glauben zur Seite gestellt wurde. Ein wunderbarer Mensch, der mich aushielt, denn er hatte die Geduld eines Westfalen, die mit seelsorgerlichem Gespür gepaart war.

Die Freunde aus dem Jugendkreis überhäuften mich aufgrund der Entscheidung mit Glückwünschen. Als hätte ich Geburtstag, wurde ich sogar mit Büchern beschenkt. Über ihre Freigebigkeit konnte ich nur staunen. Als ich am Abend dieses Tages im Bett lag, empfand ich einen Frieden, wie ich ihn nie zuvor erlebt hatte. Neues hatte begonnen. Im Rückblick empfinde ich, dass damit meine erste Lebensphase, und zwar jene ohne Gottesbezug, zu Ende gegangen war.

Vom Tag meiner Jesus-Nachfolge an besaß ich eine Bibel. Sie hatte ich mir mehrere Wochen zuvor gekauft, um beim Propheten Hesekiel in Kapitel 1 die angebliche Landung Außerirdischer auf der Erde nachzulesen. Mit dieser steilen Behauptung hatte der Autor Erich von Däniken von sich reden gemacht. Seine Bücher gab ich einige Zeit später zum Altpapier, ohne diesen Schritt je bereut zu haben. Doch die Bibel blieb. Sie hatte ich bis dahin mehrfach vergeblich versucht, mit Gewinn zu lesen. Ein Telefonbuch wäre sicher kaum weniger spannend gewesen. Enttäuscht verstaute ich sie außer Sichtweite zwischen Kleidungsstücken im Schrank. Immerhin glaubte ich nach dem Überfliegen des Inhaltsverzeichnisses zu wissen, dass Jesus mit Nachnamen „Sirach“ geheißen hat, denn in der katholischen Bibel gibt es das Buch „Jesus Sirach“.

Mit der Hinwendung zu Gott öffnete sich mir der Inhalt der Bibel derart überwältigend, dass ich sie öfter nicht zu

Hause, sondern in der freien Natur las. Dort konnte ich das Gelesene laut noch einmal lesen oder innerlich berührt in Jubel ausbrechen.

> *Ich bin die Auferstehung und das Leben. Wer an mich glaubt, der wird leben, ob er gleich stürbe; und wer da lebt und glaubt an mich, der wird nimmermehr sterben.* (Johannes 11,25-26 LUT)

Diese Sätze trafen auf die offenen Fragen meiner Kindheit. In einem anderen Kernsatz fand ich treffend die aktuelle Befindlichkeit beschrieben:

> *So hat er die Menschen befreit, die durch ihre Angst vor dem Tod das ganze Leben lang Sklaven gewesen sind* (Hebräer 2,15 GNB).

Kernsätze wie diese ließ ich meine jüngste Schwester auswendig lernen. Sie war damals gerade mal 7 Jahre alt. Als mein Vater bemerkte, dass ich sie im Glauben unterwies, verbot er es. Dennoch: Der gute Same war gesät. Einige Jahre später traf sie kurz nach ihrer Krebs-Diagnose die Entscheidung, Jesus ihr Leben anzuvertrauen. Ein zweisitziger Smart der Organisation Pro Christ stand als „Kleinste Kirche der Welt" am Bahnhof von Neustadt an der Weinstraße. Dort bat meine Schwester um Gebet und erhielt Hoffnung für ihre schwierige Situation. Als sie 2016 mit einundfünfzig Jahren allzu früh starb, wusste sie sich in Gottes Hand geborgen.

2. Eine neue Art zu leben

Ich begann, an Sonntagen den Gottesdienst der evangelischen Kirche zu besuchen. Es gab dort einen älteren Mann, mit dem ich meinen frischen Glauben teilen konnte. Er beeindruckte mich mit seiner ungekünstelten Glaubenszuversicht.

„Wenn du einmal hörst, dass ich gestorben bin“, sagte er einmal, „dann sei nicht traurig. Ich werde am Ziel sein. Und es wird mir besser gehen als je zuvor.“ Das waren Worte, die ankamen.

Wenige Monate, nachdem ich zum Glauben an Jesus gefunden hatte, traf ich die Verlobte meines westfälischen Mentors. Sie registrierte erfreut die sichtbare äußerliche Veränderung. Statt mit langen Haaren und Stirnband trat ich ihr mit einem sogenannten ordentlichen Haarschnitt entgegen. Sie versuchte, ihre Beobachtung durch ein Bibelzitat zu kommentieren, konnte aber die Textstelle nicht finden. Doch dazu später mehr. Das Leben mit Jesus hatte nun für mich Priorität, offensichtliche Eitelkeiten verloren an Bedeutung. Auch gefährliches Imponiergehabe war Schnee von gestern. Ich verkaufte das Motorrad, durch das ich mit waghalsiger Fahrweise aufzufallen hoffte, und fuhr fortan mit einem Klapprad.

Der Wandel zur neuen Lebensweise kam von innen, und zwar ohne moralische Imperative. Bis dahin waren mir bei dem Versuch, meinen Platz in dieser Welt zu finden, von klein auf alle Mittel recht. Es war mir geschenkt, mir das Lesen, Rechnen und Schreiben selbst beibringen zu können. Dadurch versäumte ich allerdings die Methode des schulischen Lernens. Dieses Defizit behielt ich bis ins Erwachsenenalter. Die Folgen mangelnder Leistungen zeichneten sich bereits ab der vierten Klasse ab und verstärkten sich auf dem Gymnasium. Ich versuchte, sie durch Betrügereien zu verdecken. Von den guten Benotungen der ersten Jahre verwöhnt, wollte ich die Realität einfach nicht akzeptieren. Schließlich war sogar die Versetzung gefährdet. Sie wurde durch den gefürchteten „blauen Brief" des Klassenlehrers den Eltern mitgeteilt. Ich hatte jedoch die Post abgefangen, ehe sie meine Eltern erreichte. In langen Nachtstunden trainierte ich das Fälschen von Unterschriften. Mit meinen zweifelhaften Fertigkeiten führte ich Eltern und Lehrer hinters Licht. Den väterlichen Schriftzug kopierte ich zu Beginn mit Kohlepapier, das ich für meine Zwecke Lottoscheinen entnommen hatte. Oder ich ahmte die Signaturen so oft nach, bis ich sie perfekt beherrschte und Mitteilungen selbst unterschrieb. Niemand bemerkte etwas. Ähnlich verfuhr ich bei Klassenarbeiten. Ich erstellte sie komplett neu, versah sie mit Bemerkungen, als seien sie vom jeweiligen Fachlehrer, und ahmte auch dessen Schrift nach. Die Machwerke mit den scheinbar guten Zensuren präsentierte ich den Eltern. Das geschah stets mit der inneren Anspannung, entdeckt zu werden. Das böse Ende musste für sie deshalb völlig überraschend kommen. Wieso wurde ich trotz der angeblich guten Zensuren nicht versetzt? Weder die Lehrer noch die Eltern gingen der Sache auf den Grund. Ich führte die Erwachsenen zwar erfolgreich hinters Licht, aber die Konsequenzen musste ich dennoch tragen. Ich wurde zweimal nicht in die nächste Klasse versetzt.

Es gab ein Fach, bei dem ich stets hervorragend abschnitt. Beim Deutschunterricht behauptete ich mich in allen Schulformen mit Aufsätzen an der Spitze. Ich investierte in diese Stärke. Tat sie doch meinem angegriffenen Selbstwertgefühl gut. Während der gymnasialen Zeit durfte ich jeweils am Samstag vorlesen, was ich geschrieben hatte. Das Lachen der Mitschüler, das Lob der Lehrerin, aber mehr noch der Selbstanspruch motivierten da ungemein. Wieder einmal wurde ich zum Vorlesen aufgefordert. Da mein Ego nach Bestätigung lechzte, begann ich, die verfasste Geschichte durch eine sehr viel bessere aus dem Stehgreif zu ersetzen. Ich fabulierte, wie Piraten ein Passagierschiff überfielen. Aus Mangel an Kugeln steckten sie ihre eigenen Leute ins Kanonenrohr und schossen sie in die Kajüte ahnungsloser Schläfer, auf den Tisch der Bordküche, gegen die Beine des Kapitäns … Die Variationen an Komik entflossen mühelos meiner blühenden Fantasie. Das vergnügliche Gewieher der Klasse brachte mich „beim Vorlesen" in Fahrt. Dann aber verhaspelte ich mich.

„Wiederhole doch bitte noch einmal den letzten Satz!", forderte die Lehrerin auf. Dazu war ich natürlich nicht exakt in der Lage. Sie nahm das Heft aus meiner Hand und suchte eine gefühlte Ewigkeit lang jenen Text, den es gar nicht gab. Ihre Reaktion war bemerkenswert. Sie richtete einige Bemerkungen an die Klasse, dann wandte sie sich mir zu:

„Eigentlich müsste ich dich jetzt bestrafen", sagte sie. „Aber ich kann dich verstehen – das Gleiche habe ich auch mal gemacht." Entlarvt und tief beschämt kehrte ich wieder an den Sitzplatz zurück.

Als Teenager hatte ich einen Freund, Jürgen, der politisch sehr interessiert war und sozialistisches Gedankengut vertrat. Gemeinsam besuchten wir etliche Wahlkampfveranstaltungen. Bei einer Gelegenheit kamen wir bis auf wenige Meter in die Nähe von Willy Brandt. Der Politiker scherzte, dass Gott die

SPD wählen würde, denn schließlich hätte er auch das menschliche Herz etwas links von der Mitte platziert. Mich faszinierten Jürgens Sprachgewandtheit und seine Bereitschaft, für sein vorlautes Mundwerk Prügel einzustecken. Ich sah es als meine Pflicht an, ihm beizustehen, und zwar mit den Fäusten. Wenn ich zuschlug, dann überraschend und heftig, um nach Möglichkeit jegliche Gegenwehr im Keim zu ersticken. Bei den Türken hatte ich schlechte Karten. Sie bildeten eine Solidargemeinschaft, gegen die ich nicht ankam. Also rüstete ich auf und trug eine kurze Zeitspanne lang illegale Waffen bei mir. Es handelte sich um einen Schlagring und eine durchbohrte Gaspistole. In den Taschen meiner Lederjacke gab es dennoch Platz für ein kleines Neues Testament mit Psalmen. Darin las ich, sooft es mir möglich war. Letztlich entpuppte sich das Druckwerk im blauen Schutzumschlag aus Plastik als starke Kraft. Durch seinen Einfluss entschied ich mich dazu, Gott „im Angesicht meiner Feinde" den Schutz zu überlassen (Psalm 23,5). Ich entsorgte den Schlagring und die Pistole. Ebenso trennte ich mich von Jürgen, dessen Spott über meine Frömmigkeit unerträglich wurde. Der Wandel meines Lebens hatte eine erstaunliche Dynamik. Nichts geschah auf menschlichen Druck hin, sondern in Übereinstimmung mit meinem Willen. Der Apostel Paulus beschreibt das Phänomen so:

> *Wenn also ein Mensch zu Christus gehört, ist er schon „neue Schöpfung". Was er früher war, ist vorbei; etwas ganz Neues hat begonnen.* (2. Korinther 5,17 GNB)

Nach dieser Aussage hatte übrigens die Verlobte meines Mentors vergeblich in der Bibel gesucht. Die Verbindung zu Gott ließ mich ihn als Realität erkennen und als Herrn über mein Leben anerkennen. Sie veränderte auch Lebenshaltungen.

Die entsorgten Waffen sind Belege, die mich mit Stolz auf die Kraft des Heiligen Geistes erfüllen. Ihre Wirkung kam als Prozess von innen heraus im Gleichklang mit meiner Persönlichkeit. Da war eben nicht der moralische Druck, der von außen durch Menschen an mich herangetragen worden wäre, wie ich ihn bei der kirchlichen Sozialisierung erlebt hatte.

Es dauerte nicht lange, da entdeckte ich einen weiteren Mehrwert des christlichen Glaubens. Ich fand ihn im Johannesevangelium, wo es heißt:

> *Aber allen, die ihn aufnahmen und ihm Glauben schenkten, verlieh er das Recht, Kinder Gottes zu werden. – Das werden sie nicht durch natürliche Geburt oder menschliches Wollen und Machen, sondern weil Gott ihnen ein neues Leben gibt.* (Johannes 1,12-13 GNB)

Und damit begann ich das Lesen der Bibel.

Wenn es zutrifft, dass die Existenz meiner Zwillingsschwester und mir auf menschlicher Unachtsamkeit beruht, so steht eines doch fest: Bei Gott sind wir gewollt! Durch das „Ja" des Glaubens gehöre ich nun zu Gottes Familie. Auch meine kindliche Sorge, was aus uns Kindern geworden wäre, wenn Mutter im Krieg das Leben verloren hätte, fand eine Antwort. Ich gebe zu, sie ist nicht von der Art, die wir mit dem Verstand begreifen können. Die Beziehung zu Jesus eröffnet eine andere Ebene des Erkennens. Sie lässt sich mit Mitteln der Logik nicht beweisen, aber als unumstößliche Gewissheit bezeugen.

> *Schon bevor er die Welt erschuf, hat er uns vor Augen gehabt als Menschen, die zu Christus gehören; in ihm hat er uns dazu erwählt, dass wir heilig und fehlerlos vor ihm stehen* (Epheser 1,4 GNB).

Die Fragen nach Herkunft und Zukunft gehören zu den Grundpfeilern menschlicher Existenz. Wer Gott als persönliche Autorität über sich weiß, findet leichter zu einer Lebensweise der Geborgenheit. Mir erlaubte sie, das blinde Schicksal oder den bloßen Zufall als bedrohende Unbekannte auszuschließen.

3. Willst du ab jetzt ohne Gott leben?

Die Bibel war neu im Bücherregal und führte zu Konflikten. Meine Eltern gingen davon aus, dass ich in die Fänge einer Sekte geraten war. Tatsächlich sympathisierte ich ja eine Zeit lang mit den Zeugen Jehovas, ehe ich mich von den Christen der Stadtmission einladen ließ. Ich selbst gebrauchte für die Landeskirchliche Gemeinschaft den Begriff Sekte im Sinne von „nicht katholisch". In meiner Kernfamilie kam durch die Übernahme volkskirchlicher Traditionen der Bibel jedenfalls keine Bedeutung zu. Die gut sichtbare Position auf dem Bord musste deshalb provozierend wirken. Mein Vater riss das Buch aus dem Regal. Sein Argument fiel entsprechend bizarr aus. Benutzte er doch ein religiöses Argument, um die Heilige Schrift abzuwehren:

„Wir brauchen keine Bibel, wir sind schon katholisch!"

Fortan bekam die Bibel einen weniger exponierten Platz. Doch der Frieden währte nicht lange. Ich gewöhnte mir an, vor dem Frühstück Gottes Wort zu lesen und zu beten. Dabei versuchte ich, unauffällig zu bleiben, wurde aber dennoch missbilligend wahrgenommen. Mutter versuchte zu vermitteln und redete mir zu, weniger „bigott" zu leben. Ihr Verständnis in Bezug auf den Glauben beschränkte sich auf eine innere Überzeugung, über die man jedoch nicht redet. Ich legte ihr dar, dass ich vor kurzem Christ geworden sei. Das brachte sie noch mehr gegen mich auf.

„Wie kannst du so etwas sagen, wir sind doch alle Christen!" Sie reagierte sichtlich gekränkt. Damals fehlte mir die passende Sprachfähigkeit. Ich konnte ihr nur unzulänglich darlegen, worin sich lebendiger Glaube von einem kulturell geprägten Christentum unterscheidet.

Die innere Kluft, die in der Beziehung zu den Eltern entstand, schmerzte auf beiden Seiten. Bis dahin hatten meine Mutter und ich eine enge seelische Bindung. Wir waren gleichermaßen sensibel und liebten den mit Sarkasmus gewürzten Humor. Trotz unseres Bemühens, das ursprüngliche Verhältnis wiederherzustellen, entfremdeten wir uns zunehmend.

Vater reagierte meist in aggressiver Weise auf meinen Glauben. „Du kritisierst uns ja mit der Art, wie du lebst", warf er mir einmal vor und rechtfertigte sich. Schließlich habe er doch niemanden umgebracht und würde nicht stehlen. Mein stilles Gebet beim Essen stellte stets ein Konfliktrisiko dar. Er hatte es mir verboten und versuchte, das mit Druck durchzusetzen. Oft betete ich deshalb mit Angst. Mittwochs ging ich am Abend zur Bibelstunde. Ich begann zu verstehen, was Jesus meinte, als er sagte:

> *Wer Vater oder Mutter mehr liebt als mich, ist es nicht wert, zu mir zu gehören* (Matthäus 10,37 GNB).

Der innere Verlust der Eltern war der Preis, den ich auf dem Weg der Nachfolge bezahlen musste. Als ich wieder einmal die Wohnung verließ, hörte ich, wie mein Vater bewusst laut zur Nachbarin bemerkte: „Ich wollte, Ralf wäre Zuhälter geworden, statt dass er ständig zur Bibelstunde rennt."

Wenige Wochen nach dem Schritt zum Glauben traf ich auf den Kaplan, der meine Zwillingsschwester und mich zur Kommunion geführt hatte. Das Verhältnis zueinander gestaltete sich eher distanziert, seit ich während des Religionsunterrichts die falsche Frage gestellt hatte: Mich interessierte mit kindlicher Naivität, welcher Konfession der Papst zugehöre, ob er denn nun katholisch oder evangelisch sei. Er hätte darauf mit Humor reagieren können. Hat er aber nicht. Diese Begegnung bot nun die Chance, die Beziehung zu verbessern. Freudig erzählte ich ihm, wie ich zum Glauben gefunden hatte und dass ich Christ geworden sei. Er war befremdet und wies darauf hin, dass das ja bereits bei der Taufe stattgefunden habe. Ein Wort ergab das andere. Die Begegnung gestaltete sich als ein eklatanter Fehlschlag.

Der Schritt zum Glauben eröffnete mir *die* Lebensperspektive überhaupt! Ich konnte darüber nicht schweigen. Jesus sagt:

> *Wovon das Herz voll ist, davon redet der Mund*
> (Matthäus 12,34 GNB).

Ob mein Reden immer in angemessener Weise geschah, stelle ich aus heutiger Sicht infrage. Damals gab es für mich nur Schwarz oder Weiß, Wahrheit oder Lüge, Sekt oder Selters. Dieses starre Denk- und Argumentationsmuster verlieh mir bei den ersten Schritten die nötige Sicherheit, gehörte aber insgesamt in die Kategorie der geistlichen Unreife. Ich setzte mich mit menschlichen Mitteln für die göttliche Wahrheit ein. Damit wurden das Familiengefüge und die sozialen Beziehungen unnötig belastet. Eine Diskussion mit meinem Patenonkel ist mir lebhaft im Gedächtnis. Er schien den Geist des Eiferers bei mir registriert zu haben, das ließ ihn wohl gereizt reagieren. Als ich vom Glauben zu reden begann, kanzelte er mich ab:

„Wenn ich etwas verabscheue, dann ist es missionarisches Geschwätz." Ich erinnerte ihn an sein Versprechen als Taufpate und fragte, was es ihm bedeute.

„Nichts!"

Die Antwort war ebenso kurz wie unmissverständlich. Dann bemüßigte er sich allerdings doch zu einer Erklärung.

„Das macht man halt so. Aber die Taufe hat nichts zu bedeuten. Verstehst du? Nichts!" Deutlicher musste er kaum werden.

Diese Haltung entspricht der Auffassung vieler Kulturchristen. So jedenfalls beschreibt es der katholische Priester Thomas Frings in seinem Buch „Aus, Amen, Ende?" (Herder, 2017):

„Trotz des Versprechens der Eltern hinsichtlich der Erziehung im Glauben können die meisten Kinder bei der Kommunionsvorbereitung weder Kreuzzeichen noch Vaterunser. Doch alle gehen jahrgangsweise zur Kommunion, mit der die meisten Familien weder vorher noch nachher etwas anfangen."

Um es ganz offen zu sagen: Bei Mitgliedern der evangelischen Kirchen, aber auch in den Reihen der Freikirchen gibt es vergleichbare Tendenzen. Die Gefahr eines religiösen Formalismus hat weniger mit der Konfession zu tun als mit der Tatsache menschlicher Unzulänglichkeiten.

Schon bald strebte ich den Austritt aus der katholischen Kirche an. Die an den Tag gelegte Eile war Ausdruck der gleichen Unduldsamkeit, wie ich sie bei meinem Vater beobachtete. Mit diesem Schritt wollte ich mich gegenüber denen absetzen, die „nicht richtig" glaubten. Zugleich richtete er sich gegen meinen Vater. Der meinte, noch immer in religiösen Fragen über mich bestimmen zu können.

„Solange du die Füße unter meinen Tisch stellst, bleibst du katholisch!" Seine Worte gingen an der von mir geschaffenen Realität vorbei. Ich war religionsmündig und hatte meine Entscheidung getroffen. In der reiferen Phase meines Lebens ermutigte ich Ratsuchende, einen solchen Schritt abzuwägen. Kirchen und freikirchliche Gemeinden bleiben stets Gebilde mit problematischen Anteilen. Es wird Gründe geben, wo mit einer Abwanderung notwendige Zeichen gesetzt werden müssen. Aber ebenso kann es angebracht sein zu bleiben. Hier sollte der Einzelne von Gott die notwendige Weisheit erbitten und auch die Meinung von Mitchristen zumindest anhören.

Die formale Seite des Kirchenaustritts gestaltete sich als nüchterner Verwaltungsakt. Als mir die Frau das entsprechende Dokument aushändigte, konnte sie sich eine Bemerkung nicht verkneifen.

„Willst du ab jetzt ohne Gott leben?“

Amüsiert erwiderte ich: „Nein, im Gegenteil …“ Ich erläuterte ihr die Gründe und hatte das Empfinden, dass sie aufmerksam zuhörte.

Die Unstimmigkeiten zu Hause hielten an. Der Abschluss der Schulzeit lag vor mir. Es war an der Zeit, nach dem passenden Beruf Ausschau zu halten. Am liebsten hätte ich sofort einen geistlichen Dienst ausgeübt. Doch angeforderte Unterlagen von entsprechenden Ausbildungsstätten wirkten auf Vater wie Feuer an einer Lunte. Ich war bereit, ihm die Stirn zu bieten. Doch mein Mentor Werner pfiff mich liebevoll, aber entschieden zurück. In einem Brief legte er mir dar, dass ich nach biblischer Weisung den Eltern zu gehorchen hätte. Den Einwand, sie würden dem Glauben feindselig gegenüberstehen, ließ er nicht gelten. Seine klaren Worte waren mir eine Leitlinie, obwohl sie meinen Plänen zuwiderliefen.

In Worms gab es eine christliche Buchhandlung. Ich fasste den Plan, mich dort um eine Ausbildung zu bewerben. Es kam gar nicht dazu, denn mein Vater intervenierte. Ihn störte die Ausrichtung. Ich kam zu der Überzeugung, dass ich das Elternhaus verlassen sollte. Die Möglichkeit dazu bot sich, wenn es mir gelang, beim Bundesgrenzschutz, bei der Bundeswehr oder Polizei unterzukommen. Die Chancen standen dafür gut, denn es wurde Nachwuchs gesucht. In Mainz siebte man die Bewerber für den Polizeidienst durch Prüfungen ihrer kognitiven und körperlichen Fähigkeiten aus. Um für die sportlichen Ansprüche gerüstet zu sein, hatte ich gründlich trainiert. Der Erfolg belohnte diese Anstrengungen. Ich wurde angenommen.

Der nahende Beginn in einem Beruf, der auch die Zustimmung der Eltern fand, befriedete das Zuhause. Mich beflügelte der Gedanke, dadurch dem heimischen Druck zu entkommen. Allerdings war ich mir unsicher, was mich erwarten würde. Eine Polizeikaserne ist kein Mutterhaus. Und selbst dort kann das Leben herausfordernd sein. Wieder war es mein Mentor Werner, der mich ermutigte, auf die Gegenwart von Jesus zu bauen. Der Tag des Berufsbeginns war auch mit Wehmut verbunden. Ich verließ das Elternhaus, das bis dahin mein vertrautes Umfeld darstellte. Die Trennung von meiner Mutter tat weh. Dies umso mehr als ich sah, wie sehr sie litt. Ein Lebensabschnitt war unweigerlich zu Ende.

Die äußere Loslösung von den Eltern überschnitt sich mit dem näheren Kennenlernen von Johanna. Sie war für mich eine Leiterin im Glauben geworden. Ihre unkomplizierte Natürlichkeit verband sich mit einem tiefen Vertrauen zu Gott. Außerdem hatte sie einen ausgeprägten Sinn für das Praktische. Christsein war für sie kein Hobby, sondern ein Auftrag, dem sie alles andere unterordnete. Es war deshalb nicht erstaunlich, dass sie bereits mit vierzehn Jahren eine Mädchenjungschar leitete. Diese Tätigkeit offenbarte ihre Liebe zu Kindern. Nach ihrer Zeit als Bäckereiverkäuferin holte sie deshalb schulische Qualifikationen nach, um sich dann zur

Erzieherin ausbilden zu lassen. Bei ihrem Engagement für die Jungschar und den Kindergottesdienst bezog sie mich mit ein. Dabei lernte ich mich neu kennen. Welche Hemmungen hatte ich doch, selbst wenn ich vor einer Gruppe von Kindern sprechen sollte. Ebenso tat ich mich schwer, Aussagen des Glaubens auf die Zielgruppe herunterzubrechen. In all diesen Bereichen war Johanna mir weit voraus.

Das Haus meiner zukünftigen Schwiegermutter befand sich in der Nähe von Frankenthal. Sie führte ein Lebensmittelgeschäft, in dem sie für etliche Kunden zur Lebensberaterin, Seelsorgerin und Wohltäterin wurde. Den Vater von Johanna habe ich nie kennengelernt. Er war vor nicht allzu langer Zeit an einem Herzinfarkt gestorben. In diesem Haus lebten Johannas Großvater mütterlicherseits und die Großmutter von väterlicher Seite, eine verheiratete Schwester mit Ehemann und Kind sowie eine jüngere Schwester. An Betriebsamkeit mangelte es nie. Aber ebenso wenig an einer warmherzigen Gastfreundschaft. In dieser freigiebigen Weise hatte ich sie bis dahin nicht annähernd erlebt.

Freunde und Verwandte glaubten, schon lange vor uns erkannt zu haben, dass es zwischen Johanna und mir gefunkt habe. Wir jedenfalls stellten das aufrichtig in Abrede. Im Rückblick halte ich diese Zeitspanne der Freundschaft für besonders wertvoll. Denn nichts lenkte uns ab. Der Zeitpunkt und Ort, an dem ich Johanna dann doch meine Liebe eingestand, hätten skurriler kaum sein können. Wie so oft hatten wir uns auf eine Sitzbank auf dem Friedhof zurückgezogen, um den Anforderungen des Geschäftshauses zu entkommen. Dort lasen wir gemeinsam die Bibel und beteten. Dann geschah es eben doch. Ich gestand Johanna meine Zuneigung und sie erwiderte diese. Es waren Momente, die man gern für die Ewigkeit festhalten würde. Wir hatten Schmetterlinge im Bauch und konnten das unfassbare Glück der Liebe kaum fassen. Wie auf Wolken schwebten wir geradezu nach Hause. Erstmals Hand in Hand. Doch in Sichtweite des heimischen Anwesens trennten wir uns scheu voneinander. Die ersten zarten Gefühle füreinander sollten zunächst unser Geheimnis bleiben.

Die Romanze des Kennenlernens wurde 1999 von unseren Kindern zur Feier der Silberhochzeit fotografisch nachgestellt. Unsere älteste Tochter Damaris organisierte eine Foto-Session. Désirée schlüpfte in die Rolle ihrer Mutter, da sie auch von der körperlichen Statur ihr am ähnlichsten ist. Bei Sohn René ist die Ähnlichkeit zu mir unübersehbar, wofür ich ihn scherzhaft immer wieder gebührend bedauere. Um die Fakten möglichst zu treffen, interessierten sich die Kinder bei den Vorbereitungen auffallend für persönliche Details. Berührt von so viel Aufmerksamkeit schwadronierten Johanna und ich ahnungslos über den gemeinsamen Beginn unseres Lebensweges. Irgendwann piepte jedoch das versteckte Aufnahmegerät unter der Kleidung der Akteure. Nun rochen auch wir den Braten.

Zurück zu den zarten Anfängen unserer Beziehung. Bereits nach drei Tagen fragte ich Johanna, ob sie sich vorstellen könne, meine Ehefrau zu werden. Die Ungeduld ließ erneut grüßen! Ein weiterer Grund war jedoch, dass unsere Beziehung über zwei Jahre größtenteils über die Ferne gestaltet werden musste. Bis zum Einrücken in die Polizeikaserne blieben noch wenige Wochen Zeit. In diese Phase der Veränderungen fiel in Frankenthal das ungeplante Zusammentreffen mit dem katholischen Religionslehrer meiner Schule.

„Ralf, ich weiß nicht, ob wir uns noch einmal sehen werden", sprach er mich an, „deshalb möchte ich dir noch etwas auf deinen Lebensweg mitgeben. Weißt du, was Demut ist?"

Er konstruierte das Wort „Dienemut" und erläuterte, dass Jesus sich nicht zu schade war, den Jüngern die Füße zu waschen. Er fügte hinzu:

„Alle Welt strebt danach zu herrschen. Folge du aber dem Herrn, Ralf, und habe den Mut, wie er zu dienen!" Wir zogen uns in eine ruhige Seitenstraße zurück, wo wir miteinander beteten.

4. Wasserwerfer und Tränengas

Das erste Jahr der Ausbildung verbrachte ich in dem Zwanzigtausend-Seelen-Ort Schifferstadt. Die Stadt muss man nicht kennen. Wir waren jeweils zu viert in einem Zimmer untergebracht. Es hatte weniger Quadratmeter an Bewegungsfreiheit, als sie für Strafgefangene im Gefängnis vorgeschrieben sind. Hier die Bibel zu lesen und zu beten war alles andere als einfach. Oft zog ich mich dafür in einen stillen Winkel des Geländes zurück. Zur Not schloss ich mich in einer der Toiletten ein. Bei Tisch zu beten, löste in der Mensa nicht mehr wie zu Hause irgendwelche Zornesausbrüche aus. Aber dafür fehlte gelegentlich nach dem Amen das Fleisch auf dem Teller. Kollegen hatten sich einen Scherz erlaubt und es weggenommen. Mitunter betete ich deshalb mit offenen Augen.

Zu den unliebsamen Aufgaben gehörten in den Nachtstunden die Wachgänge auf dem Gelände. Sie verlangten alle Willenskraft ab, gegen das übermächtige Schlafbedürfnis anzukämpfen. Wenn es regnete oder die Kälte unter die Kleidung kroch, wurde es noch ungemütlicher. Ein Kollege, der dazu keine Lust verspürte, stritt bei den Rundgängen heftig mit mir. Er wollte, dass wir uns an einen geschützten Ort verkrochen, um uns aufzuwärmen oder zu schlafen. Damit traf er bei mir auf taube Ohren. Mein Pflichtbewusstsein sagte „nein“, und ich erteilte ihm eine Absage. Der Kollege testete mich aus. Unvermittelt griff er zur Pistole und hielt sie an seine Schläfe.

„Wenn du mich zwingst weiterzugehen, drücke ich ab!"

Es verschlug mir zunächst die Sprache. Ich überlegte, wie ich die Situation entspannen könnte, und schickte ein Stoßgebet zum Himmel. Mir wurde klar, dass ich erpressbar werden würde, wenn ich jetzt nachgab.

„Los, drück ab!", forderte ich ihn so sachlich wie möglich auf, während ich ohne Worte darum betete, dass er es nicht tun würde. Er starrte mich überrascht an, blieb aber in seiner Position.

„Na, mach schon!", legte ich nach. Sein Versuch, mich kleinzukriegen, misslang. Enttäuscht steckte der Kollege die Waffe weg. Wir gingen wortlos weiter, als sei nichts geschehen. Natürlich berichtete ich dem Vorgesetzten umgehend von der Sache. Am nächsten Tag musste der gescheiterte Erpresser seine Sachen packen. Er war charakterlich für diesen Beruf ungeeignet und daher entlassen worden.

Es gab überraschend wenige Konflikte im Zusammenleben, dafür aber beständige Sticheleien. Beim Antreten zum Mittagessen wurde stets die Post ausgeteilt. Es fiel auf, dass ich jeden Tag einen Brief von Johanna erhielt. Dabei wurde ich wegen meiner Frömmigkeit immer wieder mal zur Zielscheibe des Spotts. Zur stark ausgeprägten Fäkaliensprache mischten sich dann meist sakral klingende Wortschöpfungen. Ich rechnete sie dem niedrigen geistigen Niveau der Vorgesetzten zu.

„Ein Brief an Wachtmeister Mühe, den Schweinepriester …", nach einer künstlichen Pause legte er süffisant nach: „… hätte ich fast gesagt." Viele grölten. Sie fanden das witzig. Es gab jedoch auch Männer, die mir Respekt zollten. Mitunter fragten mich Männer um Rat in ethischen Fragen oder bei einer Beziehungskrise.

Nicht immer habe ich die Sanftmut gelebt, die von mir zu erwarten gewesen wäre. Ein Zimmerkollege provozierte mich, indem er beim Schälen seiner Orangen die Schalenstücke in meinen offenen Spind warf. Als alles Zureden nicht fruchtete, setzte es Prügel. Dabei schonte ich ihn nicht.

Freitags war Stubenappell. Vorgesetzte prüften die Ordnung der Spinde und die Sauberkeit im Raum. Der Diensthabende wischte mit den Händen in weißen Handschuhen über meinen Schrank, danach pustete er mir den angeblichen Staub ins Gesicht.

„Mühe, ich sehe Sie nicht mehr. Ich erkenne Sie nur noch am Mundgeruch!" Solche Grobheiten waren üblich. Sie dokumentierten das Machtgefüge und ließen erkennen, wer oben steht.

Beim Waffenputzen glaubte der Vorgesetzte, „Elefanten" im Lauf meiner zerlegten Waffe zu erkennen. Es handelte sich um Staubkörnchen, die ich wohl übersehen hatte. Er stellte in Abrede, dass ich überhaupt meine Waffe gereinigt habe. Ich beharrte jedoch darauf und er bezichtigte mich der Lüge und verdonnerte mich zu einem Wochenendarrest. Das traf mich hart, hatte ich mich doch darauf gefreut, Johanna zu treffen. Während ich mich niedergeschlagen an den Tisch setzte, verschwanden meine Stubenkollegen. Ich hörte, wie sie mit dem Ausbilder stritten. Dabei hörte ich einen von ihnen sagen: „Wenn einer nicht lügt, dann ist es der Kollege Mühe!" Das fand ich großartig und ich dankte Gott. Ebenso erfreulich war, dass ich am Wochenende nun doch nach Hause durfte.

Dass meine Kollegen mich verteidigten, hieß nicht, dass sie mich schonten. An einem Abend hatten sie das lebensgroße Poster einer splitternackten Frau auf mein Bett gelegt, die sich lustvoll rekelte. Ich pfiff durch die Zähne. „Die sieht aber gut aus!" Mit dieser wenig prüden Einlage war die Sache erledigt. Ich faltete das Druckwerk zusammen und gab es zurück.

Meine große Abneigung galt der Formalausbildung. Im Gleichschritt nach dem Kommando eines Vorgesetzten zu marschieren, war nicht mein Ding. Ich bin kein Tier, das sich abrichten lässt. Aufgrund meiner Körpergröße hatte ich die Position links in der ersten Reihe. Bei einem dieser Dressurakte vermied ich es, stumpfsinnig eine blühende Blume zu zertrampeln. Ich schlug einen Bogen und fiel auf. Dem Befehlsgeber war das ein Dorn im Auge. Er forderte Gehorsam und keine eigenständige Entscheidung. Ich musste vor aller Augen allein zur Strafe exerzieren. Dabei gehorchte ich so träge wie möglich, aber doch so viel wie nötig, denn er saß schließlich am längeren Hebel.

Das zweite Jahr der Ausbildung führte mich nach Mainz. Die herrliche Altstadt, die Lage am Rhein und das gemeindliche Leben versüßten mir den Aufenthalt. Ich erwarb dort meine Führerscheine für das Polizeimotorrad und Auto. Zusätzlich erlangte ich den Personenbeförderungsschein. Er verlieh mir das Privileg, Mannschaftswagen fahren zu dürfen. Bei Nachteinsätzen – etwa am damals existierenden Kanzlerbunker im schönen Ahrtal – durfte ich jeweils schlafen, um für die Rückfahrt am frühen Morgen fit zu sein. Auf diese Weise konnte ich ausgeruht die Mannschaft zur Kaserne zurückbringen und anschließend die rund sechzig Kilometer zu Johanna fahren, um den Tag mit ihr zu verbringen.

Ich staunte nicht schlecht, als ich einmal in einer Unterrichtspause zum Parkplatz blickte. Der Platz, auf dem ich meinen Wagen am Abend zuvor abgestellt hatte, war mit einem anderen Fahrzeug belegt. Zunächst glaubte ich, mich getäuscht zu haben. Bei nächster Gelegenheit suchte ich das Gelände ab. Aber es blieb dabei. Von dem Wagen fehlte jede Spur. Ich meldete den Diebstahl. Eine knappe Woche später wurde das Fahrzeug verlassen aufgefunden und ich erhielt es zurück.

Die Strecke zu Johanna entlang des Rheins wurde für mich zur gewohnten Route. Umso erstaunlicher, dass ich nur einmal mit meinem alten Opel Rekord liegenblieb. Damals erlebte ich meine erste Gebetserhörung. Sie ist mir deshalb ebenso präsent wie der erste Kuss.

Auf der Rückfahrt in die Heimat starb der Motor auf offener Strecke ab. Ich konnte das Fahrzeug noch auf einen Grünstreifen lenken und war erst einmal ratlos. Damals gab es noch keinen Mobilfunk. Ich frage mich heute, wie wir so überhaupt leben konnten. Würde mich wohl jemand bis zu einer öffentlichen Telefonzelle mitnehmen? Dann könnte ich einen Abschleppdienst benachrichtigen. Das Malheur durchkreuzte gründlich meine Vorhaben. Wutentbrannt trat ich gegen einen Reifen und fluchte. Dann entsann ich mich aufs Beten. Noch nie zuvor hatte ich derart konkret praktische Hilfe von Gott erwartet wie jetzt. Dann streckte ich den Daumen in den Wind, in der Hoffnung, dass jemand darauf positiv reagierte. Tatsächlich hielt der Fahrer des nächsten Fahrzeugs an. Ich schilderte, was geschehen war, und bat darum, mitgenommen zu werden.

„Ich nehme Sie gern mit", sagte der Mann, „aber lassen Sie mich doch mal schauen. Vielleicht ist es nur eine Kleinigkeit." Er wies mit der Hand zum Boden. Und dann sah ich es auch. Benzin floss auf die Straße. Der Mann kroch unter den Wagenboden. „Ich hab's", rief er, „die Benzinleitung ist gerissen." Diese Entdeckung war hilfreich.

„Das trifft sich ja ausgezeichnet." Mehr zu sich selbst sprechend eilte der Helfer zielstrebig an sein Fahrzeug, öffnete den Kofferraumdeckel und holte lachend eine Benzinleitung heraus. Ich fasste es nicht. „Fahren Sie immer mit einer Benzinleitung durch die Gegend?", fragte ich.

„Die habe ich gestern bei der Autoverwertung besorgt", erläuterte der Mann. „Brauchen Sie noch etwas … einen Vergaser, Kotflügel oder Scheinwerfer?" Mir war, als würde ich träumen. Mein Engel kroch erneut unter den Opel und hantierte dort eine Weile. Als er wieder auf die Beine kam, forderte er mich auf, den Motor zu starten. Er sprang sofort an. Ich erlebte gerade eine handfeste Gebetserhörung. Später fand ich eine Aussage der Bibel, die treffend diese Erfahrung beschreibt:

> *Noch ehe sie zu mir um Hilfe rufen, habe ich ihnen schon geholfen. Bevor sie ihre Bitte ausgesprochen haben, habe ich sie schon erfüllt.* (Jesaja 65,24 GNB)

Im zweiten Jahr der Ausbildung wurden wir intensiv im Kampfsport ausgebildet. Ihm gingen jeweils Entspannungsübungen mittels Yoga voraus. Ich fühlte mich geistlich herausgefordert, denn das wollte ich keinesfalls mitmachen. Deshalb schlug ich dem Ausbilder vor, dass ich mich still verhielte und durch Gebet entspannen würde. Er schien froh zu sein, einen Konflikt zu umgehen, und ging darauf ein.

Weniger souverän verhielt ich mich, als ich mit meinem Wagen eine Kasernenlampe rammte und einen Scheinwerfer einbüßte. Der Kollege begutachtete den Schaden und entdeckte an anderer Stelle einen weiteren, der jedoch mit dem ersten nicht in Zusammenhang stand.

„Ich repariere beide zusammen als einen Schaden", bot er mir an. Ich war dankbar. Einige Zeit später nahm ich an einer Gebetszeit mit Mädchen teil, die ungefähr zwölf Jahre alt waren. Ihre Aufrichtigkeit war derart überwältigend, dass mein Gewissen mich anhielt, diese Kinder zum Vorbild zu nehmen. Diese Erfahrung lehrte mich, dass die Übereinstimmung mit Gottes Willen mehr wert ist als der Vorteil durch unrechtmäßig eingespartes Geld. Darüber hinaus verstand ich besser, was Jesus meinte, als er seine Wertschätzung für Kinder äußerte:

Ich versichere euch: Wenn ihr euch nicht ändert und den Kindern gleich werdet, dann könnt ihr in Gottes neue Welt überhaupt nicht hineinkommen (Matthäus 18,3 GNB).

Im Oktober des Jahres 1973 brach im mittleren Osten der Jom-Kippur-Krieg aus. Israel wurde während seines hohen Feiertags von seinen Gegnern überraschend angegriffen und erlitt hohe Verluste. Dennoch gelang es dem jüdischen Militär, die Angriffe nicht nur abzuwehren, sondern zurückzuschlagen und die Araber in eine prekäre Lage zu bringen. Zu dieser Zeit hatte ich begonnen, mich für Gottes irdisches Volk zu interessieren. Nirgendwo sonst erfüllt sich biblische Prophetie so augenfällig wie an dieser kleinen Nation.

Der oberste Chef der Hundertschaft in Mainz beendete die Dienstwoche gewöhnlich mit einer Ansprache am Freitagnachmittag. Er gab sich gern kernig und schwärmte von der militärischen Schlagkraft der Israelis. „Meine Herren", kündigte er an, „nächste Woche werde ich Ihnen einen Vortrag über Israel halten." Er hielt kurz inne, sah in die Runde und fragte: „Oder gibt es hier jemanden, der über dieses Volk gut Bescheid weiß?" Das Herz schlug mir bis zum Hals, denn ich erkannte eine Chance, die ich nutzen sollte. Ich erhob mich vom Stuhl. Einer der Vorgesetzten raunte dem Hundertschaftsführer meinen Namen zu.

„Oberwachtmeister Mühe, ich erwarte Sie nächsten Freitag hier am Pult!" Die Blicke vieler Anwesenden richteten sich auf mich. Jetzt dämmerte mir, worauf ich mich einließ. Hatte ich mich zu weit aus dem Fenster gelehnt? Einige Kollegen nickten mir anerkennend zu. Sie ahnten ja nicht, wie sehr ich meine Spontaneität bereute.

Ich war die ganze Woche damit beschäftigt, Fakten zu den Bereichen Geschichte, Politik, Kultur und Ökonomie zu sammeln. Dabei erwiesen sich meine Kontakte zum deutsch-jüdischen Verein in dieser Stadt als Hilfe. Zielpunkt meiner Rede waren die geistlichen Gründe des weltweiten Antisemitismus sowie die prophetischen Aussagen über Jerusalem als lokalen und globalen Konfliktherd. Ob meine Rede wirklich gut war, kann ich nicht mehr sagen. Aber sie trug dazu bei, Gottes Handeln in dieser Welt zu bezeugen.

Zu den interessanten Begegnungen gehörte der Wachdienst in der Staatskanzlei Mainz. Wann immer Ministerpräsident Helmut Kohl mit seinem Fahrzeugtross dort ankam, herrschte Hektik. Der oft als „schwarzer Riese" titulierte Mann überragte die meisten mit seiner Körpergröße. Und stets hatte er es eilig. Für die Beamten vom Personenschutz bedeutete das, ihm im Dauerlauf vorauszueilen, etwa um den Lift für die Fahrt ins Obergeschoss zeitig genug anzufordern.

Eine überraschende Gotteserfahrung gab es bei einem Einsatz in Frankfurt. Wir Pfälzer leisteten den hessischen Kollegen Amtshilfe. Im Westen der Stadt gab es Straßenblockaden und gewaltsame Ausschreitungen. Wir bildeten als Hundertschaft eine sogenannte Polizeikette, um den Zugang zu bestimmten Arealen zu verhindern. Vor uns tobte der Mob. Einige hatten sich mit Eisenstangen bewaffnet, andere verschossen mit Schleudern Metallmuttern. Der Einsatz barg Risiken und ich wünschte diese Typen zur Hölle. Immer wieder gab es auf beiden Seiten Verletzte. Hinter unseren Reihen waren Wasserwerfer aufgefahren, die aufmontierte Tränengasgranaten mit dem Sprühstoß über uns weg in die Menge schossen. Durch die gewaltige Wasserkraft wurden einige Demonstranten regelrecht von den Beinen gerissen. Diese Situation zog sich über mehrere Stunden hin. Während einer Ruhephase tippte mir ein Vorgesetzter von hinten kommend auf die Schulter.

„Hier“, sagte er, „das hat mir irgendein Idiot für Sie gegeben!“ Damit händigte er mir ein Traktat mit einem Zitat aus der Bibel aus:

> *Fürchte dich nicht [...] Wenn du durch Wasser gehst, will ich bei dir sein [...]* (Jesaja 43,1-2 LUT).

Ich traute meinen Augen nicht. Sprach doch der Text exakt in die augenblickliche Situation. In der Polizeikette gingen wir in unserer gummierten Überkleidung buchstäblich durch den vom Wind zu uns herübergewehten Wasserschleier. Und eine Art Feuerprobe erlebte ich wenige Minuten später.

Ein stämmiger Typ in Lederjacke schritt auf mich zu. Er trug als Schlagwerkzeug eine Fahrradkette um den Hals. Mit seinen Blicken taxierte er mich. Und ich bekam es mit der Angst zu tun. Ich ließ die Hand Richtung Schlagstock gleiten. Sorgfältig achtete ich auf seine Bewegungen. Es schien, als beabsichtigte der Mann lediglich, hinter unsere Absperrung zu gelangen. Ich war gewillt, das zu verhindern. Kurz vor mir gab der Herannahende sich als Kripobeamter zu erkennen. Er zog dazu seine „Hundemarke“ – wie sie im Polizeijargon hieß. Es handelte sich um einen verdeckten Ermittler.

Wenige Jahre später lernte ich auf dem Seminar für biblische Theologie in Beatenberg einen Mann aus Frankfurt kennen. Wir fanden heraus, dass wir während des Straßenkampfes jeweils die gegnerische Position eingenommen hatten. Er hatte sich in der politischen Auseinandersetzung radikalisiert und gehörte zu einer Gruppe von Hausbesetzern. Inzwischen war er zum Glauben an Jesus Christus gekommen, sodass wir „auf dem heiligen Berg“ im Berner Oberland einander mit anderer Zielsetzung begegnen konnten.

5. Einsatzleitstelle an Jesus Christus

Am 7. Juni 1974 um zwölf Uhr verließ ich zum letzten Mal die Polizeikaserne in Mainz. Der Termin für die standesamtliche Trauung lag auf fünfzehn Uhr. Sie fand in Heßheim statt.

Der Termin beendete die Phase, in der wir um eine Vergewisserung beteten, ob wir als Ehepartner füreinander bestimmt seien. Es gibt Paare, die bezeugen, für ihre Ehe ein himmlisches Arrangement bekommen zu haben. Wir erlebten das nicht. Im Scherz erwähnten wir deshalb gelegentlich, dass wir auf eigene Gefahr geheiratet haben. Es scheint, dass Gott mit Menschen unterschiedlich verfährt. Im Laufe der Zeit habe ich die Überzeugung gewonnen, dass Gott sein gnädiges Ja gibt, wenn zwei Menschen sich füreinander entscheiden. Da wir uns in der Nachfolge beide in den Dienst für Jesus stellten, hatten wir die grundlegende Voraussetzung für eine gelingende Einheit. Wir orientierten uns an dem Hinweis des Apostels Paulus:

> *Macht nicht gemeinsame Sache mit Menschen, die nicht an Christus glauben und daher andere Ziele verfolgen als ihr* (2. Korinther 6,14a NGÜ).

Für die Fahrt benötigte ich eine Stunde, sodass die Vorbereitungszeit für den großen Moment nicht allzu üppig ausfiel. Der Standesbeamte gehörte zum Vorstand der Landeskirchlichen Gemeinschaft in Frankenthal. Seine Worte fielen entsprechend persönlich aus. Nach der Kaffeezeit richteten wir die Räume der Stadtmission für den Festtag her. Gern erinnere ich mich an die tatkräftige Hilfe meines Vaters und des Kreises junger Erwachsener, zu dem wir gehörten. Johanna backte mit ihren Schwestern und der Mutter Torten, von denen einige nicht gelingen wollten und für zusätzlichen Stress sorgten.

Der Traugottesdienst fand einen Tag später in der etwa dreihundert Meter von Johannas Elternhaus entfernten Kirche statt. Das Ereignis wurde zum Sammelpunkt, zu dem sich auch Angehörige einfanden, die eher seltene Gäste waren. Zum Lied des Tages avancierte „Amazing grace". Johannas jüngere Schwester Brigitte trug es in der Kirche vor und sie selbst später bei der Feier in der Stadtmission. Bis heute verbinde ich damit den Beginn unserer gegenseitigen Zuneigung und das Privileg, von Gott angenommen zu sein. In der deutschen Übersetzung lautet die erste Strophe:

Oh Gnade Gottes, wunderbar
hast du errettet mich.
Ich war verloren ganz und gar,
war blind, jetzt sehe ich.

© 1973 SCM Hänssler, 71087 Holzgerlingen

Zu den Anekdoten gehören zwei Verhaltensweisen, die das Typische unserer Persönlichkeiten spiegelten. Exakt zu dem Zeitpunkt, als wir uns für den Gang zur Kirche vor dem Haus versammelten, suchte ich die Autoschlüssel. Statt die Situation auf sich beruhen zu lassen, geriet ich in eine Nervosität, aus der mich erst ein Machtwort von Johanna befreite.

Nach der kirchlichen Trauung gab es für Minuten eine Unsicherheit, wie es weitergeht. Johanna erfasste die Situation. Ohne lange zu fackeln gab sie (nach meinem Empfinden zu barsch) lauthals Anweisungen über den Fortgang der Feier. Mein scharfes „Schatz!“ dämpfte, aber verhinderte sie nicht.

Die Flitterwochen in der Schweiz schrumpften auf exakt die halbe Zeit. Damals gestand ich mir noch nicht ein, wie eklatant ich mit Zahlen auf dem Kriegsfuß stehe. Hatte ich doch die Kosten für nur eine Person angesetzt. Es war der Zeitpunkt, an dem der Umgang mit Geld in Johannas Verantwortung überging. Sie übte ihn bis kurz vor ihrem Tod auf das Beste aus. Es gab viel zu lernen, denn erst im Zusammenleben entdeckten wir die Schwächen des anderen. Dabei sammelten wir auch ganz grundlegende Lebenserfahrungen. Etwa, dass man gut beraten ist, in einem Hotel die Zimmertür abzuschließen. Ein Mann mittleren Alters stürmte irrtümlich herein. Er musste wohl vermutet haben, dass es uns zu warm geworden war, denn wir lagen beide splitternackt auf dem Ehebett.

Für Johanna und mich war Ludwigshafen-Oppau der erste Dienst- und Wohnort. Der Ortsteil Oppau liegt direkt vor den Toren der Chemiefabrik BASF. Sie ist Arbeitgeberin für zahllose Menschen. Sie kamen selbst aus dem weiteren Umkreis der strukturschwachen Gegenden und nahmen dafür weite Anfahrten in Kauf. Das führte jeweils am Morgen und am Abend zu einem hohen Verkehrsaufkommen. Obwohl die Namensgebung vermuten lässt, dass der Konzern auf badischem Territorium liegt, hat er seinen Sitz doch in Ludwigshafen am Rhein. Als größtes Industrieareal der Welt umfasst die Fabrik eine Fläche von zehn Quadratkilometern. Die BASF verfügte über eine äußerst leistungsfähige Werksfeuerwehr, die gelegentliche Verpuffungen von giftigen Substanzen zwar nicht verhindern, aber doch eindämmen konnte. Bei einer Gelegenheit zog sich ein schwarzer Streifen des Todes von etwa fünf Metern Breite kilometerweit in die Landschaft. Er erklomm Hausfassaden, zog über die Dächer, durch Vorgärten, quer über Straßen und Grünanlagen. Uns bot sich ein geradezu apokalyptisches Bild der Zerstörung, das die Anwohner jedoch erstaunlich gelassen bleiben ließ. Sie hatten Vergleichbares schon mehrfach erlebt und wussten, dass sie großzügig entschädigt werden würden.

Unsere erste Wohnung bestand aus einem Zimmer mit Küche und Bad und gehörte wie der Kindergarten im Erdgeschoss darunter zur Evangelischen Kirche. Johanna war dort als Erzieherin angestellt. Meine Dienststelle befand sich nur wenige Hundert Meter entfernt. Ich arbeitete im Wechsel von Nachmittags-, Früh- und Nachtdienst.

Zum Tätigkeitsbereich gehörten zwei unterschiedliche Ortsteile. Da war einerseits die größere, geschichtlich gewachsene Kleinstadt Edigheim. Ihr war eine Satellitenstadt vorgelagert, die neu errichtet worden war und einen Hort der Kriminalität bildete. Hochhäuser und eine gewisse Tristesse förderten die Anonymität und senkten die Hemmschwelle für Eigentumsdelikte. Das westliche Rheinufer bildete die Grenze der territorialen Zuständigkeit. In den lauschigen Nächten des Sommers hielten wir uns dort gern auf. Wenn die Nacht dem ersten Grauen der Morgendämmerung wich, tummelten sich auf den weiten Flächen der Felder die Hasen, vereinzelt auch Rehe und Fasane. Wenn nicht gerade Leute nach einer durchzechten Nacht nach Hause zurückkehrten, gehörte diese Zeit zu der Phase, wo der Körper seinen Bedarf an Schlaf meldete.

Junge Beamte sind besonders gefährdet, sagte man. Ihnen fehlt die Lebenserfahrung. Da bildete ich mit einem anderen jungen Kollegen leider keine Ausnahme. Wir sollten am frühen Morgen einen Mann per Haftbefehl abholen. Um diese Zeit lag der Betreffende noch im Bett. Seine Frau öffnete die Wohnungstür und zog sich bei unserem Anblick sofort zurück. Wir forderten den Mann auf, sich anzuziehen und mit uns zu kommen. Er weigerte sich. Nun trat die Frau aus einem Nebenraum in unser Blickfeld. Sie entledigte sich ihrer Kleidung. Während wir unsere Blicke an ihr weideten, bemerkten wir nicht, dass wir gerade überlistet wurden. Der Mann hatte aus der ebenerdigen Wohnung durchs Fenster das Weite gesucht. Nun hatten wir ein Problem. Die verpfuschte Festnahme hatte ein gerichtliches Nachspiel, das für uns ziemlich unangenehm verlief.

Im Team mit einem älteren Kollegen lernte ich, wie wir uns selbst schützten. Bei häuslicher Gewalt und Schlägereien schaltete er stets einen Gang herunter. Ich erinnere mich, dass uns ein Anruf wegen Randale in einer Gaststätte erreichte. So schnell es ging raffte ich meine Ausrüstung zusammen und eilte zum Streifenwagen. Der Vorgesetzte hingegen verrichtete in aller Ruhe sein Geschäft und wählte einen gehörigen Umweg zum Zielort. „Wir kommen erst, wenn alles vorbei ist, und zählen die Leichen", beschied er. „Sobald wir auftauchen, werden sie sich einig. Dann lassen sie ihre Aggressionen an uns aus." Da mochte er recht haben.

Die Streifenfahrten mit einem Kollegen, der das Ende seiner Dienstzeit bereits vor Augen hatte, waren menschlich überaus angenehm, aber ansonsten für mich stets mit einem Risiko verbunden. Er weigerte sich nämlich, seine Dienstwaffe mitzuführen. Im Holster steckte allenfalls sein üppig mit Wurst belegtes Brot. Wenn es gefährlich geworden wäre, hätte nur ich die Waffe ziehen können. Ich kannte den Grund für sein Verhalten. Im Krieg hatte er einen Soldaten der Roten Armee erschossen, der auf ihn zugelaufen war.

„Der Russe drehte einen Salto wie ein Hase und blieb dann tot liegen."

Diesen Satz hörte ich mehrere Male. Einen weiteren Menschen wollte der Kollege nicht auf dem Gewissen haben. Er trug schwer genug an dem, was geschehen war. Ich sprach mit ihm über Schuld und Vergebung, weiß aber nicht, ob er meine Worte angenommen hat.

Bei der Festnahme eines Zuhälters schickte der seinen Rottweiler an die Tür. Ich fixierte sie mit dem Fuß so, dass nur ein Spalt für die Dienstwaffe offen blieb, entsicherte die Pistole und zielte auf den Hund.

„Ich drücke ab, wenn Sie das Tier nicht augenblicklich zurücknehmen!", warnte ich.

Der Kerl sperrte den Hund weg. Dennoch gestaltete sich die Festnahme aufgrund seines aggressiven Verhaltens mühsam. Umso frustrierender war es, dass er gegen Kaution auf freien Fuß gesetzt wurde. Er hielt mit seiner Luxuskarosse vor den Fenstern der Dienststelle und winkte uns grinsend zu. Ich begriff, dass Leute mit viel Geld vor unserem Gesetz gleicher sind als arme Schlucker.

Bei einer Verkehrskontrolle kam mir die Aufgabe zu, die Verwarnungsgelder einzukassieren. Ich hatte eine Frau vor mir, die hinter ihrem Lenkrad saß und in Tränen ausbrach, als ich sie ansprach. Es ging um einen Betrag von zwanzig Mark (das war die Währung vor Einführung des Euro). Sie öffnete ihre Handtasche und den Geldbeutel, der nur ein paar Geldmünzen enthielt. Ich fühlte mit ihr. Dennoch konnte ich die Missachtung der Verkehrsregel nicht durchgehen lassen.

Ein Kollege, der mich mit seiner Waffe sicherte, beobachtete das Geschehen. Ich suchte nach einer Lösung und fand sie, indem ich den Betrag für sie bezahlte. Damit war dem Recht Genüge getan. Ich händigte ihr eine Quittung aus und sagte:

„Es ist alles erledigt. Sie können weiterfahren!"

Sie tat es nicht, sondern starrte mich nur an.

„Was Sie gerade erleben", erklärte ich, „ist Stellvertretung. Jesus hat die Strafe, die ich verdient hätte, auf sich genommen. Er starb, damit ich ewiges Leben habe. Und ich habe für Sie bezahlt, damit Sie nun weiterfahren können. Schönen Tag noch!"

Die Angelegenheit sprach sich wohl herum. Denn bald darauf bekam ich einen Funkspruch der besonderen Art.

Es gab für verschiedene Szenarien unterschiedliche Codes und für Streifenbeamte Decknamen. Denn jeder, der wollte, konnte damals den analogen Polizeifunk mithören. Kollegen hatten das einmal ausgetestet, indem sie Absperrband anforderten. Sie behaupteten allen Ernstes, dass ein Ufo auf dem Friedrich-Ebert-Platz gelandet sei. Einige Schaulustige versuchten noch nicht einmal zu verbergen, dass sie mitgehört hatten. Sie fragten:

„Wo steht denn das Ufo?"

Während einer Nachtschicht wurde ich von der Einsatzleitstelle persönlich mit einer Aufgabe betraut. Der Funkspruch an mich lautete:

„Einsatzleitstelle an Jesus Christus!"

Ich war gespannt, wer sich melden würde. Die Sache war abgekartet. Mein Vorgesetzter stieß mir den Ellenbogen in die Seite.

„Sie sind gemeint, Herr Mühe!"

Ich bediente das Funkgerät und meldete mich.

„Hier Jesus Christus!"

Es kam irgendeine Belanglosigkeit. Wichtig war den Akteuren, mich bloßzustellen. Als ich zu einem späteren Zeitpunkt an der Hauptdienststelle, dem Präsidium, zu tun hatte, kam mir ein Kollege meines Alters entgegen. Er musterte mich.

„Sag mal, bist du Jesus Christus?" Ich grinste. „Ja, der bin ich."

Meinem Gegenüber schien das unerträglich.

„Wehr dich doch!", riet er mitfühlend. Ich winkte ab. Einen schöneren Decknamen hätte man mir kaum geben können.

6. Berufung mit Hindernissen

Nach drei Jahren beendete ich den Dienst bei der Polizei, wie ich es mir vorgenommen hatte. Damit war der Anspruch des Staates abgegolten, mich zur Bundeswehr einziehen zu können. Damals lag die Verteidigung Deutschlands noch nicht in den Händen einer Freiwilligenarmee. Wehr- oder ersatzweise Zivildienst gehörten zur Pflicht aller jungen Männer. Die Zeit war reif, die Frage nach der Berufung in den vollzeitlichen Dienst neu aufzuwerfen. Geschadet haben mir die Erfahrungen, die ich in meinem säkularen Beruf sammelte, mit Sicherheit nicht. Ich konnte in meiner Persönlichkeit reifen und sammelte Lebenserfahrungen.

Durch die Ehe mit Johanna galt ich schon vor dem einundzwanzigsten Geburtstag als volljährig. Damit war ich der Vormundschaft meiner Eltern zumindest teilweise entzogen. Die damalige Gesetzeslage wurde den Veränderungen der Gesellschaft angepasst. Zum Teil herrschten noch groteske Widersprüche in der Regelung für das Erwachsenenalter. Es sollte nicht länger mit einundzwanzig Jahren, sondern ab dem achtzehnten Geburtstag gelten. Als Zwanzigjähriger hätte ich in Ausübung meiner beruflichen Tätigkeit zwar Kriminelle verhaften oder von der Schusswaffe Gebrauch machen können. Aber ich konnte zum Beispiel keinen Mietwagen leihen. Dazu benötigte ich noch immer die Unterschrift meines Vaters. Für den Wechsel im Beruf hatte ich jedenfalls freie Hand.

Die entscheidende Frage für uns lautete: Wie können wir Gottes Führung erkennen? Für den Weg in den vollzeitlichen Dienst suchten wir nach einer inneren Gewissheit. Sie sollte möglichst unmissverständlich erkannt werden.

Die Berufung sollte nicht mir allein, sondern auch Johanna deutlich werden. Wir fanden diese Vorgehensweise einer partnerschaftlichen Ehe angemessen. Sie stellte auch einen qualifizierten Schutz dar, bloßem Wunschdenken aufzusitzen. Johanna stand weniger in der Gefahr, enthusiastisch zu agieren. Darin ergänzten wir uns. Es verwundert kaum, dass ich mehrfach meinte, Gottes Reden vernommen zu haben. Aber diese einseitig von mir wahrgenommenen Eindrücke entsprachen nicht der vereinbarten Vorgabe.

Um nicht auf unbestimmte Zeit in Warteposition zu bleiben, baten wir Gott, innerhalb eines Zeitraums zu antworten. Er orientierte sich an Kündigungsterminen. Der letzte Tag, an dem die Entscheidung fallen sollte, war gekommen. Dennoch waren wir nicht sonderlich nervös. Wer nach Gottes Willen fragt, sollte ergebnisoffen bleiben. Der Eigenwille versucht jedoch, ein geplantes Vorhaben durchzusetzen. Für den Fall, dass uns der Weg in den vollzeitlichen Dienst nicht galt, hatten wir Plan B. Wir übten interessante Berufe aus. Sie boten ausreichende Möglichkeiten, Spuren des Glaubens zu legen.

Beim abendlichen Zusammentreffen in der Stadtmission fiel die Entscheidung. Der Prediger erläuterte in seiner eher zurückhaltenden Art einen Bibeltext aus Matthäus 14. Jesus fordert am See Genezareth seine Mitarbeiter auf, ins Boot zu steigen und für die Heimfahrt abzulegen. Dabei geraten sie durch die gefürchteten Fallwinde in eine lebensbedrohende Gefahr. Was ihre Situation verschärft, ist die Tatsache, dass sie scheinbar auf sich selbst gestellt sind. Was werden sie da empfinden?

Bei Schwierigkeiten neigen wir dazu, Misstrauen zu hegen. Dem Auftrag von Jesus zu folgen, schließt Notlagen nicht aus. Sind wir bereit, vom Ufer unserer vermeintlichen Sicherheit aufzubrechen? Gehen wir auf das Wort des Herrn hin auf ein Boot, das Sturm und Wellen ausgesetzt ist? Vielleicht halten uns Sorgen um die Finanzen ab, seiner Aufforderung zu folgen …

Der Verkündiger ahnte nicht, in welcher Weise der Herr diese Worte gebrauchte, um zu Johanna und mir zu reden. Wir schauten einander an und wussten auch ohne Worte, dass wir wie erbeten die Antwort auf unsere Gebete bekommen hatten. Zu diesem Zeitpunkt ahnten wir noch nicht, welche Schlüsselrolle diese geistliche Erfahrung für uns einnehmen würde. Es gehört zu Gottes gnädigem Erbarmen, uns stets Schritt für Schritt zu führen. Sonst würden wir uns vermutlich nie auf ihn einlassen.

Auf der Suche nach unserem weiteren Weg wandte ich mich durch die Vermittlung unseres Predigers an die Evangelische Missionsschule in Unterweissach. Wir erlebten ein großes Entgegenkommen der Verantwortlichen. Sie waren eher auf ledige junge Männer ausgerichtet, sodass wir als Verheiratete einen besonderen Status innegehabt hätten. Als die schriftliche Zusage vorlag, kündigten wir unsere Berufe und die Wohnung. Der weitere Weg schien für uns so zu verlaufen, wie wir ihn geplant hatten. Aber es kam anders.

Im Jahr unserer Berufung verbrachten wir das Pfingstwochenende mit Johannas Mutter auf einer christlichen Tagung in Frankenthal. Gläubige aus verschiedenen Denominationen waren zusammengekommen. Doch das Gepräge gaben ihr zahlreiche Charismatiker. Es gab Gebetszeiten, bei denen Leute aus ihren Reihen in Zungen redeten. Dabei handelt es sich um fremdartig klingende Laute. Diese Art des Artikulierens gehört zu einer Fülle von Befähigungen, die der Heiligen Geist verleiht. Im Neuen Testament werden sie an einigen Stellen aufgelistet (Römer 12,2-8; 1. Korinther 12,1-11).

Wer in Zungen redet, bedient sich einer Sprache, die für Gott bestimmt ist. Sie wird weder von der Person selbst noch von den Anwesenden verstanden.

> *Denn wer in Zungen redet, der redet nicht zu Menschen, sondern zu Gott; denn niemand versteht ihn: im Geist redet er Geheimnisse* (1. Korinther 14,2 LUT).

Bei diesem Zusammentreffen erlebten wir erstmals, dass Christen diese sogenannten Gnadengaben praktizierten. Es gab Personen, die durch den Heiligen Geist befähigt waren, die für die übrigen unverständliche Zungenrede in klare Worte zu fassen.

> *[...] einem andern mancherlei Zungenrede; einem andern die Gabe, sie auszulegen* (1. Korinther 12,10 LUT).

Die Quellen von Zungenrede und deren Auslegungen liegen außerhalb der menschlichen Vernunft. Damit gehören sie zu Phänomenen der himmlischen Welt. Es liegt auf der Hand, dass sie für Christen begehrenswert erscheinen.

Während einer Gebetszeit knieten die meisten Anwesenden nieder. Etliche reckten Arme und Hände nach oben, um sich mit geschlossenen Augen tief in die Gemeinschaft mit Gott einzulassen. Jemand begann, in Zungen zu beten. Ein vielfaches Seufzen erklang. Ebenso halblaut vorgetragene Lobpreisungen. In diese Dynamik der Anbetung ertönte die sonore männliche Stimme, die offenbar die Zungenrede in verständliche Worte fasste. Sie ermutigten durch Wertschätzung und waren von Liebe getragen. So etwas hatte ich – hatten wir – nie zuvor erlebt. Ich fühlte mich bis ins Innerste berührt. Es war, als sei die Herrlichkeit Gottes präsent.

Irgendwo aus dem hinteren Bereich schrie jemand gellend auf. Ich sah einige Anwesende in diese Richtung stürzen. Dann hörte ich scharf formulierte Anordnungen, die mit der ausdauernd wiederholten Wendung „Im Namen Jesu!“ verbunden waren. Exorzismus!

Mir lief es heiß und kalt den Rücken herunter. Was hier abging, verhielt sich diametral zur konservativen Frömmigkeit in der Landeskirchlichen Gemeinschaft. Ich glaubte, hier das christliche Leben in seiner ganzen Fülle gefunden zu haben.

Der Tagungsleiter trat ans Mikrofon und fragte: „Wer hat ein prophetisches Wort für uns?“

Der Aufforderung folgte ein Schweigen, das die Empfangsbereitschaft steigerte. Zumindest bei mir. Die Stille war geradezu greifbar. Dann endlich. Ein Mann begann, von seinem Platz aus laut zu sprechen. Seine Botschaft erging in der Ich-Form. Sie unterstrich durch die Verwendung biblischer Begriffe die Autorität des Auferstandenen, dem alle Macht gegeben ist. Dann folgte die Botschaft:

Der unmittelbar bevorstehende Ausbruch des Dritten Weltkriegs wurde angekündigt. Erschüttert hörten wir von Chaos, Hunger und Verfolgungen. Frauen und Männer schauten in einer Abfolge Visionen russischer Panzer entlang bestimmter Grenzlinien. Einige der Anwesenden schrieben mit und vermerkten ihre Positionen. Der Schock saß bei uns allen tief. Zugleich etablierte sich das Gefühl, dass wir mit diesem Vorauswissen zu einer Gruppe von Privilegierten gehörten, denen eine außerordentliche Verantwortung übertragen worden war.

Es wurden Zufluchtsmöglichkeiten erkundet. Dort sollten Decken und Nahrung gehortet werden, um das Überleben zu sichern, bis der Herr zur Erde zurückkehren würde. Seine Wiederkunft erhielt eine zeitliche Dringlichkeit, die vielen von uns die Fähigkeit raubte, den Alltag vernünftig zu gestalten. Unter dem Eindruck des nahenden Weltendes erfassten mich angesichts einer fehlenden irdischen Zukunftsperspektive ziemlich trübe Gedanken. Wir hatten unsere Ehe gerade erst begonnen und mochten Kriegswirren und Christenverfolgungen gar nicht erst denken Eine befreundete Christin verschenkte ihren Wintermantel. Sie lebte in der festen Überzeugung, vor dem Ablauf des Jahres entrückt und beim Herrn zu sein. Während ich diese Zeilen schreibe, sind fünfundvierzig Jahre verstrichen. Sie boten ihr ausreichend Gelegenheiten, sich erneut mit wärmender Kleidung einzudecken, denn sie weilt noch immer auf dieser Erde.

Während der Konferenz beobachtete mich eine Frau aus dem Leitungsteam aufmerksam. Sie hatte die Zusage, die Jesus seinen Mitarbeitern gab, als Prophetie für mich:

> *Die Zeichen aber, die folgen werden denen, die da glauben, sind diese: In meinem Namen werden sie Dämonen austreiben, in neuen Zungen reden* (Markus 16,17 LUT).

Als sie mir die Hände auflegte, durchströmte mich eine Kraft, die augenblicklich einen Wechsel meiner Wahrnehmung bewirkte. Mit meinem Körper kniete ich noch immer in Gebetshaltung. Aber mein Geist bewegte sich mit hoher Geschwindigkeit durch eine alles umfassende Dunkelheit auf ein helles Licht zu. Überwältigt von der intensiven Leuchtkraft brachte ich Laute hervor, die mir fremd waren. Ich redete in Zungen! Wenig später artikulierten sich Johanna und ihre

Mutter in gleicher Weise. Bei der Fahrt nach Hause waren wir voller Enthusiasmus, denn wir glaubten, unser persönliches Pfingsten erlebt zu haben.

Für die Erfahrung dieses verlängerten Wochenendes war ich bereit, alles Bisherige hinter mir zu lassen. War ich doch nun auf das volle Evangelium gestoßen! Die Reserviertheit der Christen in der Landeskirchlichen Gemeinschaft war jedoch ziemlich ernüchternd. Keine einzige Person war bereit, sich von mir die Hände auflegen zu lassen, um wie wir die Gaben des Heiligen Geistes zu empfangen! Uns schlugen Skepsis und Ängstlichkeit entgegen. Selbst einige christliche Freunde gingen auf Distanz. Ich schrieb dem Evangelisten, der in Frankenthal an den Abenden gepredigt hatte. Er reagierte entsetzt und war von mir tief enttäuscht. Sicher trugen meine zynischen Worte über die ablehnende Haltung in der Landeskirchlichen Gemeinschaft dazu bei, dass es zum Bruch kam. Bei einem Schriftwechsel mit Verantwortlichen der Evangelischen Missionsschule wurde ich zur unerwünschten Person erklärt. Als jemand mit einem schwärmerischen Geist passte ich dort nicht mehr hin. Wir hatten nun ein Problem, denn unsere beruflichen Tätigkeiten sowie die Wohnung waren bereits gekündigt. Mit dem Widerruf der Ausbildungszusage standen wir nun vor einer belastenden Ungewissheit. Leider blieb es nicht bei diesem Problem.

Ich weiß nicht, inwieweit Sie die unsichtbare Welt als Realität einschätzen. Als Kinder unserer Zeit geben wir im Allgemeinen den Erkenntnissen durch die Vernunft den alles umfassenden Vorrang. Selbst Christen bilden da häufig keine Ausnahme, obwohl der Glaube in seiner Charakteristik gar nicht auf der Vernunft basiert. Die enorme Beliebtheit der esoterischen Angebote lässt den Rückschluss zu, dass der moderne Mensch die Reduzierung auf das wissenschaftlich Erkennbare nicht für die ganze Wirklichkeit hält. Wir sind besser beraten, wenn wir von unterschiedlichen Wahrnehmungsebenen ausgehen. Wenn wir etwa an die Intuition denken, beobachten wir Phänomene, die am kognitiven Erfassen vorbei zur Gewissheit werden. Als im Jahr 2016 meine Frau starb, registrierte unsere Tochter am sechzehn Kilometer entfernten Ort den Tod ihrer Mutter. Sie schrie entsetzt auf, sodass ihr Lebensgefährte zur Dusche stürzte, weil er annahm, dass bei der Hochschwangeren die Wehen eingesetzt hätten.

Als Geist-Leib-Wesen gehören wir Menschen zur irdischen Welt. Wir sind Teil der Natur. Zugleich sind wir in der Lage, in Kontakt mit den geistigen Mächten zu treten. Sie umgeben uns meist unsichtbar, nehmen aber auf uns so weit Einfluss, wie wir es ihnen erlauben.

Nach der christlichen Tagung veränderte sich mein Leben auf unheimliche Weise. Ich wurde in den Nächten von schattenhaften schwarzen Gestalten in menschlicher Größe heftig attackiert. Meist kamen sie in Gruppen von drei bis fünf Einzelwesen. Wände, geschlossene Fenster oder Möbel stellten für sie keine Hindernisse dar. Sie stürzten sich auf mich. Meine Frau ließen sie völlig unbehelligt. Ich ging zunächst davon aus, übel zu träumen. Aber diese Eindringlinge kamen auch, als ich mich wach hielt, und zwar immer zur gleichen Zeit. Sie huschten voller Eile an den Hals und würgten mich mit ganzer Kraft.

Wir beschlossen, den Mächten der Finsternis gemeinsam Widerstand zu leisten. Beim nächsten Mal sollte ich Johanna aufwecken, damit sie Zeugin der Vorgänge werden und beten konnte. Der Plan funktionierte jedoch nicht. Als wir gemeinsam wachten, passierte gar nichts. Ich fühlte mich blamiert und befürchtete, für einen eingebildeten Kranken gehalten zu werden. Kaum schliefen wir ein, da waren sie wieder präsent. Ich versuchte, Johanna zu wecken, aber mein Körper war wie gelähmt. Es war mir noch nicht einmal möglich, einen Finger zu krümmen. Es gab nur ein wirksames Mittel. Ich schrie um Hilfe. Mitunter war es aufgrund der Luftnot allerdings nur ein gequältes Hauchen:

„Jesus, hilf mir!“

In seinem Namen liegt eine unbeschreibliche Kraft. Die Schattengestalten reagierten derart aufgeschreckt, dass sie augenblicklich das Weite suchten. Diese damals erlebte Wirkung kam mir in meinem späteren Dienst an Personen mit okkulten Belastungen zugute. Sie bestätigt, was der Apostel Petrus bei seinem Verhör durch die führenden Juden bezeugte.

> *Jesus Christus und sonst niemand kann die Rettung bringen. Auf der ganzen Welt hat Gott keinen anderen Namen bekannt gemacht, durch den wir gerettet werden könnten.* (Apostelgeschichte 4,12 GNB)

Angst und Entsetzen zogen in unser Leben ein. Ich entwickelte eine Scheu, ins Bett zu gehen, und wünschte sehnlichst die Nächte herbei, in denen ich Dienst hatte und im Streifenwagen saß. In der Bedrängnis jener Zeit zeigte sich eine Lösung, die ich ignorierte, weil sie mir ganz und gar nicht passte. Eine sanfte Stimme in meinem Inneren wies mich auf den Zusammenhang von dämonischen Attacken und der Zungenrede hin. Sie war mein ganzer Stolz. Legitimierte sie mich doch als geistbegabten Christen. Außerdem verschaffte sie mir erhabene Gefühle. Für meine Ehefrau Johanna und ihre Mutter hatte diese Befähigung keinerlei Bedeutung mehr. Schon vor dem Ende der Pfingsttagung hatten sie die Zungenrede verloren. Für mich spielte sie nach etwa zwei Jahren noch einmal eine schmerzhafte Rolle. Als ich mir eingestand, dass zwischen dem Reden in Zungen und den nächtlichen Besuchern ein Zusammenhang bestand, hörte ich damit auf. Damit endete auch der Spuk.

Inzwischen sind mehr als fünfundvierzig Jahre vergangen und – Gott sei es gedankt! – nichts von all dem, was uns damals vorhergesagt wurde, ist eingetroffen. Der Endzeit-Hype endete sang- und klanglos. Geblieben ist mir die Erkenntnis, dass uns Angst vor der Endzeit für die Gegenwart untauglich macht. Falsche Prophetie ist oft erst im Rückblick zu erkennen. Deshalb sind wir gut beraten, das Gehörte an den Entwicklungen in der Gegenwart zu prüfen.

> *Wenn ein Prophet im Namen des HERRN etwas sagt und seine Voraussage trifft nicht ein, dann hat der HERR nicht durch ihn geredet; er hat in eigenem Auftrag gesprochen. Einen solchen Propheten braucht ihr nicht ernst zu nehmen.* (5. Mose 18,22 GNB)

Es gibt noch weitere Kriterien, die falsche Prophetie erkennen lassen. So kann es durchaus sein, dass eine Aussage über zukünftige Ereignisse tatsächlich zutrifft, aber Gottes ausdrücklichem Willen widerspricht. Verführer werden eine solche Tatsache schlichtweg ignorieren oder Aussagen der Bibel in einer Weise interpretieren, dass sie glaubhaft erscheinen. Hier ist Wachsamkeit geboten!

> *Ihr müsst damit rechnen, dass in eurer Mitte falsche Propheten auftreten werden oder Leute, die sich auf Träume berufen; die werden euch auffordern, fremde Götter zu verehren und ihnen zu dienen. Sie werden sich dadurch auszuweisen suchen, dass sie ein außerordentliches Ereignis ankündigen, das dann auch wirklich eintrifft. Hört trotzdem nicht auf sie! Der HERR, euer Gott, will euch nur auf die Probe stellen. Er möchte wissen, ob ihr ihn mit ganzem Herzen und mit allen Kräften liebt.* (5. Mose 13,2-4 GNB)

7. Ausbildungszeit in der Schweiz

Ich habe schon erwähnt, dass wir unsere Arbeitsstellen und die Wohnung bereits gekündigt hatten, als uns der Widerruf der Evangelischen Missionsschule erreichte. Dadurch erlebten wir eine Verunsicherung, die wir eigentlich ausschließen wollten. Wir zweifelten nicht daran, die richtige Entscheidung getroffen zu haben. Aber wir wussten nicht, auf welchem Weg wir das Ziel erreichen konnten. Das verunsicherte uns und führte dazu, durch Gebete um Wegweisung zu bitten.

Die Strukturen einer Landeskirchlichen Gemeinschaft fordern den Predigern ein ordentliches Arbeitspensum ab, um das ich sie bis heute nicht beneide. Die Stadtmission Frankenthal war für eine kurze Zeit vakant, sodass die Arbeit auf die Mitglieder verteilt wurde. Ich hatte das Vorrecht, trotz meiner Jugend mitarbeiten zu dürfen. Meine Beschäftigung mit charismatischen Gaben war aufgrund der dämonischen Attacken in den Hintergrund getreten und erzeugte nicht länger den Argwohn der Mitchristen. Ich wandte mich verstärkt dem Studium biblischer Inhalte zu.

In den ländlichen Bereichen der Pfalz gab es kleine Stubenversammlungen. Sie hatten in der Regel etwas Heimeliges. Wenn sie am frühen Nachmittag durchgeführt wurden, auch durchaus etwas Kämpferisches. Da rangen die Ärmsten nahe dem Essenskoma mit dem Willen, den Ausführungen folgen zu wollen. Nicht immer behielt der Geist gegenüber der Natur – zumal der der betagten Leute – die Oberhand. Diese Bibelstunden boten mir die Chance, mich in der Auslegung und im Vortragen zu üben. Für mich war das ein wahrer Segen. Für die lieben Alten hoffentlich auch. Sie bewiesen Geduld, da meine Beiträge gelegentlich allzu lang ausfielen. Wenn Johanna mit dabei war, stieß sie mir schon mal unter dem Tisch unauffällig gegen das Bein. Dann wusste ich, dass es an der Zeit war, zum Ende zu kommen. Durch diese Dienste sammelte ich wertvolle Erfahrungen, hin und wieder auch eine Dose Leberwurst, Gläser mit Gurken oder eingekochter Marmelade. Wichtiger war jedoch der gute Ruf als jemand, der die Bibel als Gottes Wort ernst nimmt und seinen Willen ehrlich umzusetzen sucht. Der neue Prediger setzte sich deshalb für uns an der Ausbildungsstätte ein, wo er sein Rüstzeug erhalten hatte. Um angenommen zu werden, mussten wir allem abschwören, was dem evangelikalen Empfinden als schwarmgeistig galt. Damals hieß das in der Schweiz gelegene Seminar für biblische Theologie einfach nur Bibelschule Beatenberg. Die schriftliche Zusicherung machte den Weg an den schön gelegenen Ort frei. Mit dem zeitlichen Abstand bewerte ich heute die Ängste der Ausbildungsstätten als übertrieben. Trauten sie ihrer gesunden Lehre wohl gar nichts zu? Als junge Menschen waren wir zum einen noch unerfahren, zum anderen experimentierfreudig. Am Ende der Ausbildungszeit hatte ich die entgegengesetzte Position eingenommen. Ich profilierte mich als Anti-Charismatiker. Die Begegnung mit Christen jeglicher Couleur im Dienst beim Bibellesebund führte allmählich zu einer ausgewogenen Haltung. Ich gewann die Überzeugung, dass Reden und Handeln von Christen erst durch die Wirkung des Heiligen Geistes ihre maßgebliche Kraft empfangen.

Der Tag des beruflichen Wechsels rückte näher und wir lösten unsere Wohnung auf. Johannas Mutter freute sich darüber. Meine Eltern waren natürlich schockiert.

„Wovon wollt ihr leben, wenn ihr für diese Ausbildung auch noch bezahlen müsst?"

Die Frage meines Vaters entsprach dem, was allen Eltern auf dem Herzen liegt, die sich um das Wohl ihrer Kinder Gedanken machen. Mir ist meine Antwort von damals noch immer peinlich präsent.

„Der Herr wird für uns sorgen."

Die Worte zeugten vom Vertrauen auf Gottes Führung, wurden aber von einer gewissen Arroganz getragen, wie sie Personen mit wenig Lebenserfahrung zu eigen ist. Ich schlug sie den Eltern einfach nur um die Ohren.

Die Antwort überzeugte meinen Vater natürlich in keiner Weise.

„Ich sage dir, worauf dein Glaube ruht", erwiderte er, „auf dem sozialen Netz der Gesellschaft. Über kurz oder lang werdet ihr um Geld betteln."

Der Grad meiner Entrüstung entsprach exakt der seinen. Und so waren wir uns wieder einmal einig, dass wir unterschiedlichen Lebenskonzepten folgten.

An der Bibelschule Beatenberg betrachtet man die Bibel als Wort Gottes. Schon das ist eine Besonderheit. Dazu kommt die einzigartige geografische Lage im Berner Oberland oberhalb von Interlaken. Wir studierten auf 1200 Metern Höhe. Gern kokettierte ich mit dem Wortspiel, dass unsere Ausbildung auf hohem Niveau stattfand. Es gab Tage, da befanden wir uns buchstäblich über den Wolken, bis die graue Decke unter uns aufriss und sich verflüchtigte. Bei schönem Wetter schweiften die Blicke über Wälder, saftige Weiden und auf die mit Eis bedeckte Gebirgsformation von Eiger, Mönch und Jungfrau. Oft drehten sich von der aufsteigenden Thermik getragen Bussarde, Milane und Menschen mit ihren Fluggeräten in die Höhe. Hin und wieder unternahmen wir auch Ausflüge, um die Schönheit des Landes zu erkunden.

Nach dem Leben in Eigenverantwortung hatte die geschützte und stark reglementierte Atmosphäre der Bibelschule für uns den Charme eines Gewächshauses. Als jemand, der für die vielen jungen Christen aus zahlreichen Nationen nicht in der Verantwortung stand, hatte ich es leicht, manches zu kritisieren. Sicher mögen tatsächlich Regelungen überzogen eng gewesen sein. Im Rückblick gehe ich davon aus, dass die Verantwortlichen ihr Bestes gegeben haben. Neben Peter Maier, dem souverän wirkenden und humorvollen Leiter von Beatenberg, hat eine ältere Frau einen bleibenden Eindruck auf mich hinterlassen. Sie war unverheiratet und wurde deshalb als „Fräulein“ Eiberele angesprochen. Trotz dieses für unsere Ohren antiquierten Titels strahlte sie eine enorme Kompetenz aus. Schlüsselaussagen ihrer tiefgründigen Ausführungen pflegte sie durch die für sie typische Handbewegung zu verstärken. Diese sah aus, als ob sie den Schraubverschluss auf ein liegendes Glas drehen würde.

Insgesamt achtete man auf ein „züchtiges“ Benehmen. Für uns Männer bedeutete das, nach dem Sport in Badehosen unter die Gemeinschaftsdusche zu gehen. Im Unterricht saßen die Studentinnen stets hinter den Herren der Schöpfung. Für die „Brüder“ – das war die übliche Redeweise – bot sich damit kaum die Chance, mit den Augen zum schönen Geschlecht abzuirren. Wie die „Schwestern“ ihre Sichtmöglichkeiten nutzten, blieb mir verborgen. Johanna und ich saßen mit mehreren anderen Ehepaaren sozusagen neutral an der Trennlinie zwischen Mann und Frau. Zu Unterrichtsbeginn war es üblich, dass sich alle Studierenden zum Singen erhoben, sobald die lehrende Person den Raum betrat. Zu meiner Aufgabe gehörte es, den jeweiligen Chorus anzustimmen, da ich zumindest dabei meist den richtigen Ton traf. Mir war es also erlaubt, den Blick nach hinten zu wenden.

Für die Zeit der Ausbildung hatte sich jeder schriftlich dazu verpflichtet, sich weder zu verlieben noch Alkohol zu konsumieren. Als ich während eines Praktikums aus Unachtsamkeit doch mal Wein im Mund hatte, musste ich entscheiden: ausspucken oder schlucken. Ich fühlte mich schicksalhaft überrascht und verinnerlichte den gegorenen Traubensaft ohne allzu große Gewissensbisse.

Zunächst hatten wir als Ehepaar ein Zimmer in der Bibelschule, später als Familie wohnten wir extern im Ort. Wenn es uns nötig erschien, arrangierten wir schon mal unauffällige Treffen einzelner Frauen und Männer. Sie sollten die Gelegenheit bekommen, einander im Schutz unseres Wohnzimmers ihre Liebe zu gestehen. Mit der Ankündigung, für eine Stunde in der Küche beschäftigt zu sein, signalisierten wir, für wie lange sie Zeit füreinander haben würden. Dieser Service wurde gelegentlich dankbar genutzt.

Um den Aufenthalt an der Bibelschule mitzutragen, waren wir zur praktischen Mitarbeit verpflichtet. Johanna arbeitete meist in der Großküche mit, während ich den größten Teil meiner Arbeitsstunden in der Schreinerei ableistete. Der Leiter dort war ein wunderbarer älterer Mann. Von ihm lernte ich nicht nur handwerkliche Fertigkeiten. Er war mir auch in seiner Lebensführung ein Vorbild. Da ich in meiner Polizeidienstzeit sehr unterschiedliche Fahrzeuge gefahren hatte, vertraute er mir den Transport der gefällten Bäume an. Mit einem Land Rover fuhr ich die Stämme zur Sägerei. Anschließend brachte ich sie zu Brettern geschnitten auf engen Serpentinen zum höchsten Punkt des Geländes. Dort lagerten wir sie zum Trocknen.

Am Nachmittag gab es das sogenannte „Zvieri“ als kleine Zwischenmahlzeit. Da standen Kaffee, Tee, Brot mit Marmelade, Obst sowie Reste vom Mittag in der Küche. Es war auch ein Ort zum Scherzen, Diskutieren oder zum Streiten. Einmal gab es erbitterte Auseinandersetzungen um die Frage, ob ein Christ verloren gehen kann. Mit unseren unterschiedlichen Überzeugungen glaubten wir, die Gemeinde vor gefährlichen Irrlehren bewahren zu müssen. Mitten in der Szene kam ein niederländischer Mitstudent mit hochrotem Kopf auf mich zu. Er gestand mir, dass er aus Neid die Schlüssel vom Land Rover an sich genommen und ihn mitsamt den geladenen Stämmen in einer Kurve festgefahren hatte. Ich wusste den Mut seines aufrichtigen Bekennens sehr zu schätzen.

Durch das viele Studieren waren wir körperlich oft nicht ausgelastet, deshalb ließen wir jungen Männer uns gelegentlich vom Übermut leiten. Mit Jan Hendrik, einem liebenswerten Niederländer meines Alters, lud ich einmal Holz auf einen elektrisch angetriebenen Wagen. Statt gehend die Führungsstange von Hand zu bedienen, hockten wir uns beide auf das Vehikel und Jan Hendrik setzte es mit seinem Bein bergab in Bewegung. Wir mimten Würdenträger und winkten mit feierlichen Gesten allen zu, die staunend registrierten, was wir Verbotenes taten. Es dauerte nicht lange, da hatten wir derart an Fahrt gewonnen, dass uns angst und bange wurde. Durch die Verlagerung der Schwerkraft gelang es meinem Chauffeur nicht, das Gewicht von der Deichsel zu bekommen, die durch das Niederdrücken das Gerät zusätzlich antrieb. In der nächsten Kurve war es dann so weit. Der Wagen kippte scheppernd um. Die Ladung polterte mitsamt den schweren Batterien zu Boden. Wir selbst küssten und umarmten unfreiwillig Büsche und Erde, holten uns aber nur moderate Schrammen. Zu unserem Erstaunen blieb das Elektrofahrzeug heil, wenn auch mit erkennbaren Spuren. Dankbar, dass nichts Schlimmes passiert war, schritten wir geläutert vor dem Wagen her.

An einem Nachmittag im Winter leisteten wir Jungs uns kurz vor der praktischen Arbeit eine zünftige Schneeballschlacht. Nach der Devise „alle gegen einen" fielen etwa vier oder fünf Gegenspieler über mich her. Ich flüchtete mit meiner respektablen Ladung Schnee in die Schreinerei und war sicher, dass meine Kontrahenten mich dahin verfolgen würden. Tatsächlich, die Tür ging auf. Mit der weißen Ladung und einem animalischen Schrei stürzte ich dem Hereinkommenden entgegen. Schon als sein Gesicht mit Brille und Vollbart hinter dem Schnee verschwand, wusste ich, dass es den Falschen getroffen hatte – einen nicht mehr ganz jungen und äußerst zurückhaltenden Mitarbeiter. Meine „Gegner" krümmten sich vor Lachen. Dieser eklatante Fehlschlag war für sie der Stoff, der gesellige Runden belebte. Konsterniert versuchte ich mich zu erklären, während sich der arme Mann, um Fassung ringend, aus der weißen Pracht pellte.

Zu den unangenehmen Erfahrungen in dieser Zeit gehörte die gelegentlich vorgebrachte Abneigung gegen uns Deutsche. Mehrfach wurden uns auf dem öffentlichen Parkplatz Hakenkreuze in den Lack des Autos gekratzt oder mit Stickern aufgeklebt. Aber auch Mitstudierende brachten mich mit dem Naziregime in Verbindung, wenn sie sich über mein Verhalten ärgerten. Diese Vorkommnisse sorgten dafür, dass ich mich vor Gott unter die Schuld unseres Volkes gebeugt habe. Wenn es möglich ist, bringe ich meine Haltung auch vor denen zum Ausdruck, die mich aufgrund meiner Nationalität angreifen.

Das Ende eines Semesters fiel unglücklicherweise mit einer großen Ebbe im Geldbeutel zusammen. Uns fehlte das Geld zum Tanken. Wir hofften inständig auf einen finanziellen Segen. Aber er blieb aus. Die meisten Studierenden waren bereits abgereist. Unsere Situation forderte das Vertrauen heraus. Ich dachte an die Worte meines Vaters und wies entschlossen das auflodernde Misstrauen gegenüber Gott ab. Aus den Tagebüchern von Georg Müller, dem Waisenhausvater von Bristol, wussten wir, dass er häufig hart geprüft, aber nie im Stich gelassen worden war. Aber von solchen Ereignissen zu lesen ist leichter, als sie selbst zu erleben.

Der Wagen war bereits gepackt, als wir auf den Gedanken kamen, ins Postfach zu schauen. Und tatsächlich! Dort lag ein Brief. Die Spannung steigerte sich ziemlich, als wir ihn öffneten. Wir fühlten, wie sehr sein Inhalt darüber entschied, ob wir Beatenberg verlassen und in die Heimat fahren konnten. Es war bewegend zu entdecken, dass zwischen dem Briefpapier Banknoten steckten. Überwältigt registrierten wir, dass die Summe bei Weitem unsere augenblicklichen Bedürfnisse übertraf. Wer mag, kann darin einen Zufall sehen. Wir jedoch falteten die Hände und dankten unserem himmlischen Vater. Hatte er doch einen Menschen bewegt, sich uns gegenüber großzügig zu erweisen. Und das auch noch zur richtigen Zeit. Wir bugsierten noch ein paar Kleinigkeiten ins Auto, als uns das Fahrzeug eines befreundeten Schweizer Ehepaars auffiel. Warum befand es sich nicht schon längst auf dem Weg? Wir suchten es auf und fragten nach.

„Wie kommt es, dass ihr noch immer hier seid?"

Die beiden wirkten etwas verlegen. Ihnen fehlte das Geld für die Heimreise. Voller Freude erzählten wir ihnen von unserem Erleben und schenkten ihnen zehn Prozent des erhaltenen Betrags. Damit war auch für sie gesorgt.

Gegen Ende des zweiten Ausbildungsjahres kündigte sich die Geburt unseres ersten Kindes an. Das Zimmer im Chalet der Bibelschule würde für uns drei nicht ausreichen. Deshalb mieteten wir eine Wohnung im Dorf. Es war Januar, als wir umzogen. Die Menge unserer Habe hielt sich in Grenzen. Dennoch strengte der Ortswechsel an, denn er fand bei dichtem Schneetreiben statt. Ich meinte, den Wagen strategisch günstig geparkt zu haben. Vorsorglich hatte ich Schneeketten aufgezogen, die zum Überwinden der 1200 Höhenmeter angeraten waren. In der Nacht platzte bei Johanna die Fruchtblase. So schnell wie möglich zog ich mich an und stapfte durch den tiefen Schnee zum Parkplatz des Bibelschulgeländes. Räumfahrzeuge waren um diese Zeit nicht mehr unterwegs. Auch das Terrain, auf dem unser Auto stand, war üppig mit der weißen Pracht bedeckt. Fast von sämtlichen Fahrzeugen war kaum mehr als eine weiße Erhebung zu erkennen. Wie kurzsichtig von mir! Ich hätte den Wagen am Tag nach dem Umzug an der Stelle abstellen sollen, wo vor der Schneemasse besser geschützt das Gefährt der Familie abgestellt war, die in unmittelbarer Nähe wohnte.

Ich trug die weiße Pracht vom Autodach ab und stellte dann fest, dass es das falsche Fahrzeug war. Bis ich endlich in unserem Wagen saß, verging wertvolle Zeit. Ich versuchte, mit brachialer Gewalt aus der Parkbucht zu kommen, indem ich den Schnee rückwärtsfahrend vor dem Heck herschob. Dort verdichte er sich zu einer festen Masse und türmte sich über das hintere Fenster hinaus. Um überhaupt etwas sehen zu können, drehte ich die Scheibe auf der Fahrerseite herunter. Sofort rieselte reichlich Schnee durch die Öffnung. Dazu bedeckte das dichte Schneetreiben den ungeschützten Innenraum. Voller Ungeduld versuchte ich mit schwungvollen Stößen den Ausweg. Es gab einen heftigen Schlag, der mich erschreckte. Eine Schneekette war gerissen. Diese Aktion war mir gründlich misslungen und es war ein Segen, dass mir jetzt niemand zuhörte.

Ich klingelte die Familie aus dem Bett, deren blauer Wagen so günstig abgestellt war. Als Hans-Jörg die Haustür öffnete, sah ich zum ersten Mal in meinem Leben einen Mann im Nachthemd. Ich fand den Anblick so lustig, dass er mir bis heute in Erinnerung geblieben ist. Die Ruhe dieses Mannes war ein echtes Geschenk. Auf der Fahrt von Beatenberg hinunter nach Interlaken begegneten wir Niederländern, die sich vergeblich mühten, mit Sommerreifen die Straße hochzufahren. Wir halfen, deren Fahrzeug von der Straßenmitte zur Seite zu schieben, ohne uns weiter um sie zu kümmern. Wir waren in Eile, denn die Wehen setzten ein.

8. „Ihr Kind wird nie laufen können“

Die Ärzte im Krankenhaus von Interlaken trauten sich nicht, noch in der Nacht die Entbindung durchzuführen. Sie gingen von einer Risikogeburt aus, da wir weit vor dem berechneten Termin ankamen. Es war eine lange Nacht. Johanna verabreichte man wehenhemmende Mittel und ich versuchte, auf einem harten Feldbett in den Schlaf zu kommen.

Die Geburt faszinierte mich. Ich staunte, wie das Köpfchen sich aufgrund der beweglichen Fontanellen dem engen Geburtskanal anpasste. Als es durch war, glitt der Rest des Körpers ziemlich schnell nach. Der Anblick dieses winzigen Mädchens berührte alle Anwesenden. Es wog gerade mal 1800 Gramm. Die Nabelschnur hatte sich um seinen Hals gewickelt und staute das Blut im Kopf, der blau angelaufen war.

„Sie wird mal keine Sechsen schreiben“, entfuhr es der Ärztin.

Ich verstand die Bedeutung dieser Aussage. Im Bewertungssystem der Schweiz stellt diese Zahl die beste Note dar. Was sie meinte, war entmutigend. Sie vermutete, dass die strangulierende Nabelschnur sich schädigend auf das Gehirn ausgewirkt haben könnte. Doch das Leben hat mich gelehrt, Prognosen von Ärzten zwar ernst zu nehmen, sie aber nicht als letzte Wahrheit einzuschätzen. Sie können durchaus irren.

Unsere Tochter hat studiert und verfügt über eine hohe soziale Kompetenz.

> *Schmecket und sehet, wie freundlich der Herr ist. Wohl dem, der auf ihn trauet!* (Psalm 34,9 LUT).

Mit diesem Zitat aus der Bibel ließen wir erkennen, dass wir die Geburt von Damaris als ein Geschenk annahmen. War sie doch aus der liebenden Verbindung von Johanna und mir hervorgegangen. Voller Fürsorge registrierten wir die Fortschritte in ihrer Entwicklung: die erste bewusste Blickverbindung, den hinreißenden Hauch eines Lächelns, die gezielte Aufmerksamkeit, wenn wir mit ihr redeten. Aber je länger, desto mehr mischten sich beunruhigende Beobachtungen in unsere Freude. Wir versuchten sie zu relativieren, bis sie sich nicht mehr verkennen ließen. Fotos aus den ersten Lebenswochen dokumentierten den Prozess einer abnehmenden Aktivität der Beine.

Uns war bewusst, dass wir bereits in Schwierigkeiten steckten, deren Tragweite konnten wir allerdings noch nicht ermessen. Im Vertrauen zu Gott und auf unsere jugendliche Konstitution hatten wir auf den Abschluss einer Krankenversicherung verzichtet, zumal es diesbezüglich mit der Schweiz kein Abkommen gab. Bei der Entbindung und bei Arztbesuchen bezahlten wir deshalb als Privatpatienten. Was immer wir in die Wege leiten wollten, es lag nah, dass finanzielle Herausforderungen auf uns zukommen würden, die wir nicht einkalkuliert hatten. Die Praktikumszeit in Deutschland planten wir für Untersuchungen zu nutzen. Innerhalb der Bibelschul-Gemeinschaft versicherten viele, dass sie uns im Gebet begleiten wollten.

Wie verhielt es sich nun mit Gottes Geschenk an uns? Aus der zeitnahen Perspektive schien die biblische Aussage auf der Geburtsanzeige den Fakten jedoch Hohn zu sprechen. Ich haderte deshalb heftig mit Gott. Mir war, als hätte er uns in vollem Lauf gegen eine Wand prallen lassen.

In Deutschland ließen wir unsere Kleine schnellstmöglich untersuchen. Die unteren Gliedmaßen wirkten inzwischen erschreckend leblos. Sie ließen sich durch die Verkürzung der Sehnen nicht einmal mehr in eine gestreckte Position bringen. Die Ärzte bezeichneten ihre bleibend angewinkelte Haltung als Froschdeformation.

Den Tag der niederschmetternden Klarheit erlebten wir in der Uniklinik in Heidelberg. Die Diagnose lautete „Spina bifida“ – „offener Rücken“. Damit wir uns nicht irgendwelchen Illusionen hingaben, zeigte man uns Bilder von Kindern mit der gleichen Missbildung. Sie saßen im Rollstuhl oder staksten mit Beinschienen schwerfällig an farbig lackierten Rollatoren.

„Mission können Sie unter diesen Umständen vergessen“, beschied uns ein Arzt und fügte hinzu: „Ihr Kind wir nie laufen können.“

Für uns ging gefühlt die Welt unter. Schockiert begaben wir uns aus der Klinik und setzten uns auf eine Bank im angrenzenden Parkgelände. Dort ließen wir unseren Tränen freien Lauf. So hatten wir uns das Leben nicht vorgestellt.

Die Reaktionen von Menschen aus unserem Umfeld fielen völlig unterschiedlich aus. Einige äußerten Betroffenheit und suchten nach Lösungswegen. Andere schwiegen betroffen und beließen es bei mitfühlenden Umarmungen. Eine Christin hörte sich die Misere an und brach unvermittelt in lauten Jubel aus.

„Halleluja! Der Herr wird sich verherrlichen. Lob und Dank!“

Irritiert nahmen wir an, dass sie uns missverstanden habe. Wir erklärten noch einmal den Sachverhalt. Aber sie hatte durchaus begriffen und wiederholte ihre Worte, die uns aufgrund des mangelnden Einfühlungsvermögens nicht ermutigten, sondern verletzten. Die Person las gerade in einem Buch, das den Dank als Ausgangspunkt für Erfahrungen mit Gott thematisierte. Ein Kapitel über ein angemessenes Benehmen schien es wohl nicht gehabt zu haben.

Johannas Großmutter präsentierte uns ihre Einsicht: „Das kommt davon, dass ihr das Kind nicht habt taufen lassen."

Johanna wohnte während der Semesterpause mit Damaris bei ihrer Mutter. Sie organisierte Untersuchungen bei verschiedenen Ärzten und arbeitete im elterlichen Lebensmittelgeschäft mit. Den Praktikumseinsatz absolvierte ich allein bei der Deutschen Indianer Pionier Mission. Karl-Ernst Widmann, der damalige Leiter des christlichen Werks, wurde für uns zu einem rettenden Engel. Er stellte uns mit dem minimalst möglichen Gehalt an, damit wir in die gesetzliche Krankenversicherung aufgenommen werden konnten. Bis dahin mussten wir Arztrechnungen stets als Privatpatienten begleichen. Nach zwei Jahren waren deshalb nahezu sämtliche Ersparnisse aufgebraucht. Das entspannte die Situation, aber sie täuschte nicht darüber hinweg, dass unsere Ersparnisse auf 330 Mark geschrumpft waren. Ich fühlte meine Verantwortung und teilte sie mit Gott. Mit Hadern und fordernden Gebeten lag ich dem himmlischen Vater in den Ohren: „Herr, unser Leben liegt wie auf einem Silbertablett offen vor den Augen meiner Familie. Du weißt, wie sehr sie davon überzeugt ist, dass wir scheitern werden. Beweise du nun deine Treue und sorge für uns. Wir sind finanziell am Ende!"

Bei der Deutschen Indianer Pionier Mission reiste ich mit dem Evangelisten Paul Höfflin und Zeltdiakon Roland Waffenschmidt von Ort zu Ort, wo im Missionszelt nachmittags Kinder und am Abend Erwachsene erreicht wurden. Mit Paul lernte ich ein echtes christliches Original kennen. Ihm waren und sind bis heute theologische Winkelzüge fremd. Er war ehrlich, direkt und oft auch derb. Als ehemaliger Maurer war er stets volksnah geblieben. Beim schweißtreibenden Einschlagen der Zeltpflöcke spöttelte einer der Helfer.

„Ich bin gespannt, wann ich den Herrn Evangelisten im feinen Zwirn zu Gesicht bekomme."

Der Mann musste sich dafür bis zum Abend gedulden. Als Paul Höfflin ans Rednerpult ging, klappte dem Zuhörer geradezu die Kinnlade herunter. Überrascht erkannte er, dass der Verkündiger am Vormittag neben ihm den Vorschlaghammer geschwungen hatte.

Von Paul lernte ich, dass Seelsorge nicht notwendigerweise ein zeitaufwendiges Unterfangen darstellen muss. Ich legte ihm unsere gegenwärtige Situation dar und gestand ein, dass ich keinen Ausweg sah. Paul hörte gut zu, aber er fackelte nicht lange.

„Ralf, wenn du von Jesus berufen bist, dann geh im Vertrauen auf ihn weiter. Bist du es aber nicht, gehört dir links und rechts was hinter die Ohren. Dann schau zu, wie du Geld verdienen kannst."

Das war alles. Und es war genug. Ich verließ ihn mit einem sprichwörtlich dicken Hals. Vermutlich hätte mir damit keine Hemdgröße mehr gepasst. Als der Ärger verraucht war, riefen Johanna und ich die Berufung in den vollzeitlichen Dienst neu in unsere Erinnerung. Als wie hilfreich empfanden wir es, dass sie klar erkennbar gewesen war, weil sie in allen Punkten unseren Vorgaben entsprochen hatte. Ermutigt beschlossen wir, den eingeschlagenen Weg trotz aller Schwierigkeiten weiterzugehen. Pauls derbe Worte hatten ein Weiteres für sich. Sie bewahrten mich davor, im Selbstmitleid zu verharren.

Ich konzentrierte mich nun darauf, als Prediger in Lohn und Brot zu kommen. Der Weg zurück zur Polizei war verschlossen. Diese Möglichkeit hatte ich bereits zu einem frühen Zeitpunkt geprüft, und zwar heimlich, denn mir war bewusst, damit die Berufung in den vollzeitlichen Dienst infrage zu stellen.

> *Wer seine Hand an den Pflug legt und zurückschaut, den kann Gott nicht gebrauchen, wenn er jetzt seine Herrschaft aufrichten will* (Lukas 9,62 GNB).

Die Worte von Jesus verursachten mir Gewissensbisse. Aber ich wollte völlig sicher sein, dass die Rückkehr zur Polizei keine Option mehr darstellte.

Einige Bewerbungsschreiben an Gemeindeverbände blieben völlig ohne jegliche Resonanz. Ein Quäntchen Höflichkeit hätte die Empfänger vom Umgang unterschieden, wie er oft bei säkularen Unternehmen üblich ist. Ein paar wenige Vorstellungsgespräche endeten damit, dass man uns wenigstens das Fahrgeld erstattete. Vielleicht kam ich nicht so gut an oder es gab Vorstellungen, die sich mit meiner Person kaum umsetzen ließen. Im ostfriesischen Gemeinschaftsverband wurde uns große Empathie entgegengebracht. Eine Anstellung als Gemeinschaftsprediger war zum Greifen nah. Aber sie scheiterte am Widerstand des dominanten Ältesten. Damals hasste ich ihn dafür. Meine Wut fokussierte sich auf diesen Mann, der unsere Hoffnungen zunichtemachte. Im Rückblick erkenne ich jedoch, dass der Herr das Veto in seine Pläne für uns eingeflochten hatte. Offensichtlich mussten wir unsere Vorstellungen aufgeben, damit wir bereit wurden, Neues zu denken.

Wir profitierten von der Großzügigkeit meiner Schwiegermutter, die uns in ihr Haus aufnahm, bis sich uns andere Möglichkeiten eröffneten. Um finanziell über die Runden zu kommen, arbeitete ich für ein paar Wochen als Tagelöhner bei der Weinlese. Einige Frauen, die dort mitarbeiteten, taten sich mit losen Reden hervor. Sie strotzten nur so von Schamlosigkeiten. Mag sein, dass es am reichlichen Wein lag, den wir als Durstlöscher aus Wassergläsern tranken. Ich hielt mich nach Möglichkeit von diesen Leuten fern. Durch die rein manuelle Tätigkeit hatte ich Zeit zum Beten und Nachdenken. Die vorläufige Bilanz unseres Weges war recht ernüchternd: Wir haben ein krankes Kind, ich finde keine Anstellung und wir sind finanziell abgebrannt. Dennoch blieben wir bei der Entscheidung, bei tosendem Sturm nicht über Bord zu werfen, was wir bei ruhiger See erkannt hatten.

Die ehrliche Frage meiner Zwillingsschwester forderte mich heraus. Ich hatte den Eindruck, dass sich unser Reden über Gott allmählich von den Erfahrungen mit ihm abkoppelte:

„Wo ist denn nun euer Gott? Ihr sagt doch, er könne Wunder tun!"

Ich war sicher, dass er mit uns durch diese Situation ging. Aber meine Aussage, dass der Herr für uns sorgen würde, weckte das Bedürfnis nach einer deutlich erkennbaren Bestätigung. Ich steigerte mich schließlich doch zu der radikalen Haltung, unsere Überzeugungen infrage zu stellen. Wenn der christliche Glaube nur eine religiöse Fiktion darstellte, war ich bereit, ihn aufzukündigen. Auf keinen Fall war ich willens, mir mit frommen Floskeln in die eigene Tasche zu lügen. Die Alternative lautete, entgegen meiner Gefühle und bisherigen Erfahrungen im bewussten Vertrauen weiterzugehen. Dazu mussten wir es wagen, uns existenziell in Gottes Hände fallen zu lassen. Das bedeutete: ohne die Sicherheit irgendwelcher Reserven, auf die wir hätten zugreifen können. Ich wollte es genau wissen und wir entschieden uns zu dieser zweiten Möglichkeit. Meine Frau Johanna ging den Entschluss sehr viel gelassener an. Ihre Beharrlichkeit im Glauben wirkte wie ein Fels in der Brandung. Noch deutlich erinnere ich mich an mein Gebet in einer Nacht. Ich sagte:

„Jetzt bist du dran, Herr! Wir haben uns bereits genug blamiert. Lieber will ich ehrlich scheitern, als zu heucheln und nur so zu tun, als hättest du uns versorgt!"

Es scheint, als habe Gott uns genau an diesen Punkt bringen wollen. Irgendwie löste sich damit eine Blockade auf, die ein Weiterkommen verhindert hatte. Die letzte Verantwortung lag nun bei dem, der uns berufen hatte. Wir bekamen die Freiheit, unsere Vorstellungen aufzugeben, auf welche Weise sich die Dinge weiter entwickeln sollten. Zum ersten Mal dachten wir daran, die Ausbildungszeit weiter fortzusetzen, wenn Gott uns die Tür für eine Dienstanstellung nicht öffnete. Jemand wies uns auf das Glaubens- und Rüstzentrum Krelingen hin, wo es Kurse für Theologiestudenten gab. Ein Telefongespräch mit dem von mir bis heute hoch geschätzten Studienleiter Sven Findeisen eröffnete uns den Weg in den beschaulichen Ort in der Heide. Innerhalb weniger Tage konnten wir per Telefon eine Wohnung mieten. Aufgrund der Entfernung verzichteten wir auf eine Besichtigung. Diesen Umstand fand ich weniger verrückt als die Tatsache, dass wir für diesen Schritt nicht das Geld besaßen. In unseren Gebeten erinnerten wir Gott und auch uns selbst an die biblische Aussage:

> *Der Herr ist mein Hirte, mir wird nichts mangeln* (Psalm 23,1 LUT).

Tatsächlich hatten wir das Privileg, dass sich die Zuversicht auf Gottes Treue in eine Erfahrung verwandelte. Von Freunden erhielten wir bald eine sehr ermutigende Zusage. Sie wollten über die Dauer des Aufenthalts in Krelingen die Miete für die Wohnung übernehmen. Oft reichte das verfügbare Geld nur noch für wenige Tage. In Rundbriefen erwähnte ich jedoch mit keinem Wort die angespannte finanzielle Lage. Ebenso verzichtete ich auf die Veröffentlichung unserer Bankverbindung. Um es gleich klarzustellen: Damit argumentiere ich nicht pauschal gegen Informationen in Bezug auf den Geldbedarf und gegen den Abdruck von Bankdaten. Wir hielten es jedoch für angebracht, die Zuverlässigkeit von Gottes Verheißungen ernst zu nehmen.

Das Experiment öffnete uns die Augen dafür, wie leichtfertig wir vom Glauben reden, solange wir uns auf ein fettes Bankkonto, einen gefüllten Kühlschrank und ein Arbeitsverhältnis stützen können. Was nach frommer Märchenstunde klingt, wurde für uns zu einer Zeitspanne der täglichen Wunder. Mitunter schob jemand Geld im Umschlag unter dem Türspalt in die Wohnung. Manchmal kamen Geldscheine mit der Briefpost von Leuten, die wir nicht kannten oder längst aus dem Blickfeld verloren hatten. Und dann war da auch noch die treue Unterstützung der betenden und opferbereiten Mutter von Johanna.

Bei den Planungen für den Aufenthalt in Krelingen stellten wir überrascht fest, dass sich uns mit der geografischen Nähe zu Bremen ein wichtiger Vorteil bot. Seit einigen Wochen hatten wir mit einer physiotherapeutischen Behandlungsmethode begonnen, um auf die motorische Entwicklung unserer Tochter einzuwirken. Täglich dehnten wir die Beine mit den verkürzten Sehnen bis zur Schmerzgrenze und bandagierten sie in der größtmöglichen Streckhaltung. Die Konsequenz war, dass wir selbst die Liegeposition des Kindes in der Nacht verändern mussten. Die eigentliche Tortur mit dem Kleinkind fand jedoch durch Übungen statt, bei denen es versuchen sollte, sich aus verschiedenen Zwangslagen zu befreien. Diese Therapie ist von dem tschechischen Neurologen Václav Vojta in den Sechzigerjahren entwickelt worden.

Ein Ausbildungszentrum dafür befand sich in Bremen. Dort waren wir in besten Händen. Wer da noch vom Zufall spricht, ist blind für Gottes Führung!

Johanna und ich teilten uns die Übungen, die wir viermal am Tag durchführten. Sie beanspruchten viel Zeit. Wir mussten sie aber auch mental verkraften. Da ging es nicht immer ohne Tränen ab. Gelegentliche Gäste reagierten durchweg erschüttert auf das, was dem Kind zugemutet wurde. Den Ärzten, Physiotherapeuten und uns war klar, dass eine solche Behandlung ihre Spuren in der Seele des Kindes hinterlassen würde. Es blieb jedoch keine andere Wahl. Aus heutiger Sicht kann ich dankbar sagen, dass aus unserer Tochter eine lebensbejahende und einfühlsame Person geworden ist. Offensichtlich hat Gott auch über ihre Befindlichkeit gewacht.

Heinrich Kemner, der Gründer des Geistlichen Rüstzentrums Krelingen, war eine beeindruckende Person. Als ich ihn zum ersten Mal sah, hielt ich ihn für einen senilen Greis. Aber weit gefehlt! Seine mitreißenden Vorträge nahmen mich in Bann. Bei einer Gelegenheit fragte er beiläufig, ob wir schon um Heilung für unsere Tochter hätten beten lassen. Nein, zu mehr als darüber nachzudenken war es noch nicht gekommen.

Der Tag, an dem das Gebet um Krankenheilung stattfand, versetzte uns in Spannung. Was würde geschehen, würden wir ein Wunder erleben? Unterschiedliche Erwartungen geisterten in unseren Vorstellungen herum. Was dann passierte, sorgte für eine ziemliche Ernüchterung. Es veränderte sich nichts. Nach dem „Amen“ der Beter blieb alles, wie es war. In den Evangelien wird berichtet, dass Gelähmte sich unverzüglich aufrichteten und Gott priesen. Nicht so bei uns! Damaris lag noch immer mit bewegungslosen Beinen vor uns. Heinrich Kemner schien das nicht anzufechten. Er hatte getan, was Jesus uns als Auftrag gibt. Alles andere lag nicht in seiner Verantwortung.

Kennen Sie das fade Gefühl, wenn sich auf Gebet hin nichts verändert? Ich würde stolz sein, wenn ich behaupten könnte, dass ich unerschütterlich mit Gottes Eingreifen gerechnet hätte. Beter wurden in den Biografien vergangener Zeiten häufig idealisierend dargestellt. Wir jedenfalls gehörten nicht zu jenen Glaubenshelden, die souverän blieben, sondern bewegten die Frage, warum das Gebet ohne erkennbare Resonanz blieb. Hatten wir etwas falsch gemacht? Stand irgendeine Sünde als Hemmnis zwischen uns und Gott? Unsere Zuversicht bekam zeitweise Brüche. Dennoch rafften wir uns auf, weiterhin zu beten, weil sich keine bessere Alternative bot. Umso gewissenhafter führten wir die physiotherapeutischen Übungen mit Damaris durch. Dabei orientierten wir uns an zwei Leitsätzen: Wir beteten, als ob alles Arbeiten umsonst wäre, und arbeiteten, als ob alles Beten nichts nützte.

Aus dem zeitlichen Abstand erkenne ich, worin wir beim Beten gefährdet sind. Der starre Blick auf die bestehenden Umstände raubt uns die Sicht auf die Zusagen, die uns in der Bibel gegeben werden. Er erzeugt Misstrauen gegenüber Gott.

> *Wer zweifelt, gleicht den Meereswogen, die vom Wind gepeitscht und hin und her getrieben werden* (Jakobus 1,6 GNB).

Gebet ist keine Leistung, die wir zu erbringen hätten. Vertrauen zu Gott schließt durchaus mit ein, dass Zweifel aufkommen und uns bedrängen. Gebet ist ein Kampf, der in den Herzen ausgefochten wird. Entscheidend ist, ob wir destruktiven Gedanken das Feld überlassen oder ob wir sie durch die Zusagen der Bibel abweisen:

Jeden Gedanken, der sich gegen Gott auflehnt, nehme ich gefangen und unterstelle ihn dem Befehl von Christus (2. Korinther 10,5 GNB).

Wer dazu neigt, sich vorschnell geschlagen zu geben, wird oft von Gott in einer heilsamen Weise beschämt. So auch wir, denn er ließ uns nicht hängen. Als ich eines Tages die therapeutische Übung mit Damaris durchführte, fühlten sich die üblicherweise kalten Beinchen wärmer an als sonst. Wir vergewisserten uns, indem wir prüften, ob etwa der Wunsch uns narrte. Es verhielt sich tatsächlich so. Mit der besseren Durchblutung kehrte Leben in die Gliedmaßen zurück. Sie wurden von Tag zu Tag kräftiger. Da war es also doch, das Wunder, um das wir Gott gebeten hatten!

Auch in finanzieller Hinsicht erlebten wir, dass Gott zu seinen Zusagen steht. Das ermutigte uns, nach Beatenberg zurückzukehren. Johanna strebte ihren Abschluss für zwei Jahre Ausbildung an. Ich belegte das dritte Jahr, dessen Stoff mich für die späteren Aufgaben im hauptamtlichen Dienst besser qualifizierte. Diese zusätzlichen eineinhalb Jahre assoziiere ich mit Gottes Fürsorge, die er Elia am Bach Krit zukommen ließ. Damals brachten Raben dem Propheten, was er zum Leben benötigte (1. Könige 17,4.6). Nun versorgte er uns. Als gnädige Zugabe erlebten wir dort die ersten Schritte von Damaris. Nicht mühsam staksend, sondern behände hinter dem Puppenwagen eines Kindes. Diese Momente erlebten wir, als ob der Himmel die Erde berührte. Wir erinnerten uns an die Worte von einem Mitglied der Familie:

„Wenn das Kind jemals laufen kann, glaube ich sofort an Gott!"

Wer nicht glauben will, findet stets Ausflüchte. Die Person ging von einem Erfolg unseres Einsatzes mit der Vojta-Gymnastik aus. Es ist richtig, sie in diesem Zusammenhang zu sehen. Aber sie stellt nur das dar, was wir beitragen konnten.

Einige Zeit später hatten wir einen Termin in der Uniklinik in Heidelberg. Der behandelnde Arzt schaute irritiert von den Unterlagen zu dem Kind vor ihm. Er konnte nicht glauben, dass unsere Tochter in der Lage war, sich völlig normal fortzubewegen. Wir zeigten ihm einige körperliche Merkmale, von denen Fotoaufnahmen gemacht worden waren. Den prüfenden Blicken des Mediziners folgte eine spontane Wendung. Er griff zum Telefon und trommelte mehrere Kollegen zusammen. Sie schienen sich vor dem Raum gesammelt zu haben. Beim Eintreffen wies der Arzt mit beiden Händen auf unsere Tochter.

„Meine Herren, ein Wunder!"

Der Ausruf des Arztes grub sich unauslöschlich in unser Gedächtnis. Wir wurden mit einer Mischung aus Skepsis, Überraschung und Neugier eingehend befragt. Als wir vor der Ärzteschaft über Gebet sprachen, stand mir erneut das Bibelzitat vor Augen, das ich auf der Geburtsanzeige so deplatziert empfunden hatte.

> *Schmecket und sehet, wie freundlich der Herr ist.*
> *Wohl dem, der auf ihn trauet!* (Psalm 34,9 LUT).

Gottes Zusagen erfuhren wir als Realität, aber ganz anders, als wir uns das vorgestellt hatten.

9. „Verflucht sei Jesus, verflucht, verflucht!"

Eigentlich wollte ich an jenem Nachmittag in Beatenberg nur kurz meine praktische Arbeit unterbrechen, um einen seelsorgerlichen Rat zu bekommen. Ich hatte im Haupthaus den Flur sowie die großzügig dimensionierte Treppe zu fegen. Sie erstreckte sich neben dem Lift über einige Stockwerke. Der nicht zu übersehende Hinweis „Gesunde Jugend geht zu Fuß" war ein freundlicher Appell an uns Studierende, sie und nicht die Vorzüge des Liftes zu nutzen. Die anspruchslose manuelle Tätigkeit erlaubte mir, meinen Gedanken nachzuhängen.

In der Nacht vorher hatte ich ein Erlebnis, bei dem ich nicht im Geringsten daran zweifelte, dass Gott zu mir geredet hatte. Mein bisheriges Leben war mir wie ein Film vor Augen geführt worden. Die meisten Inhalte habe ich mittlerweile aus dem Gedächtnis verloren, nicht aber mein Erstaunen darüber, dass jede Einzelheit aus der Vergangenheit tatsächlich präsent war. Das trifft für uns alle zuweilen auch auf das zu, wo wir missachtet wurden oder uns unbeobachtet fühlten. An sich wurde mir bisher eine blitzartige Gesamtschau des Lebens nur von Leuten bezeugt, die ihren Suizidversuch überlebt haben.

Bestimmte Bildeindrücke nahm ich verstärkt wahr. Offensichtlich hatten sie eine größere Bedeutung. Auf diese

Art und Weise kristallisierte sich heraus, dass verschiedene Aspekte des Aberglaubens noch nicht ans Licht gekommen waren. Ich hatte sie als unerkannte Altlasten in das neue Leben mit Christus mitgenommen. Mir war klar, dass ich durch das Erlebnis dazu aufgefordert wurde, darüber mit jemandem zu reden. Davor scheute ich jedoch bis zu diesem Zeitpunkt zurück. Hilfe von anderen zu erwarten, wertete ich damals als Schwäche, war ich doch noch immer allein zurechtgekommen. Darüber hinaus vertrat ich die unzutreffende Meinung, dass Christen keine okkulten Bindungen mehr haben können. Wie alle, die sich an diesem Punkt irren, war ich in der Lage, auf eine biblische Belegstelle verweisen zu können:

> *Wenn euch nun der Sohn frei macht, so seid ihr wirklich frei* (Johannes 8,36 LUT).

Die Aussage von Jesus hat sich nicht geändert, dafür jedoch meine Interpretation. Sie hatte ich durchaus bissig und voller Zynismus als unumstößliche Wahrheit verteidigt. Gottfried Eisenhut und Werner Bergmann waren im Befreiungsdienst tätig und sprachen an einigen Tagen als Gastreferenten über okkulte Praktiken und ihre Folgen. Bei mir fanden sie allerdings kein Gehör. Im Gegenteil. Zu meinem Repertoire des Verächtlichmachens gehörten Sätze wie „Wenn sie sich bücken, fallen ihnen Dämonen aus der Nase".

Ich ahnte damals nicht, wie stark dieses Fehlverhalten auf mich zurückfallen würde. Ansonsten hätte ich zumindest aus diesem Grund geschwiegen. Bis in die Gegenwart hinein treffen mich mitleidige Reaktionen von Leuten, die mein Reden über Dämonen als mittelalterliche Sichtweise ablehnen. Ich kann sie so gut verstehen und hoffe, ihr Vertrauen zumindest durch Nüchternheit und ehrliches Auftreten zu gewinnen.

Im Grunde hätte ich für die Möglichkeit dämonischer Einflussnahme sensibilisiert sein müssen, denn es gab von früher Kindheit an mehr oder weniger deutliche Hinweise meiner Affinität zum Okkulten. Schon als Vierjähriger fürchtete ich in den Blicken einiger Personen das Potenzial dunkler Kräfte. Sie übten einen düsteren Machtanspruch aus, dem ich mich weinend entzog.

Die Angst vor dem sogenannten bösen Blick sowie gelegentliche Wahrnehmung von Geistwesen gehören zu Erscheinungsformen, die auch mit Vorgängen der kindlichen Psyche erklärt werden können. Da Wissenschaft trotz ausgefeilter Methoden auf das natürlich Erklärbare begrenzt ist, bleibt ihr jedoch die transzendente Ebene der geistlichen Realität verborgen.

Ich muss wohl fünf oder sechs Jahre alt gewesen sein. Wir fuhren mit dem Auto in einer unbekannten Gegend.

„Hier war ich schon!“, rief ich erfreut aus.

Ich wusste, was hinter der Eisenbahnunterführung kommen würde, sollten wir die Straße mit der abknickenden Vorfahrt verlassen. Doch mein Vater fuhr mir mit einer ungehaltenen Bemerkung grob über den Mund. Es wäre ein Leichtes gewesen, mich zu widerlegen oder die Aussage bestätigt zu finden, hätte er sich versuchsweise darauf eingelassen. Einige Jahre später wurde mir bewusst, dass ich wie meine Mutter das sogenannte zweite Gesicht mit hellseherischen Fähigkeiten hatte.

In der Pubertät verschob sich der Grundtenor meiner Schulaufsätze zusehends in den Bereich von Totenwelt, Geistern und Dämonen. Ein mir freundlich gesinnter Deutschlehrer stellte mir einmal besorgt die Frage, weshalb das Düstere auf mich eine derartige Faszination ausübe. Ich blieb ihm die Antwort schuldig, weil ich sie selbst nicht hatte. Hin und wieder habe ich es mit Eltern zu tun, die bei ihren Kindern ähnliche Veränderungen beobachten, indem sie sich schwarz kleiden und das Zimmer Grabhöhlen gleich verdunkeln.

In den Anfängen der Ehe mit Johanna gestand sie mir bei einer Gelegenheit:

„Da gibt es etwas in dir, was mir Angst macht."

Ich pflichtete ihr beschämt bei, denn mir ging es genauso. War ich doch in der Vergangenheit mindestens dreimal wie ein Berserker mit einem Übermaß an Gewalt auf Kontrahenten losgegangen. Vor meinen Augen senkte sich jeweils ein dunkler Vorhang, der zur sprichwörtlich blinden Wut führte, die alles andere ausblendete. Erst das massive Eingreifen beherzter Mitschüler brachte mich bei diesen Ausfällen wieder zur Besinnung. Die Frage eines Abiturienten hallte in mir noch lange vorwurfsvoll nach:

„Willst du ihn totschlagen?"

Während der Ausbildung in Beatenberg fühlte ich in mir Aggressionen, wenn es um den Opfertod von Jesus ging. Bei der Beschäftigung mit einer blutleeren Theologie wären sie vermutlich ausgeblieben. Verwirrt ignorierte ich diesen machtvollen Widerstand, scheute mich jedoch, mit jemandem darüber zu reden. Irgendwie versuchte ich, selbst damit klarzukommen. An einem Spätnachmittag nutzte ich die Einsamkeit der Schreinerwerkstatt, um dort auf die Knie zu gehen. Ich beabsichtigte, durch eine deutlich formulierte Absage den inneren Druck abzuschütteln. Es kam allerdings nicht dazu. Ein übermächtiger Schauer des Entsetzens bewirkte, dass ich in panischer Angst ins Freie flüchtete.

Doch zurück zu jenem Nachmittag in Beatenberg. Ich hatte mich endlich dazu durchgerungen, Hilfe in Anspruch zu nehmen, und für den Nachmittag einen Termin bei Gottfried Eisenhut und Werner Bergmann. Gerade begann ich zu schildern, wie ich in der Nacht mit meinem bisherigen Leben konfrontiert worden war, als eine gewaltige Kraft mich jäh zu Boden warf und dort festhielt. Zu Tode erschrocken, versuchte ich dagegen anzugehen. Ich wand mich und rang nach Atem, denn ich wurde auch massiv gewürgt. Ich kämpfte dagegen an und hatte vor, mein Verhalten zu entschuldigen. Aber daraus wurde nichts.

Ein Befehl von einem der beiden Männer bewirkte, dass ich wieder atmen konnte. Mit rasender Wut begann ich zu brüllen und zu fauchen. Dann begann ich in Zungen zu reden.

„Sprich deutsch!"

Die gebietende Anordnung bewirkte, dass ich bis zur Heiserkeit schrie:

„Verflucht sei Jesus, verflucht, verflucht!"

Mein Bewusstsein blieb mir jedoch erhalten. Ich nutzte diesen unbesetzten Freiraum, um die Gedanken zu einem Gebet zu formen:

„Vergib mir, Jesus. Ich werde gezwungen, dich zu verfluchen. Aber du bist mein Retter und Herr."

Die Mächte waren auf Zerstörung aus. Sie lieben selbst diejenigen nicht, die sie bereits fest im Griff haben. Sie lieben überhaupt nicht, weil es ihnen fremd ist. Ihr Metier ist abgrundtiefer Hass, dessen Intensität jegliche menschliche Vorstellung übersteigt. Statt von mir abzulassen, wie ihnen befohlen worden war, versuchten die Mächte, mich mit ins Verderben zu reißen. Mit enormer Wucht wurde ich so oft gegen die Wand geschleudert, bis mein Körper ein einziger Schmerz war. Nach und nach kamen Beter mit hinzu, die mich durch ihre Körpergewichte am Boden fixierten. Die Geistesmächte veränderten sofort ihre Taktik. Sie verlegten ihre düstere Macht in meine Augen. Ich spürte die unbändige Kraft, die von ihnen ausging, um die Betenden einzuschüchtern. Einige wandten sich ab, andere erwiderten den Blick, bekamen es mit der Angst zu tun und hörten schließlich auf zu kämpfen. Es gab auch Unerschrockene, die ruhig und gefasst mit großer Autorität beteten. Sie schwächten die Macht der Dämonen wirksam. Deren Wut wurde allerdings heftig gesteigert, denn es war klar, dass sie weichen mussten.

Auf dem Kampfplatz meines Herzens standen sich höllischer Aufruhr und ein von Gottes Geist bewirkter Friede in ihren Gegensätzlichkeiten gegenüber. Leider verhielt ich mich in meiner Unerfahrenheit allzu passiv. Statt dem Hass zu widerstehen, identifizierte ich mich mit ihm. Es kam vermutlich deshalb nur zum Etappensieg.

Auch das Böse übt eine Faszination aus. Es existiert uneingeschränkt ohne jegliche Zwischentöne und gleicht einem bodenlosen Abgrund mit undurchdringlicher Finsternis. Da gibt es kein Entrinnen. Wir können es uns nicht leisten, mit der Sünde zu spielen. Alles, was uns in ihren Einfluss lockt, zielt darauf ab, uns ganz und gar zu zerstören. Am Ende dieses furchtbaren Tages schlich ich wie ein geprügelter Hund in unsere Wohnung zurück. Zwei Mitstudenten stützten mich, denn ich war an Leib und Seele geschunden.

Bei der nächsten Etappe meiner Befreiung wurde eine Predigt von Pfarrer Heinrich Jochums zum Auslöser. Er entfaltete, welche Bedeutung das Blut von Jesus bei der Erlösung hat. Während ich wie viele andere gebannt seinen Ausführungen zuhörte, wurde ich bei jeder Erwähnung des Blutes zu Boden gerissen. Zunächst erschien mein Abgang wie ein Missgeschick, doch die Situation wiederholte sich. Ich zwang mich, möglichst entspannt zu bleiben, um eine psychische Überreaktion auszuschließen. Ohne Erfolg. Um ein weiteres Aufsehen zu vermeiden, wurde ich in ein Nachbargebäude geführt, in dem ich mich für die Dauer der Veranstaltung allein aufhielt. Meine Irritation legte sich, sodass ich eine Normalität zu erzwingen suchte. Ich beobachtete durchs Fenster Vögel und dachte an witzige Begebenheiten. Gelangweilt schritt ich den Raum ab und blieb mit den Blicken an einem gerahmten Bibelzitat hängen.

In ihm haben wir die Erlösung durch sein Blut, die Vergebung der Sünden, nach dem Reichtum seiner Gnade (Epheser 1,7 LUT).

Erneut wurde ich zu Boden gerissen. In der Hoffnung, doch noch einer natürlichen Erklärung auf die Spur zu kommen, entschied ich mich zu experimentieren. Ich klammerte die Hände um den Balken eines Etagenbettes, um mit aller Willenskraft jeglicher unerwünschter Reaktion entgegenzuwirken. Es half nichts. Als ich davon kurze Zeit später berichten wollte, genügte erneut das Stichwort „Blut" als Auslöser.

Während sich etliche Beter am Abend bis in die Nacht um mich mühten, erlitt meine Mutter zeitgleich einen völlig unerwarteten Nervenzusammenbruch. Diese Synchronisation der Ereignisse über eine Distanz von etwa vierhundert Kilometern gab mir zu denken. Der Gebetskampf währte bis tief in die Nachtstunden hinein. Als ich von einigen Betern zu unserer extern gelegenen Wohnung im Ort begleitet wurde, trafen wir Johanna völlig aufgelöst an. Sie berichtete, dass unsere kleine Tochter während der ganzen Zeit aus Leibeskräften geweint hatte und durch nichts zu beruhigen war. Die Männer beteten am Bett des Kindes. Augenblicklich sank die Kleine erschöpft in einen tiefen Schlaf. Dieses Geschehen an drei Generationen meiner Familie lässt mich die alttestamentliche Aussage auch für Christen als bleibend gültig erkennen:

Ich, der Herr, dein Gott, bin ein eifernder Gott, der die Missetat der Väter heimsucht bis ins dritte und vierte Glied an den Kindern derer, die mich hassen (2. Mose 20,5 LUT).

Etliche Theologen bestreiten die Gültigkeit dieses Bibelwortes für das Neue Testament. Sie mögen sich ihrer Auffassung sicher sein. Soweit ich mit Vertretern dieser Meinung sprechen konnte, fehlt ihnen allerdings durchweg jegliche praktische Erfahrung im Umgang mit Mächten der Finsternis.

Die Grundlage meiner Freiheit von dämonischer Fremdbestimmung war gelegt, erlitt aber im Verlauf von achtzehn Jahren herbe Rückschläge. Dabei wurde immer wieder die Frage, ob ich womöglich psychisch krank sei, von besorgten Personen meines Umfeldes aufgeworfen. Ich bin dankbar, im Herbst 1996 die entscheidende Hilfe bekommen zu haben. Der Rat eines Seelsorgers half zum endgültigen Durchbruch:

„Du musst die Türen und Fenster deines Lebenshauses gegenüber dem Feind verschlossen halten."

Auf meine Rückfrage, wie das praktisch aussieht, riet er mir, dunkle Gedanken oder Gefühle in der Autorität von Jesus abzuweisen, ehe sie mich bestimmen können. Damit verteidige ich nun schon über fünfundzwanzig Jahre wirksam den Sieg über die Mächte der Finsternis.

Mit der Erfahrung jahrzehntelangen Umgangs mit okkult Belasteten gehe ich davon aus, dass eine naive Haltung gegenüber Versuchungen von Mächten der Bosheit rücksichtslos ausgenutzt wird. Um es in einem Bild auszudrücken: Dämonen reiten stets auf gesattelten Pferden. Sie nutzen Neigungen und Bedürfnisse, indem sie betrügerische Lösungen anbieten. Als Jesus in der Wüste Hunger verspürte, wusste Satan, wie dieser umgehend gestillt werden könnte (Matthäus 4, 3).

Bösen Mächten gelingt es, sich hinter erklärbaren Ursachen wie charakterlichen Defiziten oder Krankheiten zu verbergen, um unerkannt zu bleiben. In der Seelsorge entlasse ich deshalb Ratsuchende nie aus der persönlichen Verantwortung für sich. Dazu gehört der aktive Widerstand gegen Untugenden wie Hass, Unversöhnlichkeit, Neid, Geiz, negatives Denken oder sexuelle Unmoral. Wer sie nicht konsequent ablegt, bietet dem Feind wirkungsvolle Handhaben (Epheser 4,27).

Bei okkult belasteten Personen haben wir es mit zwei Ebenen zu tun: der natürlichen und der geistlichen. Bei verkorksten Verhaltensmustern sind zumindest auch Begleitung oder professionelle Hilfe gefragt. Psychische Erkrankungen sind für den Laien nicht erkennbar und bleiben in der Regel auch dem Versuch gegenüber resistent, sie ausschließlich mit Gebet überwinden zu wollen. Hier gilt für Seelsorge-Treibende, die Begrenzung der persönlichen Kompetenz zu akzeptieren. Fachleute, die keine Christen sind, schließen erwartungsgemäß die Einflussnahme von Geistesmächten als irreal aus. Diese Beobachtung führt leider dazu, dass etliche Christen der Psychologie misstrauen.

Im Befreiungsdienst wird das Abhängigkeitsverhältnis zu den bösen Mächten durch eine klare Absage aufgelöst. Damit wird den Dämonen die weitere Einflussnahme verwehrt. Die betroffene Person erlangt die Freiheit, sich im Gehorsam auf Gott auszurichten.

> *Wenn wir nun durch Gottes Geist ein neues Leben haben, dann wollen wir auch aus diesem Geist unser Leben führen* (Galater 5,25 GNB).

10. Ich werde ihr den Hals umdrehen

Der 7. Juni 1978 wurde für uns ein besonderer Termin. Vier Jahre zuvor hatten Johanna und ich an diesem Tag geheiratet. Als wollte Gott uns zum Jubiläum beschenken, endete zu diesem Zeitpunkt die herausfordernde Vojta-Gymnastik. Das bedeutete, die täglichen vier Übungen mit Damaris nicht länger durchführen zu müssen. Die Tagesabläufe verloren damit ihre einschränkende Struktur. Wir mussten uns jedoch erst wieder daran gewöhnen, mehr Zeit zur Verfügung zu haben. In den ersten Wochen narrte uns noch das Gefühl, die therapeutische Behandlung versäumt zu haben.

Möglicherweise bedachte der Herr uns mit einem liebevollen Augenzwinkern, als er Karl Schäfer, den Leiter des Bibellesebundes in Deutschland, an unserem Hochzeitstag nach Heßheim kommen ließ. Nur wenige Wochen zuvor hatte ich während der Unterrichtspause in Beatenberg eine christliche Zeitschrift durchgeblättert. Mein Augenmerk galt der Seite mit den Stellenangeboten. Beim Bibellesebund wurde ein Redakteur für die Zeitschrift *Orientierung* gesucht. Es handelt sich um einen vierteljährlich erscheinenden Begleiter für Bibelleser. In täglichen Abschnitten führt er durch die gesamte Bibel. Die Erläuterungen informieren über kulturelle Hintergründe der damaligen Zeit. Sie arbeiten den Kern eines Textes heraus und übertragen ihn ins persönliche Leben. Diese

Aufgabe reizte mich. Sie entsprach ganz meinen Wünschen und Neigungen. Es schien, dass jetzt die Zeit gekommen war, mich an die Arbeit zu schicken. Wir erlebten, was im Neuen Testament so beschrieben wird:

> *Gott hat alles, was wir tun sollen, vorbereitet; an uns ist es nun, das Vorbereitete auszuführen* (Epheser 2,10b NGÜ).

Mein Bewerbungsschreiben wurde umgehend mit einem Anruf des Missionsleiters beantwortet. Dabei vereinbarten wir das Treffen.

Aufgrund der notwendigen Termine für unsere Tochter hatte die Leitung der Bibelschule Beatenberg auch mir erlaubt, das Sommerpraktikum nach dem Einsatz bei der Indianer Pionier Mission bei Johannas Mutter zu absolvieren. Ich führte handwerkliche Tätigkeiten im Haus meiner Schwiegermutter durch und stand voller Elan in ihrem Lebensmittelladen. Ein Sonderangebot brachte ich mit einem schriftlichen Hinweis ins Blickfeld. Statt „preisgünstige Butter" pries ich im heimischen Dialekt die Ware als „billischi Budder" an. Leute, die lachen, kaufen unbeschwerter ein. Bei Obst und Gemüse suchte ich Wege, die weniger frische Ware als erste zu verkaufen. So polierte ich die älteren Äpfel auf Hochglanz. Prompt wurde nach diesen verlangt. Etwa ein Dutzend Spielzeugautos fristeten ein kümmerliches Dasein auf der Abdeckung der Neonröhren in Deckenhöhe. Ich platzierte sie um, und zwar auf Augenhöhe der Kinder, aber durch eine Glasscheibe gesichert. Innerhalb kurzer Zeit waren die meisten verkauft. So ganz in meinem Metier beachtete ich den Unbekannten nicht, der mich beobachtete. Es war Karl Schäfer, braungebrannt und sportlich. Seine unkomplizierte Freundlichkeit wirkte gewinnend. Wir hatten gemeinsam den Eindruck, von Gott zusammengeführt worden zu sein.

Bei dem Vorstellungsgespräch etwa zwei Wochen später in Marienheide war der erste Vorsitzende, Dr. Berning, anwesend. Damals arbeitete er erfolgreich als Schuhgroßhändler. Ehe die Zentrale nach Höfel verlegt wurde, hatte der Bibellesebund in seinen Geschäftsräumen über Jahre seinen Sitz. Während des Treffens bemerkte der Unternehmer offen, dass meine Zeugnisse nicht unbedingt für mich sprachen.

„Aber ich erlebe Sie hier und glaube, Sie sind der richtige Mann."

In Anbetracht der frühen Hochzeit – ich war bei der Eheschließung neunzehn Jahre alt – interessierten ihn die Gründe. Gott sei es gedankt, wir konnten mit gutem Gewissen versichern, dass dafür keine Notwendigkeit vorlag. Die Direktheit von Dr. Berning mag auf manche verstörend gewirkt haben. Sie entspricht jedoch meinem eigenen Naturell.

Ich wurde als Redakteur für die Bibellese-Zeitschrift *Orientierung* angestellt. Zu meiner zukünftigen Tätigkeit gehörte auch die Arbeit mit Erwachsenen, also Predigtdienste, Seminare und Freizeiten. Durch die Urlaubsangebote mit dem Programmpunkt Bibelarbeiten und der Möglichkeit für persönliche Gespräche bin ich in zweiundvierzig Dienstjahren mit sehr vielen Menschen in Kontakt gekommen. Ich lernte Christen und ihre ganz unterschiedlichen geistlichen Prägungen mit Stärken und Schwächen kennen. Etliches davon lehrte mich, in Unwesentlichem tolerant zu sein, ohne die Mitte des Glaubens aus dem Blick zu verlieren: Jesus Christus als den Sohn Gottes. Allein durch ihn erlangen wir die Erlösung von unserer sündhaften Natur. Sie ist die Voraussetzung, um jetzt und für immer in die Gemeinschaft mit Gott zu kommen. Als Zugabe hatte ich das Privileg, in der Welt herumzukommen. Es gab einige Gelegenheiten, bei denen mich Johanna als ehrenamtliche Mitarbeiterin begleitete. Doch aller Anfang ist schwer. Diese sprichwörtliche Wahrheit gehörte zu einem mühsam zu beackernden Lernfeld.

Meine Arbeit begann offiziell am 1. Dezember, aber ich kam schon ein paar Tage früher. Auf dem Schreibtisch lag ein Stapel mit Manuskripten, deren Termin für die Abgabe bei der Druckerei längst überfällig war. Es gab keine Einweisung, nach welchen Kriterien ich sie bearbeiten sollte. Ich eignete mir den Gebrauch der offiziellen Korrekturzeichen an, studierte Ausbildungsmaterial für den Beruf des Druckers, lernte dabei Grundlagen des typografischen Aufbaus von Schriftzeichen, die Bedeutung des Satzspiegels als Nutzfläche bei der Seitengestaltung und informierte mich über die sich revolutionär verändernden Verfahrensweisen bei Druckereien. Es war damals üblich, mit mechanischen Schreibmaschinen die Texte zu erfassen. Vom Skript bis zum Druck benötigte es noch rund sieben Schritte, die sich entsprechend zeitaufwendig gestalteten.

Ich lernte viel und entdeckte eigene Schwächen in der Feuertaufe der praktischen Anwendung. Die sogenannte Blaupause der ersten von mir verantworteten Ausgabe von *Orientierung* lag vor. Sie bot die letzte Korrekturmöglichkeit vor dem Druck und wurde für mich zu einer Offenbarung. Zwei Kolleginnen entdeckten mehr als achtzig orthografische Fehler und alarmierten den Chef. Mir wurde deutlich, dass Begabung noch nicht notwendigerweise die nötige Qualifikation darstellt. Ich benötigte Zeit zum Lernen und sie wurde mir zugestanden. In jene Phase fiel eine Vorstandssitzung, in der die Problematik thematisiert wurde. Ich wusste davon, weil ein Baptistenpastor aus diesem Gremium auf mich zukam, den Arm mit väterlicher Güte um mich legte und sagte:

„Ich habe von Ihren Schwierigkeiten gehört, Bruder Mühe. Aber Sie schaffen das schon, da bin ich ganz sicher!"

Seine Ermutigung beflügelte mich, sein Vertrauen nicht zu enttäuschen. Ich habe das verinnerlicht. Eine Kollegin des Bibellesebundes Schweiz legte wenig später einen vergleichbaren Fehlstart hin. Nun war es an mir, sie wieder aufzurichten. Insofern beinhaltete meine zurückliegende Situation einen positiven Aspekt. Was ich in der Schule versäumt hatte, war nun gefragt: deutsche Grammatik! Sie stellt die Grundstruktur einer Sprache dar. Wer sie nicht beherrscht, ist kaum in der Lage, Rechtschreibregeln erfolgreich anzuwenden. Ich büffelte mit Ehrgeiz und im Gegensatz zur Schulzeit nun durchaus mit Freude. Dabei gewann ich zusehends Sicherheit in der Orthografie. Überhaupt näherte sich die Einschätzung meiner Fähigkeiten der Realität. Hatte ich doch zu Beginn meiner Tätigkeit noch großzügig behauptet, das Heft sei fehlerfrei! Je erfahrener ein Redakteur ist, desto mehr fürchtet er die eigene Betriebsblindheit. Sie verlangt unbedingt nach den kritischen Blicken von weiteren Personen. Um den nachfolgenden Kolleginnen und Kollegen der schreibenden Zunft die Mühsal meiner Erfahrung zu ersparen, wies ich sie beim Beginn ihrer Tätigkeit auf die Tücken hin, die auf sie warteten.

Es gab ein weiteres Lernfeld auf dem Gebiet der sprachlichen Stilmittel. Von Anatole France (1844–1924), dem französischen Nobelpreisträger für Literatur (1921), stammt die zugespitzte Aussage: „Talent ist nur große Geduld." Eine Begabung ersetzt nicht die harte Arbeit, sondern erleichtert ihre Umsetzung. Diese Einsicht veranlasste mich, nebenberuflich eine Ausbildung zum Schriftsteller zu absolvieren. Ob sie erfolgreich war, mögen andere beurteilen. Mir hat sie jedenfalls Freude bereitet.

Wir bewohnten in ländlicher Umgebung ein kleines Haus, das direkt an das Grundstück grenzte, wo der Bibellesebund seine Zentrale hatte. Unsere Einrichtung bestand aus wenigen Möbeln. In der Küche saßen wir auf Campingstühlen an einem kleinen Tisch aus weißem Plastik. Im Wohnzimmer stand nur ein Telefon. Sonst nichts. Es war nicht weiter schlimm, wir hatten uns ja darauf eingestellt, erneut bei nahezu null zu beginnen. Statt im Jammern übten wir uns im Beten, obwohl es einige Härten gab. Gleich beim Einzug erwartete uns eine saftige Rechnung für Heizöl. Dafür mussten wir uns Geld leihen. Für das Grundstück benötigten wir einen Rasenmäher. Aber es gab so vieles, was uns existenziell wichtiger erschien. Zwar stand in unserem Schuppen ein Gerät vom Bibellesebund, aber das durften wir nicht benutzen. Wir sollten nicht bevorzugt werden, um keinen Neid bei anderen Mitarbeitern zu wecken. Es war eine großartige Möglichkeit zu lernen, den Groll über diese Entscheidung nicht auf Dauer zu pflegen. Leute einer christlichen Gemeinde liehen uns schließlich einen Rasenmäher.

Die Zeit des Neuanfangs gehörte zu einer Phase der dicht gedrängten Erfahrungen von Gottes Treue. Jemand brachte uns für das Wohnzimmer einen Teppich, eine andere Person die Übergardinen. In dieser Zeit wurden wir mit einer Diakonisse in Verbindung gebracht, die sich in den Ruhestand begab.

„Können Sie noch Wohnzimmermöbel gebrauchen?“, fragte sie.

Und ob wir sie benötigten! Wir führten die Diakonisse in den fast leeren Raum. Das wirkte überzeugend. Kurz danach erhielten wir schwarz gebeizte Möbel im Jugendstil aus massiver Eiche. Jeder, der später die Einrichtung ansah, glaubte, alles sei aus einer Hand, denn die Gardinen hatten den Farbton des Teppichs. Ebenso passten die Möbel zu den Ledersesseln in gleicher Farbe, die man uns schenkte. In gewissem Sinne verhielt es sich ja auch so. Bei Besuchen fehlte es uns deshalb nie daran, passende Anknüpfungspunkte zu finden. Wir erlebten, dass Jesus sein Wort hält. Dazu gebraucht er oft uns Menschen.

> *Trachtet zuerst nach dem Reich Gottes und nach seiner Gerechtigkeit, so wird euch das alles zufallen* (Matthäus 6,33 LUT).

In dem kleinen Ort Höfel wohnten mehrere Mitarbeiterinnen und Mitarbeiter des Bibellesebundes. Wir bildeten eine Art Familie mit allen Facetten einer bunt zusammengewürfelten Gemeinschaft. Vieles geschah miteinander: das Arbeiten und Feiern; aber wir litten mitunter auch aneinander. Es gab Originale, die unverwechselbare Spuren hinterließen. So hatten wir einen Zivildienstleistenden, der stets für amüsanten Gesprächsstoff sorgte. Wenn er an unserer Haustür klingelte, konnte es durchaus passieren, dass er sich grußlos an uns vorbeidrückte und den Weg in unser Schlafzimmer nahm. Auf der Bettkante schmökerte er in den Monatsausgaben von Readers Digest, die ich nach Jahrgängen im Regal gesammelt hatte. Zu den Aufgaben des jungen Mannes gehörte es, die Post versandfertig zu machen. Überschritt ein Brief knapp die Gewichtsgrenze zum höheren Porto, konnte es passieren, dass er ihn öffnete, um überflüssige Beilagen herauszunehmen. Er war eine ehrliche Haut und erzählte freimütig, dass er beim Sparen geholfen habe. Was will man mehr? Bei seinem VW Käfer funktionierte die Heizung nicht. Von daher fuhr er im Winter stets mit der hochgezogenen Kapuze seines Bundeswehr-Parkas (!) und glich mit dem verbliebenen Sichtfeld eher einem Kamikaze-Flieger.

Die Arbeit beim Bibellesebund ist für mich stets ein Privileg gewesen. Den Himmel auf Erden stellte das Missionswerk allerdings zu keiner Zeit dar. Während ich über einem Manuskript brütete, fiel mein Blick durch das Fenster der Dachstube auf den Parkplatz. Eine Kollegin mühte sich gerade ab, aus dem Kofferraum ihres Wagens einen großen Karton zu hieven. Ich überlegte nicht lange, sprintete nach unten und packte an. Noch in den Gedanken an den Lesestoff versunken, fragte ich nur:

„Wohin?" Die Antwort war ebenso knapp. „In die Küche."

Als ich den Karton abstellte, erlebte ich eine Überraschung. Sie begann, mich in schrillen Tönen zu beschimpfen:

„Du unverschämter Kerl hast deine männliche Dominanz ausgespielt! Das hätte ich auch allein geschafft."

Ich zuckte zusammen. Nun wusste ich Bescheid und habe diesen Fehler kein zweites Mal gemacht. Nicht bei ihr. Zu einem späteren Zeitpunkt erfuhr ich, dass der Vater der Kollegin die Familie verlassen hatte, als sie noch ein Kind gewesen war. Darüber empfand sie Bitterkeit und entwickelte eine Abwehrhaltung gegenüber Männern. Im mittleren Alter hat sie dann doch geheiratet. Ich gehe deshalb davon aus, dass Gott auf ihre negative Festlegung einwirken konnte.

Eine Kollegin, die in der Abo-Verwaltung arbeitete, fand mit einem der Zivildienstleistenden ihr privates Glück. Ich freute mich für beide und gehörte mit zu denen, die ihr beim Umzug geholfen haben. Beim Entfernen von Fotos im Flur fragte ich interessiert nach den Personen, die abgebildet waren. Offenkundig zeigten sie mehrere Generationen der Familie. Die Mitarbeiterin erklärte mir freundlich die verwandtschaftlichen Zuordnungen. Fast beiläufig verwies sie darauf, dass sich fünf Angehörige das Leben genommen haben. Ich reagierte betroffen:

„Kann es sein, dass ein Fluch auf deiner Familie liegt?"

Meine Frage kam nicht gut an. Die Frau kniff die Augen zusammen. Sie stierte mich finster an. Die Narbe auf der Oberlippe begann nervös zu zittern, dann begann sie, mich anzubrüllen. Irritiert zog ich mich zurück und arbeitete schweigend weiter. Die überraschend heftige Reaktion ließ meine Gedanken nicht mehr los, deshalb wagte ich nach einer Weile behutsam einen erneuten Vorstoß. Ich erklärte, dass ein Fluch keine Abwertung für ihre Familie oder für sie selbst bedeutete. Vielmehr ist er gewöhnlich die generationenübergreifende Folge okkulter Grenzüberschreitungen. Erneut reagierte die sonst so sanfte Frau explosiv, indem sie lauthals die Möglichkeit einer Einwirkung böser Mächte abwies. Stunden später wagte ich den dritten Versuch. Die Kollegin reagierte sichtlich genervt:

„Wenn du damit nicht aufhörst, muss ich dich bitten, die Wohnung zu verlassen!"

In diesen Augenblicken empfing ich einen prophetischen Eindruck, von dem ich inständig hoffte, dass ich mich irrte und er lediglich das Produkt meiner Phantasie sei. Dem war leider nicht so. Jahre später teilte mir jemand mit, dass die Ex-Kollegin sich ebenfalls das Leben genommen hat.

Das Haus, das wir bewohnten, gehörte einer älteren Dame. Nachbarn schilderten sie als misstrauische Person. Sie hatte es fertiggebracht, Mieter jeweils nach kurzer Zeit derart zu mobben, dass sie nie lange blieben. Die Information, dass der Bruder der Frau in einem der Zimmer ermordet worden war, bedrückte uns zusätzlich. Wir durchzogen deshalb betend sämtliche Räume und baten Gott, sie mit der Gegenwart des Heiligen Geistes auszufüllen.

Tatsächlich bot die Vermieterin gegen uns alles auf, was sie an Gemeinheiten kannte. Sie hatte in dem vermieteten Objekt ein Zimmer für sich behalten. Sie benötigte es nicht aus Platzgründen, bewohnte sie doch in Gummersbach ganz allein eine geräumige Villa. Dieser Raum verschaffte ihr vielmehr den Zutritt und damit die Kontrolle über das Haus. Des Öfteren verlangte sie barsch, Teppiche oder Möbel anders zu platzieren. Meine Frau reagierte auf die Besuche jeweils mit Angst. Diese unbefriedigende Konstellation wurde mir zum Gleichnis. Wo immer wir dem Teufel durch das Festhalten an einer Sünde den Zutritt gewähren, wird er versuchen, seinen Einfluss auf andere Lebensbereiche auszuweiten.

Bei einem der ungebetenen Besuche kündigte die Frau an, das Hoftor aushängen und in der Scheune unterstellen zu wollen, da es bei ständigem Gebrauch zu sehr verschleiße. Damit hatte sie das Maß überschritten. Ich nahm mir wutentbrannt vor, ihr bei ihrer Ankunft den Hals umzudrehen. In meiner Vorstellung sah ich unsere Tochter ungebremst auf dem Bobbycar zur Straße rollen. So weit durfte es gar nicht erst kommen! Meine vom Heimzahlen motivierte Absicht allerdings auch nicht. Gottes Geist intervenierte durch die weisen Worte einer Kollegin.

„Ich habe Frau H… deutlich die Meinung gesagt und ihr die Unsinnigkeit ihres Ansinnens dargelegt“, sagte ich.

„Das hast du gut gemacht“, erwiderte sie.

„Ich habe so laut gebrüllt, dass es vermutlich noch die Nachbarn gehört haben.“

„Das hast du nicht gut gemacht!“ Die Antwort der Redakteurin brannte sich aufgrund ihrer schnörkellosen Kürze in mein Langzeitgedächtnis ein. Treffende Hilfe kann auch mit wenigen Worten auskommen.

Ratlos starrte ich sie an, denn ich konnte keine Alternative erkennen, die meiner Wut angemessen gewesen wäre. Die Lösung, die Jesus uns gab, sah völlig anders aus. Bis dahin hatte ich nicht damit gerechnet, Weisungen aus der Bergpredigt ernsthaft umsetzen zu müssen:

Verzichtet auf Gegenwehr, wenn euch jemand Böses tut! Mehr noch: Wenn dich jemand auf die rechte Backe schlägt, dann halte auch die linke hin. (Matthäus 5,39 GNB)

Wir waren für das Experiment bereit und präparierten uns entsprechend. Als die Vermieterin bei uns an der Haustür klingelte, traf sie mit zwei Tüten voller Salat und Möhren ein.

„Der Garten gehört zu meinem Haus“, rechtfertigte sie sich, als sie unsere argwöhnischen Blicke bemerkte, „deshalb gehört all das auch mir.“ Sie hielt uns die gestohlene Ernte hin.

Ihre Unverfrorenheit ließ die Wut in mir erneut aufsteigen. Dennoch entschieden wir uns, sie und ihre verlegen dreinblickende Fahrerin zum Kaffeetrinken einzuladen. Johanna hatte für das Zusammentreffen eigens einen Kuchen gebacken und ich meine Arbeitszeit unterbrochen. Die Gäste wirkten nach dem Dankgebet betreten. Die Chauffeurin führte hastig die Tasse zum Mund und die alte Dame starrte ins Leere. Eine Zeit lang rührte sie nichts an, dann brach sie in Tränen aus.

„Warum tun Sie das“, fragte sie, „wo ich doch so gemein zu Ihnen bin?“ Ihre Begleitung senkte den Blick. Wir hatten sie durch Gottes Güte gewonnen. Ihr Diebesgut ließ sie beim Weggehen allerdings nicht zurück.

Die Bewohner von Höfel begegneten uns überwiegend zurückhaltend. Nun ist die ländliche Bevölkerung dieser Region generell weniger kommunikativ. Erschwerend kam hinzu, dass wir nicht eindeutig der evangelischen oder katholischen Kirche zuzuordnen waren. Das Missionswerk, dessen Name „Bibellesebund“ kaum jemand richtig aussprechen konnte, galt selbst nach Jahrzehnten in ihrer Wahrnehmung als Sekte.

In meiner Aufgabe als Redakteur sahen Nachbarn mich kaum körperlich arbeiten. Die Distanz schwand, als ich begann, Kaninchen zu halten. Der Landwirt von nebenan lebte mit seiner Familie vom Ertrag der Milchkühe. Er brachte mir grundlegende Fertigkeiten mit der Sense bei. Ebenso das Schlachten meiner Tiere. Das Lernen voneinander förderte den gegenseitigen Respekt. Wir begegneten uns nun auf Augenhöhe. Ein anderer Landwirt mochte uns Fromme jedoch auf Dauer nicht. Es scheint, dass er absichtlich seine angrenzenden Weiden bei den jährlich stattfindenden Kinder-, Jugend- und Bibellesebundtagen im nahe gelegenen Freizeitzentrum mit Gülle parfümierte.

Um bei den Kaninchen Nachwuchs zu bekommen, benötigte ich hin und wieder den Rammler eines Züchters im nächsten Ort. An einem Samstagnachmittag kam ich höchst ungelegen. Als mir die Ehefrau die Tür öffnete, nahm ich intuitiv eine Stimmung auf, die ich aber nicht einordnen konnte.

„Mein Mann befindet sich hinter dem Gewächshaus."

Die Auskunft klang sachlich. Aber es schwang ein Unterton mit, den ich nicht deuten konnte. Wenig später löste sich das Rätsel auf. Ich platzte mitten in eine Nacktparty hinein. Die drei gemischten Paare standen erkennbar im Herbst ihres Lebens. Sie präsentierten sich um einen Gartentisch geschart, braun gebrannt mit reifer Haut. Jetzt wurde mir bewusst, warum die Ehefrau so erstarrt wirkte. Mein Erscheinen kam gänzlich ungelegen und sie selbst hatte ihre Nacktheit nur mit einer sommerlichen Kittelschürze verdeckt.

Die Advents- und Weihnachtszeit feierten wir als größer werdende Familie stets sehr bewusst. Zu den abendlichen Ritualen gehörten Singen und Musizieren sowie leicht verständliche Texte, die das Ereignis der Geburt von Jesus beleuchteten. Über Jahre verstärkte uns dabei Ruth, eine kreative und musisch begabte Kollegin, die für uns alle zur festen Freundin wurde. Nachbarn, die am Haus vorbeiliefen, blieben mitunter stehen. Offensichtlich berührten sie die alten Lieder. Uns kam die Idee, die Menschen im Dorf zum Adventssingen einzuladen. Die meisten würden wohl nicht kommen, deshalb versuchten wir, die Hemmschwelle zu senken. Jeder sollte ein paar selbst gebackene Plätzchen mitbringen und am besten auch das Rezept. Darauf ließen sich vor allem Frauen gern ein. So gelang es uns, Vertrauen zu gewinnen. Eine kurze biblische Botschaft passte da hinein, ohne Peinlichkeit zu erzeugen.

In den ersten Jahren schlossen wir uns einer kleinen Freikirche an, die in Marienheide jedoch nur schwer Fuß fassen konnte. Sie stellte in dem ehemaligen Wallfahrtsort einen Fremdkörper dar. Aber auch der evangelische Pfarrer war wenig amüsiert.

„Was erlauben Sie sich eigentlich, in fremden Teichen zu fischen?"

Der Vorwurf des Geistlichen stellte klar, dass das religiöse Terrain mit den jeweiligen Besitzansprüchen abgesteckt war. Christen, die in der Gemeindegründung aktiv sind, begegnet eine solche anmaßende Ansicht leider manchmal, weil sie als Eindringlinge empfunden werden.

Es war durchaus nicht so, dass wir einen guten Kampf mit bösen Pfarrern vor Ort ausgefochten hätten. Als kleine Freikirche taten wir etliches, was zu Recht ihre Vorbehalte heraufbeschwor. Wir bildeten ein Sammelbecken für Unzufriedene, die aus ihren herkömmlichen Gemeinden abgewandert waren und nun das Sagen haben wollten. Es gab einen üblen Verschnitt von theologischen Extrempositionen. Sie waren dazu geeignet, dass wir einander im Richtungsstreit meist mit uns selbst beschäftigten.

Zu meinen frühen Fehlentscheidungen gehört, dass ich mit dem dominant auftretenden Leiter der Gemeinde an der Gründung eines Missionswerks teilhatte. Als harmoniebedürftige Person scheute ich mich allzu lange, Kante zu zeigen. Bereits die Art und Weise der Berufung des Mannes hätte mich warnen sollen. Er erzählte mir von seiner Beauftragung durch einen Traum, auf den hin er beschloss, seinen ursprünglichen Beruf aufzugeben.

„Wie sieht das deine Frau?“, fragte ich.

„Sie kann das nicht so sehen“, antwortete er. „Wenn sie dabei bleibt, dann lassen wir uns eben scheiden.“

Diese Einstellung hätte mich warnen müssen. Hier begegnete mir keineswegs das Reden des Heiligen Geistes, sondern fromm getarnter Eigensinn.

Ich bemühte mich um Ehrenamtliche mit fachlichen Qualifikationen, die der Ausrichtung des Missionswerks zu einer besseren Ausgewogenheit verholfen hätten. Die meisten von ihnen gingen früh auf Distanz. Einige suchten Hals über Kopf das Weite. Sie fühlten sich der bedrängenden Dynamik des Leiters nicht gewachsen. Flucht gehört in meinen Augen zu den probaten Mitteln. Es gibt biblische Beispiele für diesen letzten Ausweg aus einer erkennbaren Bedrohung. Im Verlauf der schwierigen Jahre stellte ich fest, dass die Intuition meiner Ehefrau Johanna gegenüber dem Leiter von Anbeginn richtig war. Sie hatte schon frühzeitig erkannt, dass von ihm geistlicher Missbrauch ausging. Aber ich mochte darauf nicht hören. Das Aus in der Beziehung zu ihm kam, als ich bewusste Lügen klar ansprach. Statt aufzuklären bedrohte er mich:

„Du kritisierst nicht mich, sondern lästerst den Heiligen Geist.“

Es war eine Aussage, die meine Überzeugung festigte, mit der Trennung die richtige Konsequenz zu ziehen. Seine letzten Worte waren der Versuch, weiterhin Macht ausüben zu wollen.

„Der Feind wird dich ohne mich eiskalt erwischen!“ Die Drohung bewirkte, dass ich enger die Gemeinschaft mit Jesus suchte. Konsequenter als zuvor rief ich mir seine unsichtbare Gegenwart ins Bewusstsein.

Mit der Trennung von der kleinen freikirchlichen Gemeinde gaben Johanna und ich unser missionarisches Projekt unter Kindern in Marienheide auf. In den Sommermonaten jeweils dienstagnachmittags fuhren wir zu einem sozialen Brennpunkt. Mit meiner Bauchredner-Puppe, flotten Liedern und der Flanelltafel erzählten wir auf einem öffentlichen Spielplatz biblische Geschichten. Anfangs wurden wir kritisch beobachtet, dann akzeptiert und gegen Ende der Sommersaison meist schon erwartet. Zu den Kindern gesellten sich immer mehr Erwachsene auf den Balkonen oder auf den Sitzbänken. Hin und wieder versuchten Jugendliche, sich über uns lustig zu machen und zu stören. Aber sie wurden meist von den Männern und Frauen zurechtgewiesen. Unter ihnen gab es eine beträchtliche Anzahl Kurden. Trafen wir sie bei Dienstfahrten im Ort, dann grüßten sie auch lauthals über die Straße hinweg:

„Hallo, Herr Halleluja!", und winkten. Derart nett sind wir nur selten angesprochen worden.

Im Jahr 1979 war Johanna mit dem zweiten Kind schwanger. Unser Sohn René meldete sein Kommen kurz vor der geplanten Jungscharstunde an. Freundlicherweise sprang Kollegin Ruth für uns ein. Mit dem Renault R4 erreichten wir das Krankenhaus in Gummersbach mit knapper Not. Kaum lag Johanna im Entbindungssaal, da war René auch schon da.

Die Freude über das zweite Kind wurde bald getrübt. Wir beobachteten, dass der Junge beim Hinfallen keinerlei Abstützreflexe zeigte. Durch die Erfahrungen mit Damaris waren wir sensibilisiert und veranlassten umfangreiche Untersuchungen. Das Ergebnis war, dass wir auch mit ihm therapeutische Übungen durchführen mussten. Sie basierten auf dem Konzept nach Bobath und waren im Gegensatz zur

Vojta-Methode eher spielerisch. Die geforderte Regelmäßigkeit beanspruchte insbesondere Johannas Zeiteinsatz. Die zwei Jahre ältere Schwester reagierte auf die intensive Aufmerksamkeit, die dem kleinen Bruder zukam, damit, dass sie umfassend einnässte. Die Situation überforderte uns. Johanna spürte das Ende ihrer Kräfte und ich haderte deprimiert mit Gott. Warum mutete er uns erneut Schwierigkeiten zu? War der Wunsch nach einem Geschwisterchen ein Fehler? In einer deprimierenden Lage stellen sich schnell törichte Gedanken ein.

Die Überraschung war perfekt, als Gott uns einen „Engel" vorbeischickte. Die Schwester eines Beatenbergers suchte nach Möglichkeiten, ihren Urlaub für Gott einzusetzen. Sie war ausgebildete Krankengymnastin und reiste aus der Schweiz an. Sie brachte für zwei Wochen eine willkommene Entlastung in unser Leben. Unsere Erfahrung deckte sich mit einer Textzeile von Davids Lied:

> *Gelobt sei der Herr täglich. Gott legt uns eine Last auf, aber er hilft uns auch.* (Psalm 68,20 LUT)

Der Bibellesebund führt jeden Sommer ein Ferienprogramm für Kinder in verschiedenen Orten an der Nordsee durch. Die Aktivitäten der Strandmission hießen damals „Frohe Zeit für Kinder" und gegenwärtig *kibi-Ferientreff.* Wir begründeten den Namenswechsel scherzhaft damit, dass die Fahnen im Wind nicht immer vollständig zu lesen waren und ungewollt als „rohe Zeit für Inder" wahrgenommen werden konnten. Die vierzehntägigen Einsätze bildeten für uns als Familie alljährlich Höhepunkte. Für die jungen Leute bieten sie ein breites Spektrum an Lernfeldern. Wir lebten auf engem Raum in Wohnwagen und übten uns darin, die unterschiedlichen Charaktere und Frömmigkeitsstile zu respektieren. Als Team hielten wir uns an Regeln, die den geistlichen Auftrag durch ein angemessenes Verhalten unterstrichen. Dazu gehörten ein freundlicher Umgang sowie Sauberkeit und Ordnung in den Vorzelten. Wie die Urlauber auf den Campingplätzen erlitten wir Hitzewellen, aber auch Dauerregen und Unwetter. Wir wussten, wie die Leute sich fühlten, wenn alles klamm wurde oder das unaufhörliche Prasseln der Regentropfen sich auf das Gemüt legte. Die Kurpastoren hatten es wesentlich schwerer, das Vertrauen der Gäste zu erwerben und mit ihnen auf Tuchfühlung zu kommen. Ihre veröffentlichten Termine für Gesprächsangebote waren oft nicht mit den Zeiten kompatibel, in denen Ehepaare miteinander in Streit gerieten. Hin und wieder vermittelte ich, auch wenn ich damit Regeln brach. Die Aufgabenstellung lautete, dass der Bibellesebund die Kinder als Zielgruppe zu erreichen versucht, die *Kirche im Tourismus* widmet sich den Erwachsenen. Beim Abwägen entschied ich mich für die betroffenen Menschen und gegen starre Vorgaben.

Die Einsätze an der Nordsee wurden von der überwiegenden Mehrheit der Urlauber positiv aufgenommen. Wir präsentierten die gute Nachricht der Bibel als ein Team von jungen Menschen mit Esprit, Humor und einer Ungezwungenheit, die ansteckend wirkte. Immer wieder erlebten wir distanzierte Eltern, die zu wohlwollenden Sympathieträgern wurden. Daran hat sich bis heute nichts geändert. Jemand fragte mich einmal:

„Was bekommen die jungen Leute, damit sie das hier durchführen?“

Die Antwort kam mir locker über die Lippen. „Sie bekommen nichts, sondern steuern obendrein noch pro Tag einen bestimmten Betrag bei, denn wir werden durch Spenden finanziert.“

Die Fragestellerin schlussfolgerte anerkennend: „Dann tun die das ja aus innerer Überzeugung!“ Sie hatte es erfasst.

Vor dem ersten Einsatz an der Nordsee tauchte ein Problem auf. Wir waren finanziell klamm, benötigten aber für die Fahrt einen zweiten Kindersitz fürs Auto. Wie so oft beteten wir für unsere Bedürfnisse. Ich weiß nicht mehr, was mich damals geritten hat. Ich präzisierte die Bitte und bat Gott um ein Modell der Marke „Römer“. Wenige Tage später fragte mich jemand, ob wir einen Kindersitz gebrauchen könnten. Ich war überwältigt! Gott hatte unser Gebet schnell erhört. Als ich ihn entgegennahm, schluckte ich allerdings. Er war in sehr gutem Zustand, aber die Marke stimmte nicht, er war von „Storchenmühle“. Ich ermahnte mich, meine Erwartung an Gott auf die Realität herunterzuschrauben, und eilte mit der Trophäe seiner Treue nach Hause.

„Schatz!“, rief ich, noch ehe ich meine Frau sah, „schau mal, was ich mitbringe!“

Wie ein Echo kam es von ihr zurück. „Dann schau du doch mal, was im Wohnzimmer steht!“

Schon ihre Stimmlage verriet eine Überraschung. Wir trafen fast zeitgleich aufeinander. Dann fiel mir vor Staunen die Kinnlade herunter. Der Geschäftsführer des Bibellesebundes hatte sich für meine Mithilfe beim Bau seines Hauses bedankt und uns den Kindersitz gekauft. Der Schriftzug an der Seite fiel mir sofort ins Auge: „Römer“. Das Exemplar, das ich noch in Händen hielt, verschenkten wir. Er ging an jene Familie, die uns bei der Geburt von Damaris mit ihrem Fahrzeug zu Hilfe gekommen war. Auch sie hatte um einen Kindersitz gebetet.

Die Geburt unserer Tochter Désirée fiel in die Sommerzeit des Jahres 1981. Statt Johanna begleitete mich meine Kollegin Gerlinde zur Familienfreizeit nach Österreich. Sie begann damals ihre Arbeit als Praktikantin beim Bibellesebund.

Johanna weinte. Wie gern hätte sie die Niederkunft des Kindes mit mir gemeinsam erlebt. Die Situation gehörte zu den Opfern, die wir im Hauptamtlichen-Dienst zu bringen hatten. Sie fielen uns nicht immer leicht. Ehe ich mich auf den Weg machte, wies ich den Zivildienstleistenden Bernd ein. Er bewahrte einen persönlichen Brief auf, den ich für Johanna zur Geburt des Kindes vorab verfasst hatte. Ebenso Geld für Blumen. Ich mochte Bernd. War er doch ein intelligenter und redegewandter junger Mann. Er sollte Johanna zum Krankenhaus fahren, wenn sich die Geburt ankündigte. Bernd war eifriger, als von ihm erwartet wurde. Jeden Abend checkte er durch Besuche die Situation. Dass er sich allein vom Pflichtgefühl leiten ließ, hat er nie ernsthaft behauptet, denn zur gleichen Zeit waren Johannas Mutter und ihre Schwester bei uns. Dass die junge Frau ledig und überaus schön war, musste unserem Helfer nicht erst gesagt werden.

Sarahs Geburt fiel auf den Beginn einer Kurzfreizeit über die Karnevalstage – für Christen, die vor dem närrischen Treiben aus den Hochburgen in die Abgeschiedenheit unseres Freizeitzentrums flüchteten. Für Johanna und mich führte das zu einer Interessenkollision, die mit einer durchwachten Nacht in den frühen Morgenstunden glücklich endete. Einige der Stammgäste sorgten sich rührend um unsere drei Kinder. Als ich gegen sechs Uhr zur Gruppe zurückkam, fand ich bis zum Beginn des Gottesdienstes doch noch etwas Schlaf.

Mit der Geburt von Debora ist der Bau unseres Hauses verbunden. Damit näherte sich die Ära mit der schwierigen Vermieterin ihrem Ende. Allerdings warteten beim Hausbau neue Herausforderungen auf uns.

11. Amulett und Diebesgut

Freizeiten zu leiten, bedeutet, Menschen an Urlaubsorte zu begleiten und ein ansprechendes Programm anzubieten. In der Regel sind es Christen, die sich bei einem Veranstalter wie dem Bibellesebund anmelden. Für mich bedeutete das, drei bis fünf Mal im Jahr an Orten unterwegs zu sein, die sich für Urlaube anbieten. Die Besonderheit dabei ist, mit Nachfolgern von Jesus zusammenzutreffen, die ganz unterschiedlichen Kirchen angehören. Was für eine Herausforderung auch für die Teilnehmenden! Bei der gemeinsamen Vorstellungsrunde bat ich gewöhnlich darum, zunächst einmal nichts über die eigene Denomination zu sagen. Zu oft führten Klischees zu Misstrauen und Ablehnung. Wer zu einer charismatischen Richtung gehörte, wurde verdächtigt, den Geist von unten zu haben. Bei Christen aus der Landeskirche wurde hinterfragt, ob sie wirklich gläubig seien. Als ich einen Richtungsstreit schlichten wollte, fragte mich eine Frau im scharfen Ton: „Ralf, glaubst du, dass es heute noch Zungenrede gibt?" Ich antwortete: „Wenn Gottes Geist sie jemandem verleiht, gibt es sie auch in der Gegenwart." Das war nicht das, was die Frau hören wollte. Wütend schaute sie mich an und zischte: „Du Westentaschentheologe!" Jetzt wusste ich Bescheid. „Ich kann dich beruhigen", gab ich zurück, „ich bin gar kein Theologe, sondern nur ein ausgebildeter Laie."

Wirklich entspannt war unser Verhältnis nicht, dafür aber ein Beispiel, dass für mich die Leitung von Freizeiten bis heute kaum mit Urlaub gleichzusetzen ist.

Immer wieder gab es Gäste, die sich aufgrund ihrer kulturellen Identität für Christen hielten, aber keine persönliche Beziehung zu Jesus hatten. Über sie freute ich mich, obwohl einige mir das Leben schwermachten oder ihren schlechten Einfluss ausübten. „Ich lasse heute Nacht meine Zimmertür offen", raunte mir eine junge Teilnehmerin mit asiatischen Gesichtszügen zu. Ich fand, dass das Angebot nicht zu meinen Zielsetzungen passte, und sagte es ihr auch. Wenige Tage später ertappte ich den jüdischen Reiseleiter dabei, als er am frühen Morgen aus ihrem Zimmer schlich. Seither lege ich Wert darauf, mit Frauen als Reiseleiterinnen zusammenzuarbeiten.

In der Türkei hatten wir eine hinreißend schöne Einheimische als Reiseleiterin. Ihre männlichen Kollegen flirteten allzu offensichtlich, sodass sie genervt äußerte: „Männer! Sie sind doch alle gleich." Da sie es in meine Richtung sagte, fragte ich leicht brüskiert: „Erleben Sie mich auch so?" Jetzt erst bemerkte sie ihren Fauxpas und korrigierte sich. „Sie nicht", sagte sie, „irgendwie verhalten Sie sich anders." Ich dämpfte den Ton im Bemühen, die Zahl der Mithörenden zu begrenzen. „Natürlich sehe ich, wie attraktiv Sie sind", sagte ich. „Aber in unserer Religion hat Treue in der Ehe einen hohen Stellenwert. Meine Frau muss nicht bangen, dass ich mich auf andere Frauen einlasse, wenn ich von zu Hause weg bin. Und umgekehrt gilt es gleichfalls. Ich kann meiner Frau vertrauen." Die Türkin reagierte höchst überrascht und äußerte anerkennende Worte. „Sie treffen sich doch abends mit Ihrer Gruppe, um über Ihre Religion zu sprechen. Darf ich da einmal dazukommen?" Sie durfte. Und sie kam.

Das Verhältnis zwischen der türkischen Reiseleiterin und mir war ehrlich und respektvoll. An einem der Tage kaufte sie für jeden von uns ein Amulett, das vor dem im Islam gefürchteten „bösen Blick“ beschützt. Sie begann, die Schmuckstücke im Bus zu verteilen, und setzte sich ziemlich irritiert neben mich. „Warum wollte etwa die Hälfte der Leute sich ‚Das Blaue Auge‘ (deutsche Bezeichnung für das Nazar-Amulett) nicht schenken lassen? Ich wollte ihnen doch nur eine kleine Freude bereiten.“ Ich erklärte ihr, dass Gott uns durch die Bibel anweist, unser Vertrauen ganz und gar auf ihn und nicht auf Magie zu setzen. „Und was ist mit denen, die es genommen haben?“ Diese Frage konnte ich ihr pauschal nicht beantworten. „Ich nehme an, dass einige die Bedeutung nicht kennen und andere Ihnen gegenüber höflich sein wollten.“ Das traf im Wesentlichen den Kern. Natürlich gab es auch Leute, die den Bereich des Aberglaubens für harmlosen Unsinn hielten. Ihnen erzählte ich einen Teil meiner Erfahrungen mit Alex.

Meine Kollegin hatte Alex zu einer Freizeit eingeladen, die ich leitete. Ich nenne ihn mal so, um seine Identität zu wahren. Er erkannte, dass er Jesus brauchte, um ewiges Leben zu empfangen. Als wir darüber im Gespräch waren, fiel mein Blick auf seinen Hals. Dort baumelte an einer Silberkette ein Amulett. Eigentlich wollte ich mit solchen Dingen nichts mehr zu tun haben. Aber aufgrund der persönlichen Erfahrungen konnte ich schlecht untätig bleiben.

„Du kannst nicht dein Vertrauen auf Jesus und zugleich auf den Schutz durch das Amulett setzen“, sagte ich.

Alex brauste auf. „Weißt du eigentlich, wie oft ich schon mit einem Bein im Grab stand? Das hier“ – dabei nahm er das Teil in die Hand und hielt es mir vor die Augen – „hat mich gerettet.“

„Diese Wahl musst du treffen“, gab ich ihm zu bedenken. „Du musst dich entscheiden. Beides zusammen geht nicht. Nicht bei mir.“ Wir diskutierten noch eine Weile miteinander. Alex begann zunehmend zu schwitzen. Dann riss er sich grob die Kette vom Hals und schleuderte sie mitsamt dem Amulett über den Tisch. Ich fing beides auf und steckte es unbesehen in die Jackentasche. Dann führte ich Alex zu Jesus. Er brachte mit ungelenken Worten zum Ausdruck, dass er von nun an Jesus vertrauen wolle.

Am nächsten Tag begegnete ich der Lebensgefährtin von Alex. Ihre leeren Augen waren mir zuvor schon aufgefallen. Nun war der Blick voller Verzweiflung. Ich versuchte, mit der jungen Frau ins Gespräch zu kommen. Aber sie wich mir aus.

Das Amulett von Alex bewahrte ich als eine Art Trophäe im Nachttisch auf. Es war ein Fehler. In meinen Augen stellte es nicht mehr dar, als eine kunstvoll gestaltete Legierung aus Metallen. Damit reduzierte ich es auf das rein Materielle und lag damit falsch. Es gibt magische Orte, Gegenstände und Zeichen, denen Machtwirkungen des Bösen anhaften. In der Nacht wurde ich massiv von Dämonen angegriffen, die auf mich einschlugen. Dem Übermaß an Gewalt war ich in keiner Weise gewachsen. Ich begann laut zu schreien, denn der gesamte Körper war wie gelähmt. Erschreckt fuhr meine Frau im Bett hoch und begann, völlig ohne Furcht, im Namen von Jesus die Dämonen abzuweisen. Sie war durch ihren festen Glauben und die Gnade davor geschützt, die erschreckende Präsenz jener Geistesmächte zu sehen oder zu erahnen. Als die Attacke endete, saß ich schweißüberströmt auf der Bettkante. Meine erste Tätigkeit galt dem Beutestück in der Schublade. Ich entsorgte es.

Wenige Tage nach dem Ende der Freizeit rief Alex mich auf der Arbeitsstelle an. Er begrüßte mich nicht und suchte auch sonst keine verbindlichen Worte, sondern brachte nur diese wenigen Sätze hervor: „Ich bin auf dem Dachboden und Silvia (Name geändert) hängt neben mir. Die Polizei ist schon auf dem Weg.“

Ich war derart schockiert, dass mir die Sinne schwanden. Nach einer geraumen Zeit wagte ich, ihn zu fragen: „Was macht das mit deinem Glauben?“ Vor meinem inneren Auge sah ich erneut, wie schwer es ihm gewesen war, das Amulett wegzugeben. Die Sekunden des Schweigens wirkten sicher länger, als sie es tatsächlich gewesen sind. Ich erwartete, dass Alex mir heftige Vorhaltungen machen und von Jesus schwer enttäuscht sein würde.

„Ralf, du wirst mich für verrückt halten“, sagte er mit belegter Stimme, „ich fühle einen so starken Frieden wie nie jemals zuvor!“ Darauf war ich nun gar nicht gefasst. Mir fielen Steine vom Herzen. Für Alex bedeutete dieses tragische Ende seiner Beziehung, über etliche Jahre ohne Lebensgefährtin zu bleiben. Es war hart, trug aber dazu bei, dass er ungehindert im Glauben wachsen konnte.

Ein Jahr später meldete sich Alex erneut bei mir. „Ich habe ein Problem“, gestand er am Telefon. „Ich habe geklaut und weiß nicht, wohin mit den Sachen. Ich denke, dass ich sie verkaufe und das Geld spende.“ Sein Gewissen war offensichtlich durch Gottes Geist angerührt worden.

„Hey, Kumpel, wenn du Geld spenden möchtest, dann bitte dein eigenes“, sagte ich mit einem Schuss Vertrautheit, die ihm die schwer verdauliche Wahrheit bekömmlicher erscheinen lassen sollte. „All das, was du gestohlen hast, solltest du an den ursprünglichen Besitzer zurückgeben.“ Damit hatte er nicht gerechnet. Erst einmal redete keiner von uns beiden.

„Aber dafür gehe ich in den Knast, so viel ist das“, gab Alex kleinlaut zu bedenken. „Mit den Maschinen könnte ich mich selbstständig machen.“ Ich staunte über den Umfang an Altlasten.

„Dann gehst du eben in den Knast, und zwar mit erhobenem Haupt.“ Für Alex schien das nicht die Lösung, die er sich erhoffte.

„Hör mal, ich rede mal mit der Person, die du beklaut hast", schlug ich vor. Es handelte sich um den ehemaligen Chef. „Vielleicht verzichtet er auf eine Anzeige." Das Argument zog, führte aber noch nicht zum Durchbruch. „Ich benötige dafür einen Lastwagen", wandte Alex ein. „Dann wird das allen Ex-Kollegen bekannt."

Wir suchten nach Möglichkeiten, diese Situation zu umgehen. Schließlich sorgte ich dafür, dass wir in einer Freikirche einen Raum bekamen und den Parkplatz für die Übergabe des Diebesgutes benutzen durften. Das Telefongespräch mit Alex' Chef verlief ohne Komplikationen. Zwar reagierte er überrascht, verzichtete aber auf juristische Maßnahmen.

„Wichtiger als die Geräte ist für mich, die Sicherheitslücke in meiner Firma zu schließen."

Der Tag der Übergabe des gestohlenen Guts kam. Ich traf als Erster ein, kurz nach mir der Unternehmer. Nur Alex fehlte. Die Zeit verstrich und ich wurde nervös. Bei jedem Geräusch eines Motors spähte ich nach draußen. Das Geplauder verebbte. Wir schauten abwechselnd von der Uhr auf den Parkplatz. Angesichts der vergeudeten Zeit platzte dem Mann schließlich der Kragen. „Ich habe doch gewusst, dass ihr Christen verlogen seid …" Seine ungehaltenen Worte beschämten mich tief. Schließlich rief ich Alex an.

„Du wirst es mir nicht glauben", sagte Alex, „beim Heraustragen bin ich so schwer gestürzt, dass ich mir beide Beine gebrochen habe." In der Tat, das klang höchst unglaubwürdig. Als ich das dem Ex-Chef erzählte, tobte er lautstark.

„Das will ich mit eigenen Augen sehen!"

Kleinlaut rief ich Alex ein zweites Mal an. Am liebsten hätte ich ihm einen Kinnhaken verpasst. Wie kam er eigentlich dazu, mich in diese blamable Lage zu bringen? Der Verdacht, einem riesigen Schwindel aufzusitzen, wuchs zur wütenden Gewissheit an.

„Wo liegst du?“, erkundigte ich mich. Der Unfall sei schon vor etlichen Stunden passiert, erklärte er. Er sei nicht in der Lage gewesen, mich zu benachrichtigen, und läge nun mit Streckverbänden im Krankenhaus.

„Können wir vorbeikommen?“, fragte ich. Wir konnten. Gemeinsam fuhren wir angespannt schweigend im Wagen des Unternehmers durch den Feierabendverkehr. Tatsächlich trafen wir Alex allein in einem Zimmer des Krankenhauses an. Die Beine waren weiß eingepackt und mit Schienen, Schnüren und Gewichten entlang eines Gestells über dem Bett fixiert. Nach einigen verbindlichen Worten ließ ich die beiden allein und wartete auf dem Flur. Entgegen meiner guten Erziehung lauschte ich anfangs an der Tür. Ich wollte sichergehen, dass die Begegnung nicht zu einer weiteren Katastrophe ausartete. Nach geraumer Zeit trat der Unternehmer aus dem Raum. An seiner Mimik erkannte ich, dass er hochzufrieden war. Der Rückweg verlief sehr versöhnlich. Der Mann äußerte sich lobend über die Courage und Ehrlichkeit seines früheren Angestellten. Als ich ihm zum Abschied ein evangelistisches Buch überreichte, gingen wir in gutem Einvernehmen auseinander.

In späteren Jahren habe ich Alex gern zu Gefängnisgottesdiensten mitgenommen. Als jemand, der krumme Dinger gedreht hatte und von Gott verändert wurde, hatte er etwas zu sagen. Seine derbe Art zu reden traf genau den Nerv der Männer. Immer wieder schlug ihm lautstarkes Unverständnis entgegen, wenn die Häftlinge hörten, dass er den Erfolg seiner Diebstähle durch die Rückgabe zunichte gemacht hatte. Es war nicht einfach zu vermitteln, was wirklich zählt.

12. Herausfordernde Fragen des Lebens

Wir Menschen haben von jeher ein Gefälle zum Destruktiven. Die Heilige Schrift nennt es Sünde. Halbnomaden in der kargen Gegend des Toten Meeres tickten bereits genauso wie all jene in den Büropalästen der modernen Metropolen. Deshalb ist es möglich, dass die Empfindungen der Menschen von einst und ihre Erfahrungen mit dem lebendigen Gott auch uns in der Gegenwart berühren. Biblische Texte sind in dieser Hinsicht zeitlos, nicht jedoch die Lebensverhältnisse der sich ständig verändernden Kultur. An der Kleider- oder Gesellschaftsordnung der Antike festzuhalten, mag jemand für Treue zur Bibel halten. In Wirklichkeit verschiebt sich der Fokus damit weg von der Mitte. Er zielt auf die Beziehung des Einzelnen zu Gott, aber nicht darauf, womit er sich kleidet oder in welcher Sitzreihe er beim Gottesdienst den Platz einnimmt.

Technischer Fortschritt erlaubt tiefgreifende Eingriffe in die Natur. Vieles davon trägt zur Verbesserung bei. Denken wir nur an die Möglichkeiten, Schmerzen auszuschalten, oder die revolutionär gesteigerte Effizienz in der Landwirtschaft. Etliches davon stellt uns jedoch vor Probleme, die es zu biblischen Zeiten nicht gegeben hat. Da fehlen in der seelsorgerlichen Beratung schlichtweg Vorgaben. Das schafft eine gewisse Verunsicherung, die uns auf die Hilfe des Heiligen Geistes verweist.

Die Zeit der Ausbildung auf Beatenberg lag noch nicht lange zurück, als ich mit meiner Frau Johanna eine Freizeit auf der Insel Korsika leitete. Ich glaubte, generell für Lehrfragen und Ethik ausreichend gewappnet zu sein. Die Sicherheit verlieh mir das geistliche Korsett, das mich wie etliche andere Fromme stramm an Überzeugungen festhalten ließ, die aber in der Praxis noch nicht erprobt waren. Jemand äußerte einmal im Brustton der Überzeugung:

„Ich bin so froh, dass die Bibel auf alle Fragen Antworten gibt."

Allmählich wurde ich mir der eigenen Grenzen bewusst, die oft erst bei seelsorgerlichen Gesprächen ins Sichtfeld rücken. Gott war gnädig, mich auf der Hochschule des Lebens zunächst mit klassischen Herausforderungen zu konfrontieren. Viele „Lehrstunden" fanden in Freizeiten statt. Sie sind deshalb dafür geeignet, weil man Menschen nicht nur bei biblischen Betrachtungen kennenlernt, sondern darüber hinaus in persönlichen Kontakten. So erlebte ich, wie ein Gemeindeältester mit theologisch richtigen Beiträgen durchaus Wertvolles beitrug. Am Abend erzählte er allerdings nach dem zweiten Glas Bier freimütig, wie er seinem Autohändler beim Verkauf des Wagens einen versteckten Mangel verheimlichte. Ein Schuldbewusstsein entwickelte er erst, als ich ihn darauf ansprach.

Auf einer anderen Freizeit teilte mir ein Mann mit, dass seine Ehefrau ihn mit dem besten Freund betrogen und verlassen habe. Inzwischen war ihre Ehe getrennt.

„Ralf, darf ich als Geschiedener nie wieder heiraten?"

Meine Antwort, die ich auf Matthäus 5,32 zu gründen gedachte, schien ein klares Verbot zu verlangen, eine neue Ehe einzugehen. Etwas in mir verhinderte jedoch, diese Worte auszusprechen. Ich schaute den jungen Mann nachdenklich an und versuchte, mich in seine Lage zu versetzen. Er war in meinem Alter. Wie würde er mit der bedrängenden Sexualität zurechtkommen? Und mit dem Wunsch nach Familie? Deshalb sagte ich:

„Lass uns morgen noch einmal darüber reden."

Ich nahm mir am Abend die Aussagen von Jesus vor. Widersprechen meine oft lüsternen Blicke nicht ebenso biblischen Normen? Oder wie steht es um die Selbstgerechtigkeit und mangelnde Feindesliebe? Gottes vollkommenes Maß lässt doch jeden von uns alt aussehen. Meine Antwort fiel differenzierter aus, als ich sie am Vortag gegeben hätte. Mir war wichtig zu betonen, dass Scheidung und Wiederheirat nicht Gottes Konzept für uns entspricht, jedoch zugestanden wird. Vor Gott werden nicht nur Geschiedene, die erneut heiraten, schuldig, sondern ausnahmslos wir alle! Der Freispruch wird uns von ihm aus reiner Güte zugesprochen.

> *Wenn wir aber unsere Verfehlungen eingestehen, können wir damit rechnen, dass Gott treu und gerecht ist: Er wird uns dann unsere Verfehlungen vergeben und uns von aller Schuld reinigen.* (1. Johannesbrief 1,9 GNB)

Das Gespräch wurde zu einem Schlüsselmoment in meinem Dienst. Biblische Weisungen ordnen die Beziehung des Menschen zu Gott und zu seinem Nächsten. Sie öffnen uns zugleich die Augen für unsere Unzulänglichkeiten und zeigen den Ausweg aus diesem Dilemma. Er führt über die Einsicht und das Bekennen.

Eine Frau und ein Mann suchten bei mir das persönliche Gespräch. Sie hatten die Teilnahme an der Freizeit erschlichen, indem sie als Ehepaar auftraten. Beide waren sie noch nicht von ihren Partnern geschieden, lebten aber bereits zusammen. Die Kinder, die sie mitbrachten, entstammten der jeweiligen Ehe. Die Jüngsten waren aus ihrer jetzigen Beziehung hervorgegangen. Eine bunte Patchwork-Konstellation! Das Paar war vom Evangelium angerührt. Beide wollten sie Jesus nachfolgen. Ich war erfreut, fragte jedoch, wie das praktisch aussehen könne.

„Wir haben beschlossen, uns zu trennen!“, posaunte die Frau heraus.

Die Antwort kam zu schnell, um wirklich durchdacht zu sein. Bei einer Trennung würde das Geld für niemanden reichen, denn beide lebten sie von der Fürsorge. Außerdem war klar, dass ihre gemeinsamen Kinder zu sozialen Halbweisen würden. Was auch immer wir überlegten, den für alle befriedigenden Königsweg hatten sie sich verbaut. Ich wurde an die Begegnung von Jesus mit der Frau am Jakobsbrunnen erinnert. Sie wird in Johannes 4 geschildert. Da überließ er es der Samaritanerin, in welcher Weise sie ihr Leben ordnete. Ich schlug dem Paar vor, auf dem Weg in die Nachfolge von den realen Gegebenheiten auszugehen. Sie sollten dem Herrn das Versprechen ablegen, dass sie heirateten, sobald die Ehen geschieden waren.

Nach einem Abendvortrag kam eine Frau zögerlich auf mich zu. Sie mochte um die sechzig Jahre alt gewesen sein, wirkte unsicher und schwieg. Offenbar rang sie noch damit, ob es hilfreich sein würde, mich anzusprechen.

„Was liegt Ihnen auf dem Herzen?“, sprach ich sie an. Denn es schien mir, als bedrückte sie etwas.

Sie nahm eine Hand ans Kinn und wand sich. „Ach, meine Tochter ist Ärztin. Sie hat im letzten Jahr geheiratet.“

„Ist das nicht etwas zum Freuen?“ Ich hatte die Absicht, sie zum Weiterreden zu ermutigen. Mir war klar, dass die positive Information erst mal der Kontaktaufnahme diente.

Ihr Blick fixierte meine Augen: „… ihre Freundin“, ergänzte sie und doppelte nach: „Sie hat ihre beste Freundin geheiratet, die sie bei einem Auslandsaufenthalt kennengelernt hat.“

Ich sah mich nach einem geräuschärmeren Platz um, einem, bei dem wir von den anderen noch gesehen werden konnten. Die Frau schilderte, dass sie einer Freikirche angehörten, in der ihre Tochter bereits als Jugendliche die Entscheidung getroffen hatte, ihr Leben mit Jesus zu führen.

„Unsere Tochter ist noch immer auf dem Weg mit Jesus, aber eben …“

Kummer gab den Worten der Frau den bedrückten Ton, mit dem sie die Entwicklung der Tochter zur erwachsenen Frau darstellte. Sie und ihr Mann hatten die sexuelle Ausrichtung der Tochter als Realität angenommen. Nicht so deren Tante.

„Die kommt mir nicht mehr ins Haus!“, soll diese beschieden haben.

„Na, toll! Sie wird mal mit reiner Weste vor Gott treten, weil sie mit einer Lesbe nie etwas zu tun gehabt hat“, kommentierte ich sarkastisch.

Wir erörterten die häufig diametral auseinanderliegenden Stellungnahmen von Staatskirchen und Evangelikalen. Dabei bekundete ich, mich auf keine der jeweiligen Positionen kritiklos einlassen zu wollen. Es steht uns nicht frei, das umzuinterpretieren, was Gott als Sünde bezeichnet. Allzu oft beobachte ich, dass vonseiten der Kirche mit dem Menschen auch die Sünde umarmt wird, während Evangelikale dazu neigen, Homosexuelle prinzipiell abzulehnen und besserwisserisch mit frommen Patentrezepten daherzukommen. Da ich aufrichtige Christen kenne, also Menschen, die Gott lieben und von ihm geliebt sind, mag ich mich keiner dieser Ansichten anschließen. Mir schien, dass die Unterredung meine Gesprächspartnerin bestärkte. Denn sie richtete sich merklich auf. Aber da drückte sie noch etwas.

„Stellen Sie sich vor, Herr Mühe. Als die beiden heirateten, fragte unsere Tochter, ob ich mit ihr das Brautkleid aussuchen würde. Mir wurde ganz übel bei dem Gedanken, dass ihre Partnerin ebenfalls nach einem Brautkleid suchte. Was hätte ich antworten sollen?"

„Und, wie haben Sie sich entschieden?"

Eine Pause entstand. „Ich habe sie begleitet", stieß die Frau hektisch hervor, um sich sofort zu verteidigen. „Wir waren immer beste Freundinnen. Und wir sind es immer noch."

Ich legte die Hand auf die Schulter der Frau und sah sie direkt an. „Menschen mögen Sie dafür verurteilen. Aber letztlich ist nur Gottes Sicht wichtig. Er schaut Ihr Herz an!"

In diesem Moment näherte sich der Ehemann. Ihm schien klar, worüber wir redeten, denn er zögerte nicht, sich am Gespräch zu beteiligen, nachdem ihm seine Frau die Entwarnung zugeraunt hatte:

„Herr Mühe kann uns verstehen."

Offensichtlich waren beide schon wohlmeinend belehrt worden, wie sie sich zu verhalten hätten. Und nicht alles wird hilfreich gewesen sein.

„Mich hat unsere Tochter gefragt, ob ich sie zum Traualtar führe", begann er ohne Umschweife. Mich traf sein unsicherer Blick. Und erneut stellte ich die Frage:

„Und, wie haben Sie sich entschieden?"

Es war wie ein Déjà-vu. Wieder entstand eine Pause. Der Mann schaute unter sich und presste heraus: „Ich habe es getan."

Meiner Meinung nach war die kirchliche Trauung unangebracht. Über die Entscheidung des Vaters lässt sich streiten. Er hat sein Herz sprechen lassen. Auch hierüber wird der Herr befinden. Die sexuelle Orientierung ist stark mit der Identität eines Menschen verknüpft. Sie sollte deshalb nicht plakativ im Vordergrund stehen oder über den Wert eines Menschen bestimmen.

„Ralf, wofür hältst du mich – für eine Frau oder für einen Mann?"

Ein Blick auf den Busen von Franziska (Name geändert) ließ mich davon ausgehen, dass sie weiblichen Geschlechts sei. Durch ihre Fragestellung reagierte ich verunsichert, deshalb zögerte ich mit einer Antwort.

„Ich bin beides. Ein bisschen Frau", Franziska fuhr sich mit der Hand über die Brust, „und ein bisschen Mann."

„Kannst du mir bitte erklären, was das heißt?"

Franziska erörterte mir, dass ihre Genitalien nur äußerlich ausgebildet sind. Es gibt keine Vagina, stattdessen kam sie mit Hoden zur Welt, die ihr entfernt wurden, ehe der Stimmbruch einsetzte. Wir unterhielten uns während eines Spaziergangs, das erleichterte die Kommunikation über dieses sehr intime Thema. Es hatte lange gedauert, bis Franziska sich als die Person, die sie ist, akzeptieren konnte. Andere haben es schwerer: Frauen mit Bartwuchs oder Männer mit weiblichen Brüsten. Welche Umkleidekabine können sie nehmen? Wo immer sie sich zuordnen, befinden sie sich im falschen Raum. Einige der Betroffenen erlebten da schon derbe Zurückweisungen. Was das für deren Selbstwertgefühl bedeutet, lässt sich nur erahnen.

Verstehen Sie, was ich meine, wenn ich behaupte, dass die Bibel kein Nachschlagewerk für sämtliche Fragen des Lebens sein kann? Sie bringt uns in Verbindung mit Gott. Aber für etliche Probleme müssen wir selbst nach Lösungen suchen.

„Was denkst du darüber, wenn ich mich in Foren mit Menschen treffe, die ebenfalls eine Intersexualität aufweisen?" Franziska blieb stehen und schaute mich an.

„Du solltest diese Chance nutzen", antwortete ich. „Menschen mit eindeutiger Sexualität ermessen doch gar nicht, was es heißt, zweigeschlechtlich zu sein."

Franziska schilderte, dass man früher Kinder mit nicht eindeutig zu bestimmender Zuordnung des Geschlechts ungefragt operierte. Da die gut gemeinte Korrektur zu einem der beiden Geschlechter jedoch nicht immer dem Empfinden der Person entsprach, belastete das die Betroffenen zusätzlich.

„Herr Mühe, ich habe meine Tochter verloren!"

Ich verstand den konkreten Sinn der Aussage nicht. Während einer Freizeit traf ich mit einer Teilnehmerin zusammen, die ein Gespräch wünschte. Wir setzten uns auf eine Bank im weitläufigen Gelände. Offenbar wollte sie, dass uns niemand zuhörte.

„Meine Tochter hat eine Geschlechtsumwandlung vollziehen lassen, als sie volljährig geworden ist. Sobald sie als Kleinkind stehen konnte, wollte sie ihr kleines Geschäft im Stehen verrichten. Sie hat nie mit Puppen gespielt, sondern sich mit Autos und technischen Dingen beschäftigt. Das Verlangen, männlich zu sein, steckte schon von Anfang an in ihr drin."

Ich nickte nur und war mir gewiss, dass ich für diese Mutter wohl kaum mehr tun konnte, als ihr zuzuhören und sie zu ermutigen.

„Meine Nachbarn fragen immer wieder, warum Daniela (Name geändert) mich nicht mehr besuchen kommt. Was soll ich ihnen antworten?"

Ich riet der Mutter, zu den Fakten zu stehen, wenn sich das Thema nicht vermeiden ließ. Was sollte sie sonst sagen?

„Ein weiteres Problem ist, dass alle Qualifikationen und Zertifikate auf ihren weiblichen Namen ausgestellt sind. Da sie die mexikanische Staatsbürgerschaft hat, kann sie auch das Land nicht verlassen, denn das gilt auch für das Geschlecht, das auf ihrem Pass vermerkt ist."

„Das ist das Problem Ihrer ..." Ich zögerte, weil ich mich nicht entscheiden konnte, ob ich die feminine oder maskuline Form gebrauchen sollte.

Die Frau lachte gequält. „Sehen Sie, so geht es mir. Welche Anrede soll ich gebrauchen, wenn wir miteinander telefonieren: Daniela oder Daniel?

Ich riet der Frau, ihren Abkömmling zu fragen und die getroffene Entscheidung als Realität anzunehmen.

„Versuchen Sie ansonsten, Ihrer Tochter oder Ihrem Sohn mit Gottes Liebe zu begegnen."

Sehr viel mehr Substanzielles wusste ich nicht zu sagen. Ob es ausreichend und hilfreich war, weiß ich nicht.

13. Absturz vom Balkongeländer

„Du hast es gut“, meinte ein Nachbar, „du kannst mehrfach im Jahr Urlaub an den schönsten Orten machen und wirst dafür auch noch bezahlt.“

Hörte ich da Neid? Diese Annahme hätte kaum weiter von dem entfernt sein können, was ich gerade hinter mir hatte. Ja, ich war gerade von Mallorca zurückgekehrt. Da musste sich ihm die Vorstellung aufdrängen, dass ich mit einem kühlen Drink an der Hotelbar oder am Strand gesessen haben möge. Es war aber nicht so.

Zum Auftrag des Bibellesebundes gehören bei den Urlaubsreisen auch Programmpunkte rund um die Bibel. Sie werden in der Regel von ehren- oder hauptamtlichen Mitarbeitern am Vormittag und am Abend durchgeführt. Dabei ergeben sich Gespräche zu Lebensfragen und dem Glauben, die den Teilnehmenden helfen, eine Beziehung zu Gott zu beginnen oder sie zu vertiefen. Das Spannende dabei ist, dass die Gruppen sich aus Leuten zusammensetzen, die wir oft noch nicht kennen. Im Laufe der Jahre entstehen durchaus dauerhaft Kontakte mit Personen, die sich gezielt zu Angeboten einer bestimmten Mitarbeiterin oder eines Mitarbeiters anmelden.

Wir sammelten uns als Freizeitgruppe am Flughafen. Damals checkten Reisende noch alle mit Tickets, die sie von mir erhielten, einzeln am Schalter ein. Ich kniete in Bodennähe an meinem Koffer, als ich das Klackern von dünnen Absätzen hörte. Aus der eingenommenen Perspektive fiel mein Blick auf hochhackige Damenschuhe.

„Sind Sie der Freizeitleiter?“ Die Frage kam forsch.

„Ja“, erwiderte ich. Ich schaute von aufregenden Beinen über den gelben Minirock hoch bis in das Gesicht einer attraktiven Frau.

„Ach“, seufzte sie, „und ich dachte, die leitet ein Mann!“

Ich registrierte augenblicklich den Spott, der sich auf meine Jugendlichkeit bezog. An Schlagfertigkeit fehlte es mir nicht. Aber ich schwieg, denn ich hätte mich auf ihr Niveau begeben.

Die Dame war unlängst erst von einem prominenten Parteiangehörigen in Bonn geschieden worden. Damals wurde die große Politik noch von der Stadt am Rhein gemacht, ehe man die Regierungsgeschäfte nach Berlin verlegte. Die Frau litt unter dem Zynismus der politischen Elite, der offensichtlich kräftig auf sie abgefärbt hatte. Ich widmete ihr viel Zeit für Gespräche und entdeckte hinter ihrem selbstbewussten Gehabe, wie verletzt sie war. Eine Freundin hatte sie für die Freizeit angemeldet, in der Hoffnung, dass der christliche Glaube zu einem Perspektivwechsel führen würde. Es war eine Chance, die ich ihr gern anbot.

Bei der Ankunft im Hotel hatten alle Teilnehmenden ihre Zimmerschlüssel erhalten. Ich hielt mich noch im Bereich der Rezeption auf, denn man hatte mir gesagt, dass ich eines der besten Zimmer bekommen hatte. Sollte jemand aus meiner Gruppe mit seiner Unterbringung unzufrieden sein, würde ich gern tauschen. Ein solcher Wechsel geht einfacher vonstatten, wenn man sich noch nicht eingerichtet hat. Beschwerden blieben jedoch aus. Ich traute meinen Augen nicht, als ich beobachtete, wie eine Matratze aus dem Fenster in die Blumenbeete geworfen wurde. Ihr folgten Kissen, Zudecke, Kleiderhaken. Was ging da eigentlich ab?

„Das ist jemand aus Ihrer Gruppe“, informierte mich der Mann am Empfang und nannte mir die Zimmernummer. So schnell es nur ging, eilte ich über das Treppenhaus nach oben. Die Tür zum betreffenden Zimmer stand offen und ich trat auf die Frau zu. Aufgrund einer früheren Begegnung wusste ich, dass sie psychisch ziemlich labil war.

„Die dachten, ich merke es nicht, dass hier alles verstrahlt ist“, wütete sie.

Ich riss ihr das Kissen aus der Hand, das seinen Weg über den Balkon ins Freie nehmen sollte. Dann mühte ich mich ab, den Matratzenschoner zu retten, der noch zwischen zwei Stäben des Geländers schwebte. Ich schaffte es. Als ich mich umdrehte, sah ich, dass die Frau sich ihrer Kleider entledigte und an ihrem BH-Verschluss nestelte. Ich erinnerte mich an die ungute Erfahrung aus meinem Dienst bei der Polizei. Es war ein perfektes Déjà-vu! Aus Erfahrung klüger geworden widerstand ich der männlichen Neugierde auf ihren Körper. Barsch forderte ich die Frau auf, sich wieder anzukleiden. Dabei hoffte ich, dass niemand über den Flur gehen und uns in dieser prekären Situation sehen würde. Kleinlaut zog sie sich wieder T-Shirt und Shorts über.

Zwei Jahre später leitete ich auf Mallorca erneut eine Freizeit. Sie fand im gleichen Hotel statt. Das hatte den Vorteil, dass ich die Gegebenheiten dort kannte. Wieder führte ich an den Vormittagen in einem Raum des Erdgeschosses biblische Themen aus, während meine Kollegin Ingeburg das Programm für die Kinder verantwortete. Es freute mich, dass eine etwa fünfundzwanzigjährige Teilnehmerin in ihrem

Innern angerührt wurde. Sie bekundete die Absicht, ihr Leben unter die Herrschaft von Jesus Christus zu stellen. Bisher hatte sie sich für eine Christin gehalten, aber sich nicht erkennbar danach ausgerichtet. Im Gegenteil. Sie lebte in einem eheähnlichen Verhältnis mit einem Freund zusammen, der dem Hinduismus angehörte. Ich wies sie darauf hin, welche Konsequenzen der Schritt in die Nachfolge von Jesus nach sich ziehen würde. Ob das zu diesem Zeitpunkt klug war, weiß ich nicht. Um ihr die Gelegenheit zu geben, ihre Entscheidung zu überdenken, vereinbarte ich mit ihr für den nächsten Tag ein erneutes Treffen. Doch dazu kam es nicht.

Die junge Frau balancierte in der Zeit nach Mitternacht auf dem Balkongeländer ihres Zimmers, das sich schräg gegenüber dem meinen befand. Sie verlor beim Schlafwandeln das Gleichgewicht und stürzte ab. Ihr gellender Angstruf riss mich sofort aus dem Schlaf, dann hörte ich den dumpfen Aufschlag. Ihm folgte ein schmerzliches Wimmern. Das Herz schlug mir bis zum Hals. Hastig schlüpfte ich in die Kleidung. Ich blickte nach unten und sah die Frau rücklings auf den Steinplatten liegen. Eines ihrer Beine war unnatürlich abgespreizt. Selbst als Laie erkannte ich eine Fraktur. Als ich die Frau erreichte, hatte sich bereits ein Halbkreis von schockierten Hotelgästen wie gelähmt um sie gebildet. Einige waren zu dieser späten Zeit sichtlich alkoholisiert. Ich kniete mich neben die Freizeitteilnehmerin und sprach sie an. Sie reagierte nicht, sondern verdrehte ihre Augen und brabbelte unverständliche Laute. Um ihre Worte verstehen zu können, beugte ich mich tiefer in Richtung ihres Gesichtes. Mich beschlich das beklemmende Gefühl, dass hier böse Mächte am Werk waren. Erschauernd begann ich halblaut zu beten. Die Frau reagierte wie von einer Tarantel gestochen. Völlig unvermittelt krallte sie die Finger in mein T-Shirt, starrte mich nun mit aufgerissenen Augen an und fauchte. Dieses Entsetzen in den Blicken und die animalischen Laute kannte ich. Ja, ich war mir nun sicher, ich hatte es bei ihr mit Dämonen zu tun.

„Im Name Jesu, weg mit euch und lasst los!“, befahl ich mit Nachdruck.

Augenblicklich lösten sich ihre Finger. Zeitgleich hörte ich mehrere Aufschreie. Zwei der Hotelgäste waren rückwärts zu Boden gestürzt. Ich vermute, dass es sich dabei um Reaktionen auf meine gebietende Anordnung im Gebet handelte. Eine tumultartige Unruhe kam auf. Gäste beugten sich über die beiden und redeten in deutscher und spanischer Sprache lautstark auf sie ein. Blut floss aus den Hinterköpfen über die Steinplatten. Einige rannten mit Hilferufen weg, andere eilten vom Lärm angezogen herzu. Es herrschte ein chaotisches Durcheinander. Mir wurde bei dem Gedanken übel, dass wir in dieser skurrilen Situation im Mittelpunkt standen. Ich war überfordert und wendete mich mit Stoßgebeten hilfesuchend an Jesus. Was sollte ich als Nächstes tun?

Endlich sah ich meine Kollegin herbeieilen. Ihr Zimmer lag neben dem der abgestürzten jungen Frau, sodass der Lärm des Tumultes sie erreicht hatte. Wie gut! Ingeburg spricht fließend Spanisch. Ich informierte sie kurz, dann sprach sie mit Hotelbediensteten, die drei Krankenwagen anforderten. Das dauerte eine gefühlte Ewigkeit. Mittlerweise waren immer mehr Gäste auf den Beinen. Mit ihnen kamen auch Teilnehmer aus meiner Gruppe. Wie sehr schätzte ich deren Nähe und ihre stillen Gebete.

Das rotierende Blaulicht der sich nähernden Krankenwagen wurde auch von Touristen in den umliegenden Hotels wahrgenommen. Von Neugierde angelockt, gesellten sie sich zu der Ansammlung. Medizinisches Personal kümmerte sich mit routinierter Ruhe um die Verletzten und lud sie auf Tragen in die Fahrzeuge. Als sie abfuhren, löste sich die Menge nach und nach auf. Fragen meiner Leute stürzten auf mich ein, aber vorerst war ich nicht in der Lage, ausreichende Auskünfte zu geben. Zunächst musste ich selbst meine Gedanken sortieren.

Ich musste innerlich erst mal herunterkommen, ehe ich ins Zimmer zurückkehrte. Als ich im Bett liegend das Licht löschte, beschlich mich ein mulmiges Gefühl. Es herrschte im Raum nicht greifbar, aber deutlich wahrzunehmen eine Atmosphäre aus einem Schauer von Kälte und extremer Dunkelheit. Zunächst vermutete ich, überreizte Nerven zu haben. Doch Wellen der Angst signalisierten mir die Gegenwart übersinnlicher Mächte. Ich beschloss, ihnen nicht die Ehre zu geben. Deshalb verzichtete ich darauf, das Licht anzuschalten, unter das Bett oder in den Schrank zu schauen oder hinter die Gardinen zu spähen. Stattdessen rezitierte ich:

> *Er wird dich mit seinen Fittichen decken, und Zuflucht wirst du haben unter seinen Flügeln. Seine Wahrheit ist Schirm und Schild, dass du nicht erschrecken musst vor dem Grauen der Nacht.* (Psalm 91,4-5 LUT)

Als ich am nächsten Morgen den Speisesaal betrat, wurde ich von Teilen meiner Gruppe bereits erwartet. Aufgeregt stürzten einige auf mich zu, um von einer schrecklichen Nacht zu berichten. Da sie ungewöhnlich erregt gleichzeitig redeten, konnte ich nicht alles verstehen, doch so viel begriff ich: Sie hatten wie ich das gruselige Gefühl, dass in der Nacht etwas Unheimliches ihre Zimmer erfüllte. Sie beteuerten, dieses Empfinden real erlebt zu haben. Es handele sich keineswegs um Einbildung. Ich wechselte bei unserem anschließenden Treffen ad hoc das Thema. Den vorbereiteten biblischen Impuls verwarf ich und redete stattdessen über Okkultismus. Das kam bei einigen, die von den nächtlichen Ereignissen nichts mitbekommen hatten, schlecht an. Eine dominante Person machte sich für diese Gruppe zum Sprecher. Sie beschloss, die Bibelarbeiten zu boykottieren und sich beim Leiter des Bibellesebundes zu beschweren. Ihre Begründung:

„Wir haben hier doch kein Mittelalter gebucht."

Der Riss war schmerzhaft. Es herrschte eine angespannte Stimmung, die mir schlaflose Nächte bereitete. Ich nutzte sie auf dem Flachdach des Hotels, wo ich intensiv betete. Meine Kollegin war ebenso überfordert wie ich. In dieser verfahrenen Situation gab es zwei Lichtblicke. Ich telefonierte mit Petro (Name geändert), einem Deutschen in Palma, den ich beim ersten Aufenthalt in Mallorca kennengelernt hatte. Er war als junger Mann ausgewandert, um dort sein Glück zu suchen. Und er fand Jesus. Ich schilderte ihm meine Situation. Da er gerade arbeitslos war, versprach er, sich um die verunglückte Teilnehmerin zu kümmern.

Der Überrest der Gruppe rückte enger zusammen. Einige erlebten Befreiung von okkulten Bindungen, die sich sogar in spontanen Heilungen äußerten. Sie konnten nicht anders, als den Abtrünnigen davon zu erzählen, wenn sie am Strand aufeinandertrafen. Erneut übernahm der Mann, der den Widerstand ausgelöst hatte, die Initiative. Er führte den abgespaltenen Teil der Gruppe geschlossen zurück.

„Wir wollten sehen, wie du reagierst und ob du echt bist", sagte er und reichte mir zur Versöhnung die Hand. Das nötigte mir Respekt ab.

In Palma de Mallorca gab es zu der Zeit zwei Kliniken, beides Hochhäuser. Die Teilnehmerin kam in jene Etage, in der eine spanische Christin aus Petros Gemeinde Dienst tat. Wer hier einen glücklichen Zufall sieht, rechnet nicht mit Gottes Wirken. Er kann schlimme Ereignisse in seine Pläne einbauen und daraus Gutes entstehen lassen.

Der okkulte Einfluss bei der Teilnehmerin zeigte sich erneut. In der nächsten Vollmondnacht versuchte sie, in einem Zustand der Trance die Nägel aus dem Streckverband herauszuziehen. Im Laufe unseres Aufenthaltes erhielt ich einen Anruf. Petro berichtete, dass er und seine Ehefrau die Teilnehmerin zu Jesus geführt hätten. Nach einem Absagegebet verschwanden auch die zerstörerischen Handlungen. All das beeindruckte die spanische Bettnachbarin derart, dass auch sie sich der Herrschaft von Jesus unterstellte.

Gott hatte für uns noch so etwas wie ein Sahnehäubchen parat. Petros Ehefrau arbeitete in einem Reisebüro und organisierte den später stattfindenden Rücktransport der Teilnehmerin in die Heimat. Hier passte alles. Den vermeintlich schönen Urlaub habe ich nicht erlebt, dafür aber Gottes überwältigendes Eingreifen.

14. Für einen Judas singen wir nicht

Meine Mutter versuchte, die tödliche Krankheit, die sie befallen hatte, zu ignorieren und vor anderen geheim zu halten. Sie musste zunächst selbst mit der Entdeckung der bösartigen Knoten zurechtkommen. Die stummen Zeugen ihrer Verzweiflung fand mein Vater in versteckten Bereichen der Wohnung. Leere Flaschen, die Hochprozentiges enthalten hatten. Der kranke Körper produzierte bereits intensive Gerüche, die sich nicht mehr überdecken ließen. Die furchtbare Entdeckung war für den Vater doppelt tragisch. Ihm war bewusst, dass das gemeinsame Leben an einer Wegscheide stand. Ebenso schmerzte, nicht ins Vertrauen gezogen worden zu sein.

Beide Elternteile hörten schlagartig mit dem Rauchen auf. Ich begrüßte diese Wendung, hielt sie aber für reichlich verspätet. Noch klangen mir die Statements aus unbeschwerten Tagen lebhaft im Ohr:

„Wir sterben lieber etwas früher, wenn wir dafür das Leben genießen können."

Wirklich abgenommen habe ich es ihnen nie. Ich wusste, wie sehr sie den Tod fürchteten. Bedeutete er doch ihrer Ansicht nach, in der Persönlichkeit vollkommen ausgelöscht zu werden.

„Es ist noch niemand vom Tod zurückgekehrt" gehörte zu der lapidaren Feststellung, die sie vermutlich niemals ernsthaft hinterfragten.

Nach der Entdeckung der Erkrankung setzte die Familie alle Hebel in Bewegung, um das Leben der Mutter dennoch zu retten oder zumindest zu verlängern. Verständlicherweise war der Erwartungsdruck an die behandelnden Ärzte und an die Fortschritte der medizinischen Möglichkeiten besonders hoch. Es folgten schmerzhafte chirurgische und chemotherapeutische Maßnahmen. Aber dafür war es einfach zu spät.

Inzwischen ausgeblichene Fotos zeigen die Vierundsechzigjährige schon deutlich vom Endstadium der Krankheit gezeichnet. Auf ihnen ist der wenige Wochen alte Enkel abgebildet, der auf ihrem Bauch liegt. Aber Mutter zeigte kein Interesse mehr für den Kleinen. Ihre Augen spiegelten eine hoffnungslose Ergebenheit in „das Unvermeidliche". Umschreibungen wie diese gehörten zum Verhaltenskodex meiner Kernfamilie. Wo immer es ging, vermied man Worte wie „Gott" oder „Tod". An einem Wochenende trafen wir uns als nahezu komplette Familie bei unserer Mutter im Krankenhaus. Uns war klar, dass ihre Lebenszeit auf das Ende zuging. Doch niemand sprach darüber. Wie bei größeren Zusammentreffen von Besuchern allgemein üblich, ergab sich kein durchgehendes Gespräch. Die Konversation blieb mehr oder weniger im Belanglosen. Mich schmerzten Redewendungen wie „Wenn du wieder gesund bist", da doch ersichtlich war, dass es mit unserer Mutter zu Ende ging. Doch sie griff diese Utopien willig auf. Vielleicht hatte die kurzzeitig gelöste Stimmung im Raum ihren eigenen Wert.

Zwei Wochen später setzte ich den Entschluss um, meine Mutter allein in der Klinik zu besuchen. Ich fragte sie, wie realistisch sie die geäußerten Reisepläne hielt. Meine Mutter schwieg eine ganze Weile. Dann brachen die Worte mit grober Direktheit aus ihr heraus:

„Ich bin doch nicht blöd. Natürlich weiß ich, wie es um mich steht. Ich habe nur meine Rolle gespielt."

Reaktionen wie diese zeigte sie in letzter Zeit gehäuft. Offenbar verlor sie angesichts der Situation auch einen Teil der Hemmungen. Ich nahm ihre eigenen Worte auf:

„Nun musst du keine Rolle mehr spielen. Jetzt kannst du echt sein."

Ich redete mit ihr von der Zukunft, die ihr durch Jesus über den Tod hinaus offenstehen würde. Das Tabu-Wort „Tod" löste bei ihr einen Tsunami an Ängsten aus. Die Pupillen weiteten sich, sie rang nach Luft, Schweiß trat auf die Stirn. Sie tat mir so leid, trotzdem redete ich weiter.

„Du brauchst weder die Religion zu wechseln noch deine Ehe belasten. Schlag einfach in die Hand von Jesus vertrauensvoll ein. Er wird dich an der Schwelle zur Ewigkeit voller Liebe empfangen."

Sie schüttelte den Kopf. Wie konnte es sein, dass ein Mensch vor der existenziellen Sackgasse den einzig möglichen Durchlass ignorierte? Wir redeten über anderes, dann warb ich ein zweites und ein drittes Mal um das Vertrauen, das sie retten würde. Sie ließ mich gar nicht aussprechen, sondern fuhr mir ungehalten über den Mund.

„Geh doch weg mit deinem Jesus! Ich will ihn nicht." Es war unsere letzte Begegnung. Ich verließ sie und weinte.

Für eine kurze Zeit kehrte Mutter in die Wohnung zurück. In der Nacht vor ihrem Tod sah sie im Traum den wenige Tage zuvor gestorbenen Schwager. Ihr gesundheitlicher Zustand verschlechterte sich so rapide, dass sie erneut ins Krankenhaus eingeliefert wurde.

„Diesmal komme ich nicht wieder zurück", ließ sie wissen, als man sie zum Krankenwagen trug. Tatsächlich starb sie am nächsten Tag. Wir hatten zu diesem Zeitpunkt der Bestattung des Onkels beigewohnt und benötigten für die Fahrt in die Pfalz einige Stunden. Als uns der Anruf mit der Todesnachricht erreichte, saßen wir gerade mit dem Vater im Wohnzimmer zusammen. Ich fuhr zum Krankenhaus. Und er kam mit.

Die kurze Strecke legte ich in einer dunklen Grundstimmung zurück. Die Hoffnung, ich könnte Mutter noch zum Glauben führen, war zerbrochen. Im Herzen haderte ich intensiv mit Gott. Da redete er zu mir! Nicht akustisch, aber für mich deutlich wahrnehmbar. Ich warf einen kurzen Blick auf den Beifahrersitz, um festzustellen, ob Vater davon etwas mitbekam. Aber er saß erstarrt da und wirkte wie eine Schaufensterpuppe.

„So wie du dich soeben entschieden hast, nach links zu blinken, um zum Krankenhaus zu kommen, musst du dich entscheiden, deine Mutter in meine Hand loszulassen", war Gottes Botschaft an mich. Was bedeutete das?

Ewiges Leben drückt die Beziehung zu Gott aus. Daran haben Anteil, die ihr Vertrauen auf ihn setzen. Wer davon ausgeschlossen ist, darüber haben wir nicht zu befinden. Meine innere Verfassung stellte jedoch genau das dar.

Herr, ich lasse meine Mutter in deine Hand los, betete ich in Gedanken, du bist absolut gerecht in allen deinen Urteilen.

Augenblicklich verflog das Dunkel, das über mich gekommen war. In diesem Erleben entdeckte ich eine enorme Befreiung.

Bei der Beerdigung stellten die Ausführungen des Pfarrers ebenfalls eine menschliche Festlegung dar. Sie stützte sich darauf, dass meine Mutter als Kind getauft worden war. Selbstverständlich entsprach das genau dem, was die Anwesenden hören wollten.

„Schwester … sieht nun, was sie geglaubt hat."

Wäre es nicht ehrlicher, von einer begründeten Hoffnung zu sprechen? Der Unterschied zwischen einer Glaubens*gewissheit* und der trügerischen Glaubens*sicherheit* ist immens. Es gibt etwas Vergleichbares bei den Juden. Viele stützen sich auf die Lebenslüge ihrer Herkunft. Doch das Angebot der Zugehörigkeit zu Gottes Volk verlangt ebenso wie die christliche Taufe danach, persönlich angenommen zu werden.

> *Ihr bildet euch ein, dass euch nichts geschehen kann, weil Abraham euer Stammvater ist. Aber das sage ich euch: Gott kann Abraham aus diesen Steinen hier neue Nachkommen schaffen!* (Matthäus 3,9 GNB)

Etwa ein Dreivierteljahr nach dem Tod von Mutter gab Vater Kontaktanzeigen auf und vereinbarte Treffen mit möglichen Partnerinnen. Er konnte und wollte nicht allein bleiben. Tatsächlich fand er eine Frau, die zu ihm passte. Ihr war eine robuste Natur geschenkt. Vergleiche drängten sich für uns Kinder da gar nicht auf. Nach der zweijährigen Phase des Zusammenlebens besiegelten beide ihre Beziehung durch die standesamtliche Trauung. Niemand ahnte, wie tragisch kurz die Zeit ihrer Ehe bemessen war. Schon bald wurden bei Vater Störungen in der Wortfindung bemerkbar. In seinem Kopf hatten sich Metastasen gebildet, die von einem Lungenkarzinom herrührten.

Therapien, Operationen mit Krankenhausaufenthalten zermürbten durch das ständige Auf und Ab und hielten die Familie in Spannung. In dieser Zeit drängte mich meine Frau Johanna, mit Vater über den Glauben an Jesus zu sprechen. Es war wirklich das Letzte, was ich zu tun wünschte. Allzu deutlich erinnerte ich mich an seine Anfeindungen zu Beginn meiner Nachfolge. Ich war verunsichert. Johannas Intuition war schon mehrfach meinem Erkennen voraus. Ihre Beharrlichkeit siegte, denn ich gewann den Eindruck, dass Gott durch sie redete. Widerstrebend nahm ich die Aufgabe in Angriff. Ich wählte den Brief als Kommunikationsform. Er konnte weniger missverstanden werden und würde meinen Vater nicht unmittelbar kompromittieren. Ich arbeitete lange daran, durchbetete und feilte an den Aussagen. Sie sollten gewinnend sein. An einem Samstag schickte ich das Schriftstück ab. Als der Brief in den Postkasten fiel, packte mich gewaltiges Unbehagen. Eine Reaktion vonseiten meines Vaters blieb gänzlich aus. Donnerstags griff ich zum Telefon, um mit ihm zu sprechen.

„Hast du meinen Brief erhalten?"

Es war, als sei ich auf eine Granate getreten. Mein Vater rastete lautstark aus. Geistliche Themen waren für ihn so etwas wie die letzte Ölung im katholischen Ritus, die Vorbereitung auf das Lebensende.

„Kannst du nicht warten, bis ich unter der Erde liege? Freu dich nicht zu früh, denn ich gebe mir noch drei Jahre (Lebens-)Zeit!"

Mein Vater erging sich in Flüchen, dann knallte er den Telefonhörer auf die Gabel. Aus. Es waren die letzten Worte, sozusagen sein Vermächtnis an mich. Eine bleibende Wunde. Ihm blieben noch drei Tage zum Leben: Freitag, Samstag und Sonntag. Er fiel bei der morgendlichen Toilette zu Boden, ohne die Fähigkeit zu haben, sich noch zu artikulieren. Tränen rannen aus den Augen, bezeugte meine jüngste Schwester. Mich benachrichtigte man erst, als der Tod bereits eingetreten war.

Bei der Beerdigung wurde gesagt, dass Vater seinen Lauf vollendet und das Ziel erreicht habe. Im biografischen Abriss erwähnte der Pfarrer gar, dass Vater in seiner letzten Lebensphase durchaus an religiösen Dingen interessiert gewesen sei. Nach der kirchlichen Feier kam eine Verwandte direkt auf mich zu und fragte:

„Hat er nicht schön gesprochen, der Herr Pfarrer?“ Ich sah sie nur an und schwieg.

„Oder hast du schon wieder etwas auszusetzen?“ Sie wirkte ziemlich brüskiert. Ja, das hatte ich. Es war die falsche Zeit und nicht der passende Ort, um mit ihr zu streiten. Demonstrativ wandte sie sich von mir ab.

Nur wenige Jahre später starb ein Schwager. Was für ein Elend für meine Zwillingsschwester, die bereits ein Kind zu Grabe getragen hatte! Oliver (Name geändert) hatte eine Operation erfolgreich überstanden, sodass er zusehends an Kraft gewann. Dann kam ein herber Rückschlag, der vermutlich durch Krankenhauskeime ausgelöst worden war. In dieser Zeit wurde ich innerlich gedrängt, ihm zu schreiben. Da mir untersagt worden war, Oliver mit Glaubensdingen zu belästigen, sandte ich den Brief direkt zu ihm ins Krankenhaus. Johanna fügte der Postsendung ein Buch von Peter Hahne bei: „Leid – Warum lässt Gott das zu?“. Beides kam an. Als Oliver immer schwächer wurde, bat er meine Schwester, Passagen des Buches oder aus dem Brief vorzulesen. Wann immer sie sich verhaspelte, war er in der Lage, den jeweiligen Wortlaut korrekt wiederzugeben.

Der Tod des Schwagers ließ mich mit Gott hadern. Warum mutete er der Schwester so viel zu? Sah er denn nicht, wie schwer sie an ihrem Geschick trug? Ich trauerte, litt mit ihr, erwartete mit Grausen die bevorstehende Beerdigung und betete:

„Herr, lass nicht zu, dass die Verwandten erneut …“

Was nun folgte, war allein für Gottes Ohr bestimmt. Ich beendete das Gebet mit dem Versprechen, dass ich bereit sei, Oliver selbst zu beerdigen. Ich wurde durch einen Telefonanruf unterbrochen. Die Zwillingsschwester wünschte mich zu sprechen.

„Ralf, wir halten hier einen Familienrat, denn wir haben ein Problem.“ Die Intonation ließ gewisse Hemmung erahnen.

„Wir sind nämlich beide aus der Kirche ausgetreten.“

Betont ruhig antwortete ich: „Das ist eine folgerichtige Entscheidung. Was ist nun euer Problem?“

„Wir finden keinen freien Trauerredner“, bekannte meine Schwester, „da haben wir gemeinsam überlegt, ob du Oliver beerdigen könntest.“

Ich riss voller Dankbarkeit den Arm zum Himmel, ließ mir jedoch nichts anmerken. Das war wahrhaftig eine schnelle Antwort von Gott! Ich fasste mich denkbar kurz und sagte:

„Das mach ich.“ Ich hörte aus dem Hintergrund Bemerkungen, die Zufriedenheit signalisierten.

Als sich der Überraschungseffekt legte, wusste ich mich herausgefordert. Bisher hatte ich noch niemanden beerdigt. Nun würde ich Neuland betreten. Bei einem Pfarrer, mit dem ich über Jahre privaten und beruflichen Austausch pflegte, besorgte ich mir eine Agenda für Trauerfeiern. Ihr in der Praxis erprobter Ablauf ist bewährt und würdevoll. Sie übernahm ich gern.

Bei der Ansprache in der Friedhofshalle skizzierte ich Oliver als Mensch der leisen Töne mit seinen persönlichen Vorlieben. Ich erinnerte daran, dass sein Tod uns die eigene Sterblichkeit vor Augen hielt, und zeigte auf, wie ich selbst mit dieser unausweichlichen Realität umgehe. Es erleichterte mich, dass ich sagen konnte, wie Oliver sich mit Leid und Tod auseinandergesetzt hatte. Dann las ich Passagen meines Briefes an ihn vor.

Das herzzerreißende Weinen meiner Schwester bleibt mir als durchdringender Schmerz im Gedächtnis. Diese erschütternde, durch kaum einen Trost gemilderte Hoffnungslosigkeit wurde mir zur Berufung. Ich nahm mir vor, Menschen an dieser schicksalhaften Wegscheide das Angebot des ewigen

Lebens zu bezeugen. Mit einem Schreiben informierte ich Bestattungsunternehmer, dass ich als freier Beerdigungsredner zur Verfügung stünde.

Der erste Auftrag wurde zugleich der schwierigste. Mir wurde der Kontakt zu einer Christin vermittelt, die vor Ort zur russlanddeutschen Gemeinde gehörte. Ihr Bruder Viktor (Name geändert) hatte sich mit den zusammengeknüpften Krawatten seines Schwagers erhängt. In der Familie der Spätaussiedler herrschte eine überaus große Bestürzung, denn Menschen, die den Freitod wählen, gelten bei ihnen als von Gott Verfluchte. Sie werden mit Judas Iskariot verglichen, der Jesus verriet und sich danach das Leben genommen hatte. Die Gemeindeleitung verweigerte deshalb kategorisch die Beisetzung.

Mir war es wichtig, durch Vorgespräche aufzuarbeiten, wie es zu der Tragödie gekommen war. Dabei traf ich auf eine unfassbare Herzenshärte. Bei aller Frömmigkeit zog sich auch bei ihnen menschliches Versagen und Schuld als Verhaltensmuster erkennbar durch die Familie. Den Ausgangspunkt bildete ein folgenschweres Ereignis in Kasachstan. Als Jugendlicher sollte Viktor beim Baden am See auf den jüngeren Cousin aufpassen. Doch der Kleine ertrank. Der Halbwüchsige trug schwer an den Vorwürfen und wurde sogar von einigen Verwandten geächtet. Er fand weder in der christlichen Gemeinde Halt noch gelang es ihm, in Deutschland Fuß zu fassen. Bei immer wiederkehrenden Alkoholexzessen brachte nur eine der Schwestern ihn wieder zur Vernunft. Sie hielt ihm vor, ein Mörder zu sein, und beschwor ihn, sich zu verändern. Beim letzten Mal kam bei ihm zusätzlich ein kriminelles Delikt hinzu, das von der Polizei aufgedeckt worden war. Es war der sprichwörtliche Tropfen, der das Fass zum Überlaufen gebracht hatte.

Ich bemühte mich, das Urteil über den Toten zu mildern oder gar aufzuheben. Dass sie ihn mit ungerechtfertigten Vorwürfen zur Vernunft hatten bringen wollen, war nicht weise. Doch ich traf auf Granit. Es blieb beim Schwarz-Weiß-Denken. Einmal hatte ich die Gelegenheit, mit Viktors Mutter kurz allein zu sein. Sie nutzte sofort die Chance, um mir ihr Herzeleid zu klagen.

„Man hat mir verboten, nach dem Warum zu fragen", sagte sie, „das darf man nicht." Ich erläuterte ihr, dass einige Menschen der Bibel damit vor den Herrn gekommen sind. Und selbst Jesus schrie am Kreuz:

> *Mein Gott, mein Gott, warum hast du mich verlassen?* (Matthäus 27,46 LUT).

Zur Beerdigung kamen zahlreiche Trauergäste. Ich erkannte Leute, die Arbeitskollegen und Freunde des Toten gewesen waren. Viele blieben in deutlichem Abstand zu den Gemeindegliedern. Auf dem Weg zur Grabstätte erklang das laute Klagegeschrei jener Schwester, die so starken Einfluss auf Viktor gehabt hatte. Als der Sarg in die Gruft herabgelassen wurde, stürzte sie nach vorn. Zwei Sargträger hielten sie davon ab, sich in das Grab zu werfen. Sie zerrte und stieß und brüllte wie von Sinnen. Beherzte Männer der Gemeinde ergriffen die Tobende an beiden Armen und benötigten all ihre Kräfte, um die Frau zu zügeln. Ich war zu abgelenkt, um wahrzunehmen, dass in der Reihe der Versammelten eine Unruhe aufgekommen war. Etliche Leute beugten sich nach unten. Es ertönten erschreckte Ausrufe in hoher Stimmlage und Männer, die irgendwelche Anweisungen gaben. Was ging hier ab? Ich näherte mich und sah Viktors Vater mit dem Rücken auf dem Boden liegen. Er war umgekippt und kämpfte offenbar mit einer Herzattacke.

„Sofort den Notarzt rufen!", rief ich der Beerdigungsunternehmerin zu. Zum Glück trug sie ihr Mobiltelefon bei sich. Ihre Reaktion war schneller als meine. Sie hatte es schon getan.

Wie immer bei Notfällen erschien die Zeit des Wartens viel zu lang. Die Unruhe ebbte ein wenig ab. Ich übertönte das verhaltene Stimmengewirr über das Mikrofon.

„Ich habe gesehen, dass jemand Liederbücher dabeihat. Können Sie die nächsten Minuten bitte mit Singen überbrücken?"

Die Liederbücher wurden flink von Hand zu Hand weitergereicht. Doch dann meldete sich eine Frau mit aller Entschiedenheit zu Wort. Sie trug ihr ergrautes Haar streng zu einem Knoten gebunden am Hinterkopf.

„Für einen Judas singen wir nicht!", entschied sie lautstark. Es folgte ein eisiges Schweigen, dann wurde alles wieder zurückgegeben und in der Plastiktüte verstaut. Nur eine junge Frau und der Mann an ihrer Seite machten nicht mit. Sie blätterten kurz und begannen kraftvoll zu singen. Die Melodien hatten den Charakter von slawischer Schwermut. Ich empfand die beiden als so wohltuend.

Mein Blick schweifte währenddessen hinüber zu den ehemaligen Arbeitskollegen. Wie mochte all das, was sie hier miterlebten, auf sie wirken? Als die Beerdigung zu Ende war, stürzten mehrere Christen auf mich zu.

„Warum sagten Sie nicht, dass Viktor ein Verfluchter ist?" – „Sie erwähnten Judas mit keinem Wort!" Von allen Seiten ging man mich an.

„Sie haben das Höllenfeuer verschwiegen." Das traf tatsächlich zu, aber ich fühlte, wie es mir aus den Blicken und Mündern entgegenloderte.

Andere Beerdigungen verliefen einfacher, hatten aber auch ihre Besonderheiten. Einer Witwe sprach ich beim Vorgespräch das Beileid aus. Doch sie winkte leichtfertig ab und meinte:

„Ach, es gibt Schlimmeres."

Als ich mich in ihrem Wohnzimmer umsah, ahnte ich, was sie gemeint haben könnte. Die leeren Alkoholflaschen waren vermutlich die Antwort.

Bei einer relativ jungen Witwe konnte ich kaum irgendwelche Anzeichen von Trauer erkennen. Ich versuchte, der Sache auf den Grund zu gehen, und fragte, wie sie den Tod des Ehemannes verkrafte.

„Ich bin froh, dass der Scheißkerl nicht mehr lebt", äußerte sie unumwunden.

„Bei der Beerdigung werden Sie zwei Frauen sehen, die stärker um ihn trauern." Ich wusste Bescheid.

Vermutlich teilte ich das Wissen um die Untreue des Verstorbenen mit denen, die zur Beerdigung kamen. Das machte mir die Angelegenheit nicht leicht.

„Ich bin gekommen, um dem Verstorbenen eine würdige Bestattung zu ermöglichen", erklärte ich zu Beginn. „Erwarten Sie von mir bitte nicht, dass ich den Verstorbenen in den Himmel lüge oder in die Hölle verdamme. Beides steht keinem von uns zu." Etliche der Anwesenden nickten zustimmend.

Wieder sprach ich davon, dass dieser Tod uns an die eigene Sterblichkeit erinnert, und erläuterte danach, wie ich damit umgehe. Meine Ansprache beendete ich mit dem Vaterunser-Gebet und betonte, dass das mit der Witwe so abgesprochen sei. Ich bat vorab darum, bei der Passage „Und vergib uns unsere Schuld, wie auch wir vergeben unseren Schuldigern" innezuhalten, bis ich das Gebet fortsetzen würde. In der so entstandenen Pause ermutigte ich dazu, eigenes Versagen oder das des Verstorbenen sowie Bitterkeit und Groll abzulegen. Dabei dachte ich vor allem an die Witwe.

Dass eine Beerdigung auch groteske Züge haben kann, erlebte ich bei der Ansprache des Leiters der Freiwilligen Feuerwehr. Nach mir trat er ans offene Grab.

„Lieber Schorsch", begann er die Rede, die er direkt an den Toten richtete. In der linken Hand hielt er einen Blumenstrauß und in der rechten devot die Mütze. Er war kein geübter Redner, das spürte man ihm ab. Seine Ansprache endete mit den Wünschen:

„Mach's gut. Und bleib gesund!"

Dann warf er die Feuerwehrmütze ins Grab und kehrte mit dem Blumenstrauß an seinen Platz zurück.

Den Sohn eines alten Ehepaares hatte man erschlagen auf einer Parkbank aufgefunden. Schon länger hatte er als Obdachloser auf der Straße gelebt. In der Kindheit und Jugend war er mit seinen Eltern in die christliche Gemeinde gegangen, hatte sich dann aber davon abgewandt. Die Geschwister wünschten jedoch eine christliche Beerdigung. Sie war von der Tragik des Geschehenen überschattet. Was sie zusätzlich hervorhob, war die Demenz beider Elternteile. Sie strahlten überglücklich über die anwesenden Verwandten und Mitchristen. Wie zeigten sie sich berührt von den Liedern, die sie aus vollen Kehlen mitsangen. Bei beiden blitzte jedoch zu unterschiedlichen Zeiten die Realität in der Wahrnehmung auf, sodass sie heftig weinten. Gleich darauf sanken sie unvermittelt wieder ins gnädige Vergessen.

Holger (Name geändert) war ein treuer Nachfolger von Jesus, aber zeitlebens auch ein ziemlich schwieriger Mensch. Ich liebte ihn wegen seiner Herzenshaltung gegenüber Gott, missbilligte aber die Extrempositionen, die er oft einnahm. Mit Holger konnte ich rechnen, denn er war zuverlässig. In den letzten Jahren hatten wir auch aufgrund seines Ortswechsels nur wenig Kontakt. Er ging kaum einem Streit aus dem Weg. Von der Gemeinde am neuen Wohnort hatte er sich gar getrennt. Seine jüngste Tochter rief mich an, als erkennbar wurde, dass Holgers Leben zu Ende ging. Wir verbrachten zu diesem Zeitpunkt mit der Großfamilie den Urlaub in der Toskana. Anschließend hatte ich eine Dienstzeit im Tessin. Sie fragte, ob ich ihren Vater beerdigen würde. Ich bekundete meine Bereitschaft, befürchtete aber, dass er es bis zu unserer Rückkehr nicht schaffen würde. Ich rief ihn vom Urlaubsort aus an.

„Holger, ich habe gehört, dass du auf dem Weg zur Ewigkeit bist", begann ich das Gespräch ohne Umschweife.

Er bestätigte, hoffte aber auf ein Heilungswunder. Es war ein offener und zugleich ehrlicher Austausch. Wir sprachen von Schuld und Vergebung, da ich um die Zerwürfnisse innerhalb der Familie wusste.

„Was wir hier auf der Erde klären, wird uns in der Gegenwart des heiligen Gottes nicht mehr beschämen", sagte ich ihm. Damit verstärkte ich, was er ohnehin geplant hatte.

Der Zeitpunkt von Holgers Tod passte überraschend in mein Zeitkontingent. Beim Rückblick auf die gemeinsame

Wegstrecke erzählte ich, wie er mich einmal in besonderer Weise überrascht hatte. Über etliche Jahre fuhr ich die elf Kilometer zur Zentrale des Bibellesebundes mit dem Fahrrad. Eigentlich war es zu schwergängig, um für die topografischen Anstiege geeignet zu sein. Holger war begeisterter Radfahrer und fuhr mit seinem edlen Drahtesel oft lange Strecken. Irgendwann standen er und zwei Mitchristen mit einem nagelneuen Rennrad vor meiner Wohnungstür. Holger hatte mit ihnen zusammengelegt und es für mich gekauft. Was für ein großartiges Geschenk!

Nach der Beerdigung verließen die Trauergäste nach und nach die Grabstätte, um sich auf den Weg zum nahen Café zu begeben. Da fiel mir ein junger Mann mit schwarzen lockigen Haaren auf. Er verharrte mit dem Rücken zu mir in der Hocke am Grab. Als ich neben ihm auf die Knie ging, registrierte ich die arabischen Gesichtszüge. Ich legte ihm einen Arm um seine Schulter.

„Was hat Ihnen der Verstorbene bedeutet?“, fragte ich.

Der Mann sah mich an, richtete sich auf und sagte:

„Holger hat zwei Mal ein Fahrrad verschenkt.“ Er legte die Betonung auf die Worte *zwei Mal.*

Ich bat ihn, das zu erläutern. Vor fünf Jahren war Arif (Name geändert) aus Syrien geflüchtet und hatte Holger hier kennengelernt. Als sie sich gut kannten, fragte Arif ihn, ob er nach einem Fahrrad für ihn Ausschau halten könne. Holger nahm ihn mit nach Hause und schenkte ihm sein eigenes Rad.

„Ich habe sofort gesehen, dass es sich um ein sehr hochwertiges Teil handelte, glaubte aber, ihn nicht richtig verstanden zu haben, und schob es ein ganzes Stück weit. Er sollte so die Gelegenheit bekommen, mich aufzuhalten, um den Irrtum aufzuklären. Aber das geschah nicht.“

Ich war tief berührt und dankte Gott stumm für den Segen, den Holger hinterlassen hat. Wir redeten weiter, als Arif mir von zwei Träumen erzählte.

„Ich verursachte mit dem Auto einen Auffahrunfall. Die Leute aus dem vorderen Fahrzeug stiegen erzürnt aus und forderten lautstark, dass ich für den Schaden aufzukommen habe. Ich fühlte mich furchtbar schuldig. Da spürte ich eine Hand und ich hörte, wie jemand mit ruhiger Stimme sprach: ‚Mach dir keine Sorgen, Arif, ich bezahle deine Schuld.'"

Während ich zuhörte, wuchs in mir die Gewissheit, dass Gott seine Geschichte mit dem Muslim begonnen hatte.

„Im zweiten Traum hatte ich furchtbare Bauchschmerzen. Was immer ich an Medizin einnahm, half nicht. Da wurde ich aufgefordert, den Mund weit zu öffnen. Eine Hand fasste hinein und zog mehrere große Schlangen heraus. Sofort spürte ich, dass nicht nur die körperlichen Beschwerden, sondern auch die Aggressionen verschwunden waren." Der Syrer strahlte mich an und sagte:

„Ich bin nicht mehr der Arif, der ich einmal war!"

„Was du mir eben erzählt hast, sollten alle hören", sagte ich. „Bist du dazu bereit?" Arif nickte. Sein Beitrag im Café gab der Trauerfeier ganz im Sinne von Holger eine zusätzliche geistliche Qualität.

Ankunft im Doppelpack: Ralf (links) als Überraschung mit seiner Zwillingsschwester im Alter von 6 Monaten

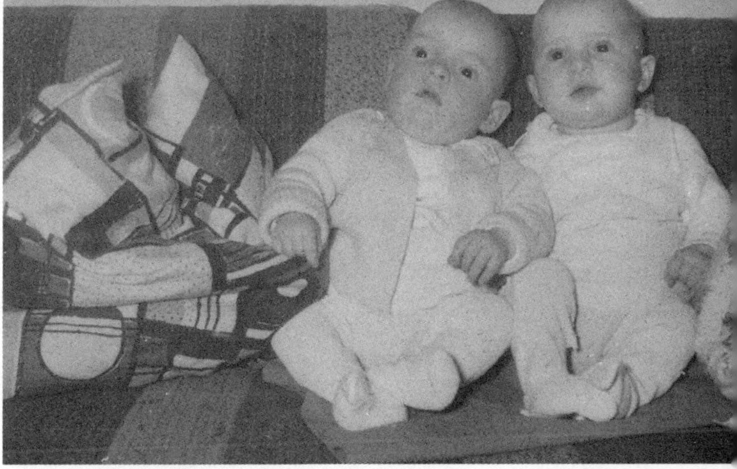

Als Hahn im Korb im Alter von 4 Jahren

1959

1959

Im Kindergarten mit der Zwillingsschwester

Mit dem Kaspertheater entfaltete sich die Leidenschaft des Erzählens.

Im ersten Schuljahr,
3. Reihe von vorne,
2. Kind von rechts

Die Zeit des
Tricksens und
Betrügens

Mit auf dem
Foto die 11 Jahre
jüngere Schwester.
Ihr brachte Ralf
Kernverse der
Bibel durch
Auswendiglernen
bei.

1972 vor der
Polizeikaserne
in Schifferstadt

Juni 1974.
Hochzeit.
Beim Einzug
in die Kirche
bildet Johannas
Mädchenjungschar
ein Spalier
aus Rosen.

1978. Abschluss
beim Seminar für
biblische Theologie
in Beatenberg
(Schweiz)

1978-2020.
Mitarbeiter beim
Bibellesebund
Deutschland

Neben dem Wort
Gottes ist Fotografieren noch immer
eine Leidenschaft.

August 2011

Weihnachten 2011

Bei der Durchführung von Freizeiten war Johanna eine bewährte Mitarbeiterin.

Dezember 2015

Erinnerung an das letzte gemeinsame Weihnachtsfest (mit im Bild: Johannas Mutter)

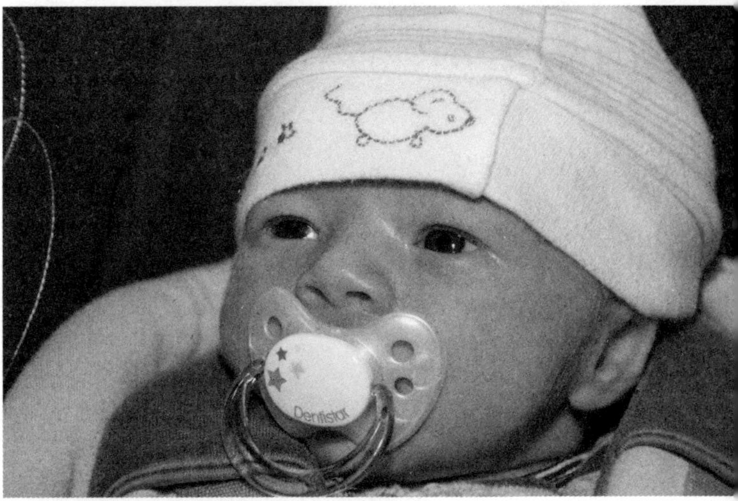

Unsere jüngste Enkelin Matilda kam am Tag nach Johannas Beisetzung zur Welt.

Ulrike im Dezember 2016

Erneute Eheschließung im Dezember 2017 mit Ulrike

Schon zu Beginn der Neunzigerjahre sind sich unsere Kinder bei einer Familienfreizeit in Holland begegnet. (Ulrikes Töchter in der Mitte und rechts im Bild)

Familienurlaub in der Toskana 2019

15. Vom Himmel her navigiert

Bis heute erfreue ich mich einer gewissen Sorglosigkeit. Gern begründe ich sie mit lockeren Sprüchen nach dem Motto, dass das Leben zu kurz sei, um es sich ständig mit Sorgen zu vermiesen. Diese Einstellung gehört zu meiner Natur. Sie hat sich sicher als Gegenpol verstärkt, weil meine erste Frau eine ausgesprochene Bedenkenträgerin gewesen ist. Ganz sicher habe ich mir aber bei einem Dienst in Euskirchen damit selbst ins Fleisch geschnitten. Ich hatte mir beim Losfahren weder den Namen der Gemeinde angeschaut noch auf die Adresse innerhalb des Ortes geachtet. Beides wollte ich unmittelbar vor dem Ziel erledigen. Die Unterlagen lagen griffbereit auf dem Beifahrersitz.

Es dämmerte bereits, als ich die Stadtgrenze erreichte. Ich stoppte in Ufernähe der Erft, um das Anschreiben mit der detaillierten Wegbeschreibung zu studieren. Es war im Wageninnern zu dunkel, um lesen zu können. Leider funktionierte die Innenbeleuchtung nicht. Ich stieg aus und begab mich zu einer Laterne. Leichter Nieselregen sorgte dafür, dass kaum Passanten unterwegs waren. Beim Entfalten der Mitteilung drehte ich mich unter den Lichtkegel. Da geschah etwas Unerwartetes. Etwas, was jedem, der davon erfährt, schwerfallen muss zu glauben. Doch unabhängig davon, ob das, was passierte, für wahr gehalten wird: Ich habe es so erlebt.

Noch ehe ich einen Blick auf den Brief werfen konnte, wurde er mit einer spürbaren Dynamik aus meiner Hand gezogen. Verblüfft drehte ich mich um. Ich nahm an, dass mir jemand einen üblen Streich spielen wollte. Aber da war kein Mensch auf dem Gehweg. Noch nicht einmal im weiteren Umkreis. Hatte wohl der Wind das Papier weggetragen? Sorgfältig suchte ich den Boden ab. Ich beugte mich über das Geländer, um zu sehen, ob das Schriftstück vielleicht auf dem ruhig dahinfließenden Gewässer weggespült wurde. Nichts! Ich begann, an meiner Wahrnehmungsfähigkeit zu zweifeln. War ich denn verrückt geworden? Ich traute meinen Sinnen nicht mehr. Deshalb kontrollierte ich die Sitze und den Fußraum, obwohl ich sicher war, die Unterlagen von dort ins Freie mitgenommen zu haben. Ebenso durchsuchte ich sämtliche Taschen vom Jackett und der Hose. Es blieb dabei. Der Zettel war verschwunden.

Ein Passant, den Schirm der Baseball-Cap tief ins Gesicht gezogen und die Hände in der Regenjacke vergraben, eilte wenig interessiert an mir vorbei. Den Impuls, ihn anzusprechen, verwarf ich. Was hätte ich ihn fragen sollen?

„Entschuldigen Sie, können Sie mir Auskunft geben, wohin ich will? Dann sagen Sie mir bitte auch, wie ich dahin komme!" Er würde in mir einen dringenden Fall für den Psychiater vermuten.

Ich war ratlos und kehrte zum Auto zurück. Lauthals beschimpfte ich mich und bekannte vor Gott, unverantwortlich gehandelt zu haben. Dann richtete ich den Blick nach vorn und betete.

„Herr, du weißt alles, du weißt auch, wo ich diesen Dienst habe. Und du kennst den Weg. Leite mich. Tu es um derentwillen, für die das Thema wichtig ist."

Ich setzte ein Zeitlimit. Sollte es erfolglos verstreichen, würde ich wohl oder übel nach Hause zurückkehren müssen.

Ich fuhr planlos umher. Die Dunkelheit nahm zu und die Feuchtigkeit reflektierte die Lichter vom Gegenverkehr. Leider hörte ich weder eine Stimme noch folgte ich intuitiven Eingebungen. Im Gegenteil. Eine innere Leere erfasste mich angesichts der katastrophalen Situation. Lautes Hadern wechselte in chaotischer Abfolge mit Selbstverwünschungen und inbrünstigem Flehen ab. Schweiß trat aus allen Poren. Juckreiz steigerte die Nervosität und trug zu meiner aufgelösten Stimmung bei.

Ich fuhr planlos auf ein Haus zu, das beleuchtet war und wie ein Gemeindehaus aussah. In der Nähe des Eingangs standen ein paar Leute. Mein Herz raste. Befand ich mich womöglich am Ziel? Noch ehe ich irgendetwas denken konnte, sprangen zwei Männer zur Straße auf meinen Wagen zu.

„Bruder Mühe?“, rief einer der beiden durch das geöffnete Fenster auf der Fahrerseite. Ich presste nur ein trockenes „Ja!“ hervor.

„Ach, wie gut! Wir dachten schon, Sie kommen nicht mehr. Warum sind Sie denn so spät dran?“ Ich ersparte ihm die Antwort. Sie wäre zu umfangreich ausgefallen.

Als ich ausstieg, zeigte die Uhr, dass noch fünf Minuten bis zum Beginn der Veranstaltung blieben. In meinem Innern schickte ich ein Feuerwerk an Dank zum Himmel.

Es gelang mir, mich ganz auf meinen Vortrag zu konzentrieren. Ich versuchte, das Thema Okkultismus ausgewogen zu entfalten. Es war mir wichtig, die Realität der unsichtbaren Mächte anhand von Erfahrungen und biblischen Hinweisen darzustellen. Ich wollte keine Ängste schüren, sondern zu einem eindeutig auf Christus zentrierten Leben ermutigen. Es bietet den besten Schutz vor dem Bösen. Als Raum für Fragen gegeben wurde, griff mich eine Christin scharf an. Sie war Homöopathin und war mit meiner kritischen Bewertung der von Samuel Hahnemann entwickelten Heilweise der Homöopathie überhaupt nicht einverstanden. Natürlich verstand ich ihre Reaktion. Fürchtete sie doch, ihrer Lebensgrundlage beraubt zu werden, wenn sie meinen Ausführungen folgte. Eine Heilpraktikerin meldete sich zu Wort. Sie teilte mit, bewusst von eben dieser Methode Abstand genommen zu haben. Die Diskussionen nahmen Fahrt auf. Ein Mann meldete sich.

„Ich bin Druide", sagte er, „und pflichte dem Referenten bei. Samuel Hahnemann hatte ein okkultes Weltbild."

Ein weiterer Mann schloss sich ihm an. „Ich bin Neu-Germane und bestätige das." Dann sagte er zu mir gewandt:

„Herr Mühe, Sie haben sehr negativ über okkulte Praktiken gesprochen. Sagen Sie doch einmal etwas zu christlichem Spiritismus!"

Ich war fassungslos. Es war, als befände ich mich im falschen Film. Etliche Christen griffen mich an. Und Vertreter der esoterischen Szene verteidigten mich. Wie konnte das sein? Was für eine verkehrte Welt!

„Ich widerspreche Ihnen nur ungern", wandte ich mich an den Mann, der sich als Neu-Germane zu Wort gemeldet hat. „Christlicher Spiritismus ist ebenso etwas Gegensätzliches wie ein christlicher Zuhälter."

Der Abend endete mit zum Teil hitzigen Gesprächen. Mehrere Personen erkannten, dass sie aus Ahnungslosigkeit geistliche Grenzen überschritten und sich auf okkulte Praktiken eingelassen hatten. Sie baten um Aussprache und Gebet.

Die Erfahrung, von Gott auf direkte Weise durch Euskirchen navigiert worden zu sein, übersteigt das Begreifen unserer menschlichen Vernunft. Skeptiker haben deshalb den reinen Zufall bemüht. Ich halte das Verschwinden des Zettels jedoch für eine Attacke unsichtbarer Mächte. Durch die ungenügend vorbereitete Vorgehensweise habe ich ihnen ein leicht zu erreichendes Ziel geboten. Meine Ansicht wurde bestärkt, als ich Monate später das Anschreiben sauber zusammengefaltet entdeckte. Es befand sich unter dem Fahrersitz. Dort hatte ich es definitiv nicht abgelegt.

In Sprüche 16,9 heißt es, dass Gott die Schritte eines Menschen lenkt. Diese Aussage als allgemeingültige Wahrheit aufzufassen, findet bei Christen sicher breite Akzeptanz. Ob wir sie in der konkreten Situation tatsächlich beherzigen, bleibt offen. Vor Jahren betete ich mit etwas Humor gewürzt das Folgende:

„Herr, du hast dir mit mir eine Blindschleiche berufen. Deshalb rechne ich mit dem Leitstrahl deines Heiligen Geistes, damit ich Iris (Name geändert) finde."

Iris ist eine bemerkenswerte Bekannte, die ich als Freizeitteilnehmerin kennengelernt hatte. Sie wollte am Frankfurter Flughafen mit meiner Schwägerin Brigitte und deren Ehemann Bernd zusammentreffen, die für den Rückflug zu ihrem Missionsdienst dort eintrafen. Mehrere Angehörige und Freunde waren ebenfalls da. Leider warteten wir am vereinbarten Treffpunkt vergeblich auf Iris. Wegen der voranschreitenden Zeit war es angebracht, dass die Gruppe zum Check-in-Schalter wechselte. Dort war eine lange Wartezeit erkennbar. Ich beschloss deshalb, die Zeit zu nutzen, um in die Halle zurückzukehren, aus der wir gerade gekommen waren.

„Das kannst du dir sparen", sagte Johanna, „siehst du nicht die vielen Leute? Wie willst du da Iris finden?"

Ich stimmte ihr eingeschränkt zu, machte mich aber dennoch auf den Weg, und zwar betend. Das bedeutete, gegen die Richtung all derer zu laufen, die abfliegen wollten. Ich hielt nach allen Seiten hin Ausschau und fühlte, wie mich das Gefühl der Entmutigung erfasste. Allzu schnell wollte ich schon aus Stolz nicht aufgeben, deshalb behielt ich die doppelte Strategie von Beten und Suchen bei. Ich schaute in so viele Gesichter, beobachtete Abschiedsszenen, nahm die klackernden

Abrollgeräusche von Koffern wahr, die über den gefliesten Boden gezogen wurden. Es gab Leute, die einfach nur herumstanden, und andere, die sich zielstrebig durch das Getümmel lavierten ... Da stieß ich unachtsam mit jemandem zusammen.

„Oh, Entschuldigung!“, beeilte ich mich zu sagen und hörte: „Wie gut, dass wir uns doch noch treffen.“ Es war Iris!

Als wir etwas außer Atem bei unserer Gruppe ankamen, war das Staunen groß.

„Wie hast du sie denn gefunden?“ Die Frage wurde mir gleich mehrfach gestellt. „Eigentlich gar nicht“, gestand ich ein. „Gott hat uns zusammengeführt“, sagte ich und erzählte kurz den Hergang.

Vom Himmel her navigiert zu werden, gehört wohl zu den Auslaufmodellen unter den Wundern. Seit es Mobiltelefone gibt, verlassen wir uns auf die Technik. Und in der Regel kommen wir damit klar. Von daher rechne ich die folgende Erfahrung zu den Raritäten.

Der Hilferuf der Frau, die am Telefon nur flüsternd sprach, klang dringlich. Ihren Mann hörte ich im Hintergrund lautstark toben. Ich ließ meine Arbeit ruhen und fuhr zur angegebenen Adresse. Eigentlich kannte ich die Anruferin nur von einigen Gesprächen. Offenbar hatte sie Vertrauen zu mir. Den Ehemann kannte ich nicht. Er war kein Christ und hielt sich von der Gemeinde fern. Als ich klingelte, öffnete sie verweint die Haustür.

„Klaus (Name geändert) hat sich aus dem Staub gemacht“, teilte sie mir kleinlaut mit, ehe ich etwas sagen konnte.

Ich trat ein und wir erörterten, was in dieser Situation angemessen sein würde. Eheliche Streitigkeiten mit nur einem der Partner klären zu wollen, würde sinnlos sein. Um unverrichteter Dinge nach Hause zurückzufahren, war der Weg zu weit. Die einfache Fahrtstrecke betrug rund vierzig Kilometer. Sollten wir warten? Diese Möglichkeit erschien mir zu ungewiss.

„Ich mache Ihnen einen Vorschlag", sagte ich aus einem inneren Impuls heraus. „Wir teilen uns die Aufgaben: Sie beten und ich werde Ihren Mann suchen."

Ich wartete die Reaktion nicht ab, sondern machte auf dem Absatz kehrt. Als ich zum Auto ging, überfiel mich schlagartig die Erkenntnis, dass ich den Ehemann noch niemals gesehen hatte. Noch nicht einmal auf einem Foto. Die kurze Wegstrecke reichte, um mich selbst derb zu beschimpfen. Wieder hatte ich zu impulsiv agiert und mir damit eine unlösbare Aufgabe eingehandelt.

„Herr, du kennst Klaus", betete ich, „wenn du es willst, werde ich ihn finden."

Damit hatte ich die Herausforderung an die höchste Instanz delegiert. Ich fuhr aus der Hofeinfahrt heraus. Welchen Weg sollte ich nehmen? Es gab keine Anhaltspunkte für die richtige Entscheidung. Also hielt ich mich auf gut Glück nach links, wo die Straße eine Steigung nahm. An der Kreuzung auf der Kuppe kam mir ein Fahrzeug entgegen, und zwar sehr langsam. Die Seitenscheibe war heruntergelassen. Der Mann taxierte mich seltsam. Ich öffnete ebenfalls das Fenster und rief ohne Gewissheit, die richtige Person anzusprechen:

„Sagen Sie mal, sind Sie Klaus?" Der Angesprochene zuckte überrascht zusammen. „Ja, der bin ich", sagte er in einem Tonfall, der sein Befremden erkennen ließ.

„Ach, das trifft sich ja ausgezeichnet", folgerte ich in gespieltem Plauderton. „Ich bin Ralf Mühe und will Sie besuchen."

Der Mann grinste. „Da fahren Sie aber in die falsche Richtung", belehrte er mich und fügte hilfsbereit hinzu: „Drehen Sie um und folgen Sie mir!"

Seine Frau wirkte überrascht, als wir nach so kurzer Zeit gemeinsam das Haus betraten.

16. Skurriles im Dienst

Die Schar der Christen gehört keineswegs zu den homogenen Gebilden. Das trifft sowohl auf die Vielzahl der Denominationen als auf einzelne Ortsgemeinden zu. Deshalb betont der Apostel Paulus, was bei aller Verschiedenheit der Gaben und Persönlichkeiten vereint (1. Korinther 12,4-11). Oft bestimmen die geistliche Prägung, eine Tradition und die Herkunft, wie der Glaube gelebt wird. In zweiundvierzig Jahren hatte ich ausreichend Gelegenheit, solche Situationen mit Humor zu nehmen oder daran zu leiden. Aber es gab auch Situationen, in denen ich mich durch eigene Unarten in Schwierigkeiten brachte. Hier ein paar Kostproben:

Die Gläubigen der Landeskirchlichen Gemeinschaft hatten ein Problem mit dem Pfarrer ihrer Kirche. Das gegenseitige Verhältnis glich eher einer Zwangsehe. Beide Gemeinden waren als Minderheiten in einem säkularen Umfeld aufeinander angewiesen. Es gab für die Spannungen sicher triftige Gründe. Sie interessierten mich jedoch nur bedingt. Das war ihr Problem. Als Referent war ich für die einen wie für die anderen ein Außenstehender. Unglücklicherweise war ich auf Einladung der Gemeinschaft im kirchlichen Gemeindezentrum. Für die gästeorientierte Veranstaltung hatten die Gemeinschaftsleute sich gegen den Willen des Pfarrers für mich als Vertreter des Bibellesebundes entschieden. Ich registrierte mit Unbehagen, dass er mich vor Beginn der Veranstaltung weder persönlich ansprach noch mich bei der offiziellen Begrüßung auch nur eines Blickes würdigte. Mich bedrückte das. Ich betete darum, mir nichts anmerken zu lassen. Es gelang mir sogar, das Empfinden für die vorherrschende Spannung abzulegen und meine Ausführungen mit Humor zu würzen.

Für die Pause war ein ausgedehntes Buffet hergerichtet. Ich war überrascht, dass der Pfarrer sofort auf mich zustürzte und mir die Hand schüttelte.

„Herr Mühe, jetzt will ich Sie aber doch begrüßen", sagte er wie mir schien entschuldigend. „Das war ein ausgezeichneter Vortrag."

Er hatte Gefallen an der ungezwungenen Art und Weise gefunden, das spürte ich und war dafür dankbar. Betont locker erwiderte ich:

„Die gute Nachricht lässt sich mit Humor sehr viel besser vermitteln. Wenn die Leute beim Lachen den Mund aufreißen, kann man sie ihnen problemlos hineinschieben."

Diese Äußerung kam an. Der Mann schlug mir amüsiert gegen den Arm und fragte:

„Darf ich Ihnen mal meine Kirche zeigen? Sie hat eine wunderschöne Akustik!" Ich war begeistert. Schaffte mir das doch die Gelegenheit, eine Beziehung aufzubauen. Wir machten uns unverzüglich auf den Weg und platzierten uns in der Apsis.

„Hören Sie doch mal auf die Wirkung des Klangs", sagte er und ließ in Richtung des Portals die Anfänge aus einer Liturgie erklingen. Die Töne füllten wunderbar getragen den sakralen Bau. Ich war überwältigt und ließ es den Pfarrer wissen.

„Darf ich auch mal singen?" Irgendwie hatte mich der Hafer gestochen und ich rezitierte auf Latein die erste Strophe eines gregorianischen Gesangs. Ich hatte sie mir wenige Tage zuvor für alle Fälle erst angeeignet. Tatsache ist, dass ich nur diese wenigen vertonten Zeilen und sonst nichts von dieser Art klerikaler Kunst kenne.

„Aber Sie sind doch Freikirchler!“, entfuhr es dem Geistlichen. Ich gestehe, dass ich zu großspurig auftrumpfte:

„Das gehört doch zur Allgemeinbildung“, behauptete ich und übertrieb damit bei Weitem. Der Herr möge mir das verzeihen. Geschadet habe ich letztlich niemandem. Der Pfarrer jedenfalls bot mir umgehend das „Du“ an. Den gemeinsamen Gottesdienst gestalteten wir am nächsten Tag in einer gelösten Atmosphäre.

Die Einladung zum Mittagessen bei einem Richter und seiner Frau bedeutete für mich eine besondere Wertschätzung. Schon beim Betreten der Wohnung wurde mir deutlich, dass ich es mit Personen aus dem Bildungsbürgertum zu tun hatte. Porzellanfiguren und Ölgemälde wiesen auf einen achtbaren Reichtum hin. Möbelstücke aus der Gründerzeit ließen vermuten, dass hier der Nachlass vergangener Generationen gehütet wurde. Mehr als alles faszinierte mich der Reichtum an Büchern im Arbeitszimmer. An eine der Wände waren hebräische Schriftzeichen aus Olivenholz appliziert.

„Bereschit bara Elohim et haSchamajim we et haAretz“, las ich halblaut. Es sind die ersten Worte der Bibel: „Am Anfang schuf Gott Himmel und Erde“ (1. Mose 1,1 GNB).

„Ach, Sie können Hebräisch?“ In den Worten des Gastgebers klang Freude mit. „Ja“, entfuhr es mir uneingeschränkt.

„Da will ich Sie doch gleich noch einiges fragen“, kündigte der Mann an.

Augenblicklich bereute ich, vorschnell geantwortet zu haben. Bescheidenheit wäre bei meinem fragmentarischen Kenntnisstand mehr als angebracht gewesen. Ich bemühte mich nach Kräften, das Thema zu wechseln, und hoffte auf ein gnädiges Vergessen des Vorhabens.

„Schätzel, nun lass doch mal den Herrn Mühe essen. Es steht nämlich alles fertig auf dem Tisch!" Die im schwäbischen Dialekt geäußerte Aufforderung der Gattin wurde mir zur Rettung. Nach der Mahlzeit erfasste den Gastgeber das Essenskoma, sodass er sicher gern meine Bekundung aufnahm, zurückkehren zu müssen.

„Ziehen Sie noch Ihren Talar an?", fragte der Pfarrer, in dessen Kirche ich für die Predigt eingeladen war.

„Nein", antwortete ich etwas zu einsilbig. Ich war früh aufgebrochen und hatte eine lange Fahrt hinter mir, ich war erschöpft und durstig, im Gegensatz zu ihm, der nach dem Frühstück nur wenige Meter vom Pfarrhaus zur Kirche zurückzulegen hatte.

„Haben Sie ihn im Auto?" Konsterniert erwiderte ich erneut: „Nein."

„Haben Sie Ihren Talar vergessen?" Der Mann ließ nicht locker.

„Ich habe keinen Talar", klärte ich ihn auf. „Ich bin Referent eines Missionswerks. Da tragen wir keine Talare."

Der Geistliche reagierte leicht verschnupft. Und ich auch. Etwas Einfühlungsvermögen hätte ihm besser gestanden als die Sorgen um meine Bekleidung.

In Mecklenburg-Vorpommern erreichte ich ein Dorf, das mir für meinen Dienst zugewiesen worden war. Als ich mich der Kirche näherte, wunderte ich mich, davor nur mehrere Fahrräder zu sehen. Beim Betreten des Haupteingangs stellte ich fest, dass die Tür verschlossen war. Sollte ich den Ort oder die Zeit verwechselt haben? Ich schaute auf meinen Kalender. Hier war ich zum vereinbarten Termin tatsächlich richtig. Da hörte ich wie aus weiter Ferne ein Singen.

Ich lief bei eisigem Wind um die Kirche herum. Auf der Rückseite befand sich ebenfalls eine Tür. Als ich sie öffnete, schwollen die Töne an. Behutsam näherte ich mich einem Raum, aus dem mir warme, mit dem Geruch von verbrennender Braunkohle vermischte Luft entgegenschlug. Kaum mehr als ein Dutzend Leute saßen in Mäntel gehüllt im Halbkreis auf Stühlen. Einige nickten mir freundlich zu, andere klebten mit ihren Blicken an den abgegriffenen Liederbüchern.

„Wir sind hier so wenige, dass es sich nicht lohnt, die Kirche zu heizen", erklärte mir der Chorleiter nach Beendigung des Liedes. „Aber seien Sie herzlich willkommen!"

In einer Kirche, in deren Innenraum ein Baugerüst stand, stolperte ich mit dem Pfarrer und mehreren Presbytern durch einen dunklen Gang zur Sakristei. Irgendwie kam es, dass ich vorausging und die Tür öffnete. Erschreckt zuckte ich zurück, denn ich erblickte die nackten Beine einer Person, die auf dem Boden lag. Einer der Männer erklärte lachend:

„Das ist Jesus. Den haben wir für die Zeit des Umbaus abgehängt."

Ich hatte während des gesamten Gottesdienstes den Eindruck, dass man nicht nur den Korpus vom Kreuz entfernt, sondern sich auch innerlich von Christus distanziert hatte. Es herrschte eine starre Förmlichkeit. Mein Empfinden wurde verstärkt, als am Ende eine Frau mit schnellen Schritten auf mich zustürzte.

„Das war kein Gottesdienst“, zischte sie wütend, „Sie haben das Votum vergessen!“

Es bedrückte mich, wie ungehalten sie wegen eines vermeintlichen Formfehlers reagierte. Zu Hause recherchierte ich den Begriff „Votum“. Nun weiß ich, dass es sich um einen liturgischen Gruß handelt. Jedenfalls etwas, was mir bis dahin unbekannt war.

Leider erlebe ich häufiger, dass Christen sich wegen äußerer Gegebenheiten streiten. Ganz oben auf Rang eins steht die Auswahl des Liedgutes. Aber auch die Frage, wo das Kreuz aufgehängt oder in welcher Weise das Abendmahl gereicht werden soll. In einer Gemeinde erzählte mir der Küster, dass er Woche um Woche den Taufstein aus praktischen Erwägungen um wenige Zentimeter aus der Mitte zur Seite gerückt hatte.

„Niemand bemerkte die allmähliche Veränderung, die ansonsten für kräftigen Zündstoff gesorgt hätte“, führte er aus.

Seit geraumer Zeit weigere ich mich, Teile der Liturgie zu übernehmen, auch dann, wenn es sich um rudimentäre Formen in Freikirchen handelt. Da kann ich nur Fehler machen. Ich habe den Eindruck, dass die Betonung von Äußerlichkeiten in einem proportionalen Verhältnis zum Verlust von Inhalten steht.

Bei der Gemeindefreizeit einer Kirchengemeinde wurde ich gebeten, das Abendmahl durchzuführen. Ich tat es gern, gab aber zu bedenken, dass ich kein ordinierter Pfarrer bin. Weiß ich doch, dass bei etlichen Christen darauf sehr geachtet wird. Ich überlegte und betete um eine Idee, auf welche Weise ich alle beteiligen könnte. Deshalb schlug ich vor, dass sie Brot und Wein jeweils für jemanden reichen sollten, dem sie einen Segen zusprechen konnten. Diese Handhabung sollte für dieses Wochenende in der Gemeinschaft gelten und nicht etwa die Kirchenordnung außer Kraft setzen. Damit waren auch diejenigen zufrieden, deren Gewissen ansonsten verletzt worden wäre.

Für ein Wochenende wurde ich von einem Ehepaar eingeladen, das mich während einer Freizeit kennengelernt hatte. Die beiden bestanden darauf, dass ich bei ihnen übernachten sollte. Unglücklicherweise hatten meine Gastgeber miteinander Zwistigkeiten, die sie nicht beilegen konnten. Die Situation verschärfte sich, da für den Abend ein Käsefondue vorbereitet war, das üblicherweise zum Verweilen und zur Kommunikation einlädt. Nichts davon geschah. Es herrschte Funkstille zwischen den beiden. Es kam sogar so weit, dass der Ehemann sagte:

„Sag Birgit (Name geändert), dass der Rotwein im Flur steht. Ich habe ihn dorthin gestellt, damit er Zimmertemperatur bekommt."

Ich verkniff es mir, die Augen zu rollen und richtete die Information aus. In diesem Stil ging es den ganzen Abend weiter. Der etwa neunjährige Sohn wirkte verunsichert. Er lamentierte herum und führte darüber hinaus den Käse und das Brot mit der Gabel in den Mund, bis seine Mutter es ihm verbot.

Endlich kam der Zeitpunkt, wo ich michzur Ruhe legen konnte. Ich ahnte es schon, dass ich auf der Couch schlafen musste. Dafür war der Ehegatte zuständig.

„Könntest du mir bitte noch einen Kissenbezug geben", bat ich. Es irritierte mich, dass er nur ein Sofakissen auf das Laken legte.

„Das kannst du gern so benutzen“, klärte mich der Mann gütig auf. „Es ist alt und wird von den Kindern benutzt, wenn sie auf dem Boden sitzen und Fernsehen gucken.“

Es verschlug mir derart die Sprache, dass ich nichts zu antworten wusste. Als ich von zu Hause aufbrach, hatte ich bereits eine Vorahnung, dass die Unterbringung herausfordernd werden könnte. Deshalb hatte ich für alle Fälle noch einen Schlafsack eingepackt, für den ich dankbar war. Als ich endlich allein war, schnappte ich mir ein neues Kissen, das ich mit meinem Frottiertuch abdeckte.

Der Sonntag begann überaus früh. Mein Gastgeber kam mit einem Serviertablett ins Wohnzimmer.

„Lass dich nicht stören. Ich decke nur schon mal den Kaffeetisch“, sagte er.

Nun war ich wach und fühlte mich in meiner Intimsphäre gestört. Schnell raffte ich meine Kleidungsstücke und eilte ins Bad. Einen Schlüssel zum Verschließen suchte ich vergebens. Das verunsicherte mich. Es kam, wie es kommen musste. Wenig später trat die Gastgeberin mit zerzausten Haaren und Nachthemd ein. Sie entschuldigte sich und überließ mir den Raum.

„Wo ist eigentlich das gelbe Kissen der Couch?“ Die Stimme des Mannes erklang aus dem Wohnzimmer, und zwar ziemlich gereizt. Natürlich hätte ich ihn über den Verbleib des Kissens aufklären können. Aber ich schwieg, weil ich ihm ersparen wollte darüber zu sprechen, wie unmöglich ich es fand, dass er mir am Vorabend ein versifftes Kissen angeboten hatte.

Nach dem Gottesdienst wendete ich mich an einen der Ältesten.

„Wenn ihr wieder einmal Gastredner einladet, dann achtet doch bitte darauf, bei wem ihr sie einquartiert“, sagte ich und schilderte ihm, wie ich die Unterbringung erlebt hatte. Ich hielt es für meine Pflicht, ähnlich unangenehme Situationen künftig zu vermeiden. Mein Gegenüber fiel aus allen Wolken.

„Wir verfügen über ein Appartement, das Gästen zur Verfügung steht“, sagte er, „es stand an diesem Wochenende leer.“ Das stimmte uns beide einigermaßen verdrießlich.

Als ich nach wenigen Jahren erneut in diese Gemeinde eingeladen wurde, konnte ich das herrliche Refugium genießen. Es bot vom überdachten Balkon aus einen weiten Ausblick auf den Schwarzwald. Das Ehepaar durchlebte indes zum zweiten Mal das Scheitern seiner Ehe.

Regionale Gepflogenheiten können sehr unterschiedlich sein. Ich habe mir angewöhnt, mich anzupassen. Es nervt mich jedoch, wenn sie zum Gradmesser für den richtigen Frömmigkeitsstil erhoben werden. In früheren Jahren ging es gar nicht, beim Predigen Hemd und Anzug ohne Krawatte zu tragen. Heute treten Pastoren sogar mit T-Shirt und zerrissenen Jeans vor die Gemeinde. Ich legte Wert darauf, wegen solcher Äußerlichkeiten keinen Anstoß zu erregen. Deshalb trat ich stets mit diesem Accessoire auf. Während eines heißen Sommertages hatte ich in einer Brüdergemeinde Dienst. Die Hitze war derart drückend, dass ich aufgrund einer Eigenschweiß-Allergie Probleme bekam. Die Überlegung, mich des Jacketts und der Krawatte zu entledigen, verwarf ich. Aber mir kam eine Idee.

„Brüder“, sagte ich. Damit schlug ich den dort üblichen Jargon an. „Ihr seid doch bibelfest. Was meint ihr: Ist Vollmacht vom Herrn davon abhängig, ob jemand ein Jackett trägt?“

Die Antworten kamen mehrstimmig und spontan. „Nein!“

„Ich denke genauso“, pflichtete ich ihnen bei und entledigte mich des Kleidungsstücks.

„Denkt ihr denn, dass sie durch die Krawatte fließt?" Wieder handelte ich entsprechend und hängte die Krawatte über die Brüstung der Kanzel. „Sollte meine Frau fragen, ob ich mit Krawatte gepredigt habe, dann seid ihr dafür meine Zeugen."

Ein Gelächter erscholl aus den Stuhlreihen. Nun konnte ich sicher sein, dass die Stimmung gelöst war und sie mir wegen des legeren Auftretens nicht grollten. Ich trieb den Spaß auf die Spitze und entledigte mich auch der Schuhe. Noch Jahre später erzählte man sich dort das Geschehen als Anekdote.

In einer Gemeinde von Spätaussiedlern trug keiner der Männer eine Krawatte. Sie gilt dort als weltlicher Tand und wird auch bei Gästen nicht gern gesehen. Es fiel mir durchaus nicht schwer, sie abzunehmen und in der Tasche zu verstauen.

Im sächsischen Oelsnitz war die Arbeit unter Alkoholabhängigen stark verbreitet. Nach dem Dienst saß ich noch mit dem Pfarrer bei einer angenehmen Gesprächsrunde zusammen. Er leitete sie mit den Worten ein:

„Bruder Mühe, was trinken Sie?" Ich war schon lange genug als Referent im Dienst, um nicht in ein Fettnäpfchen zu treten, deshalb stellte ich die Rückfrage: „Was trinken Sie denn?"

Spontan zählte der Mann die Optionen an drei ausgestreckten Fingern auf. „Es gibt roten Tee, schwarzen Tee, grünen Tee!"

Ich wusste nun Bescheid und entschied mich für das Getränk mit dem Geschmack der Hagebutte. Nur wenige Wochen später führte ich Bibeltage in Bayern durch. Mit dem ersten Abend sollten Gäste erreicht werden. Aus diesem Grund wählte man einen Raum mit rustikalem Ambiente. Wegen der weiten Anfahrt war ich ziemlich zeitig da. Auf keinen Fall wollte ich bei einem Stau zu spät kommen. Davon abgesehen schätze ich es, mich vor Beginn akklimatisieren zu können. Als ich die Halle betrat, fiel mein Blick auf einen Mann, der an der rückwärtigen Seite Bier zapfte.

„Bin ich hier für *Bibel und Buffet* richtig?“ Ein wenig war ich doch verunsichert. „Ja, ja“, erwiderte der Mann in breitem Dialekt. „Gehn S’ nur nach vorn“, damit deutete er Richtung Rednerpult, „’s Bier kimmt!“ Von diesem Tag an erzähle ich gern, dass ich einmal auch mit Schaum vor dem Mund geredet habe.

Mitunter büße ich bei Mitchristen das Ansehen ein, wenn ich unumwunden zugebe, dass von fünf Kindern sich nur unser Sohn entschieden hat, Jesus nachzufolgen. Er ist sogar Pastor geworden.

Wie gehe ich mit dem Verhältnis vier zu eins um? Es ist mir ein täglicher Schmerz. Meine Töchter sind wundervolle Menschen. Sie gehören zum Reichtum meines Lebens. Ich respektiere ihre Entscheidung, bete aber täglich darum, dass sie das Geschenk des ewigen Lebens annehmen, das Gott für sie bereithält.

Den familiären Ist-Zustand können wir beklagen oder gar leugnen, aber wir verändern ihn damit nicht. Nach dem Vortrag auf einer Gemeindefreizeit sprach ich darüber. Daraufhin kam ein Ältester zielstrebig zu mir. Er erfasste mit beiden Händen mein Jackett und zog mich an sich heran. Mit einem tiefen Vorwurf in der Stimme hielt er mir vor:

„Bruder, wie kannst du noch predigen, wenn deine Kinder den Weg nicht gehen?“

Ich habe vergessen, was ich darauf antwortete. Da der ältere Herr schon mal am Kritisieren war, legte er gleich nach, was ihm darüber hinaus nicht behagte.

„Und wie kannst du behaupten, dass Frauen Hosen tragen dürfen?“ Zum Beweis seines rechten Fundaments sagte er: „In meiner Bibel steht, dass eine Frau keine Männerkleidung tragen soll!“

„Da kann ich Sie beruhigen“, erwiderte ich. „In meiner Bibel steht das Gleiche. Deshalb kauft meine Frau ihre Hosen in der Damenabteilung.“

Das Überraschungsmoment des Arguments war perfekt. Ich bekam Oberwasser. „Schlagen Sie doch mal 5. Mose 22 auf, woraus Sie zitiert haben.“ Er blätterte und las.

„Gehen Sie von dieser Bestimmung bitte drei Verse weiter!“ Er fuhr mit dem Finger in die nächsten Zeilen.

> *Wenn du ein neues Haus baust, so mache ein Geländer ringsum auf deinem Dache, damit du nicht Blutschuld auf dein Haus lädst, wenn jemand herabfällt* (5. Mose 22,8 LUT).

„Bruder“, sagte ich, damit passte ich mich seiner Art zu reden an, „hast du ein Geländer auf deinem Hausdach?“

„Nein!“, kam es wie aus der Pistole geschossen.

„Warum pochst du so vehement auf die Bestimmung über die Kleidung, missachtest aber die Brüstung auf dem Dach?“

Dem Mann ging wie bei einem geangelten Fisch stumm der Mund auf und zu. Erst nach geraumer Zeit bemerkte er trocken: „Sie hatten doch damals Flachdächer.“ Ich mimte den Skeptiker.

„Ach, du denkst, das ist kulturbedingt zu verstehen?“ Er saß in der Falle. Ich tat so, als ließe ich sein Argument nicht gelten, und forderte ihn erneut auf. „Nun lies jetzt, was in Vers 12 steht!“

Du sollst dir Quasten machen an den vier Zipfeln deines Mantels, mit dem du dich bedeckst (5. Mose 22,12 LUT).

„Bruder, du trägst weder einen Mantel (es war Sommer!) noch irgendwelche Quasten. Wieso eigentlich nicht, hier steht es doch!"

Zum Zeichen meiner Bibeltreue hielt ich ihm den aufgeschlagenen Text vor Augen. Sichtlich verstimmt wandte er sich von mir ab. Die gerade ausgetragene Auseinandersetzung mit dem Gemeindeältesten focht mich wenig an. Mochte er über mich denken, was er wollte. Im Übrigen unterscheide ich Anweisungen, die in der jeweiligen Kultur ihre Geltung hatten, von jenen, die über Kulturen und Zeiten hinaus Gültigkeit haben. So leite ich von den Worten der Bibel über die Bekleidung ab, dass Frauen und Männer ihren Geschlechtern gemäß erkennbar sein sollen.

17. Geistliche Krisen

Bei einer Fernsehausstrahlung bekam ich beiläufig die Ansprache des damaligen Papstes aus dem Petersdom mit. Dabei weckte eine Aussage des Polen Karol Wojtyła nach dem Angelus-Gebet (Worte des Engels an Maria nach Lukas 1,28-35) meine Aufmerksamkeit:

„Betet für mich, denn ich habe Gott aus meinem Leben verloren!“

Mich ließ dieses Eingeständnis aufhorchen. Und ich fand es mutig. Mehr als alles andere vermittelte es mir jedoch Trost. Entsprach die empfundene Gottesferne doch der eigenen leidvollen Erfahrung.

In dieser dunklen Phase mochte ich mich keinem Menschen anvertrauen. Schwieg ich aus Eitelkeit, um mein Ansehen zu beschädigen? Vielleicht spielte das auch eine Rolle. Entscheidender wirkte sich die Unsicherheit aus, die mich erfasste. Der Sinn meines Lebens gründet sich auf Gott. Seiner Autorität habe ich alles untergeordnet. Erst später entdeckte ich, dass ich mit meiner gefühlten Gottverlassenheit keineswegs allein dastand. Auch in der Bibel finden wir Hinweise darauf, wie sehr Menschen darunter litten, wenn sie das Empfinden hatten, Gott habe sich von ihnen zurückgezogen.

Von David. Herr, ich rufe zu dir um Hilfe! Du mein Beschützer, stell dich nicht taub! Wenn du mich schweigend von dir weist, dann ist für mein Leben keine Hoffnung mehr. (Psalm 28,1 GNB)

Im Jahr, als unsere Tochter Désirée ihr Abitur ablegte, hatte ich Gott aus dem Leben verloren. Wenn es ein schleichender Prozess gewesen war, dann hatte ich ihn nicht registriert. Irgendwann kam der Punkt, wo ich eingestehen musste, dass die Bibel mich in keiner Weise mehr ansprach. Sie blieb für mich leer. Ob ich sie las oder nicht, machte keinen Unterschied. Diese innere Leere griff auch auf das Gebet über. Manchmal brach ich es mitten im Satz ab, denn mir war, als würde ich nur zur Zimmerdecke sprechen.

Ich vermied es, dieses dunkle Geheimnis mit jemandem zu teilen. Bei meiner Ehefrau Johanna erwartete ich kein Verständnis. Ihr Leben spiegelte in allem Beständigkeit wider. Sie orientierte sich stark an Pflichten. Meine Frömmigkeit und auch der Charakter wiesen jedoch enorme Schwankungen auf. Zwischen himmelhoch jauchzend und zu Tode betrübt war bei mir alles drin. Ein versuchsweiser Ansatz, mich zu öffnen, wurde glatt abgebügelt: „Was, du hältst doch so tolle Predigten!" Das mochte so sein. Mein Problem war jedoch, dass ich über Schnee von gestern sprach. Da kam nichts Neues nach. Existenzängste erfassten mich, denn ich arbeitete im Beruf mit einem geistlichen Anspruch.

Ich versuchte, der Ursache meines elenden Zustandes auf die Spur zu kommen. Stand irgendeine Schuld zwischen Gott und mir? In dieser Zeit war ich im unschönen Disput mit einem Christen. Er stellte mich nach dem Gottesdienst zur Rede. Dabei überschüttete er mich mit heftigen Vorwürfen. Er musste über meine Reaktion überrascht gewesen sein. Denn statt zu widersprechen, hätte ich ihn umarmen können.

Ich hegte die Hoffnung, dass der Streit mit ihm in die Gottverlassenheit geführt habe. Eilfertig suchte ich den Frieden mit meinem Kontrahenten. Wir beteten gemeinsam. Aber ich blieb im Zustand des Dunkels.

Wollte Gott mich für irgendetwas bestrafen? Hatte ich etwa mit unverzeihlicher Sünde den Heiligen Geist gelästert? Nie hätte ich geglaubt, je solche Fragen zu erwägen.

Bibelarbeiten oder geistliche Themen auszuarbeiten geriet zur reinen Kopfsache. Ich sammelte theologische Richtigkeiten, aber sie blieben ohne erkennbare persönliche Resonanz. Ich übernahm beim Bibellesebund so gut es ging mechanische Aufgaben. Vom beantragten Urlaub erhoffte ich, dass er geeignet sei, Stress abzubauen oder ein innerliches Ausbrennen zu stoppen. Es half alles nichts. Ich nahm danach die Arbeit mit der gleichen Leere auf wie zuvor.

Im Advent jenes Jahres gab der Chor des Gymnasiums ein Konzert mit lateinischen Kirchentexten. Désirée sang mit, deshalb hatten wir umso mehr Anlass, der Aufführung beizuwohnen. Beim Zuhören und Lesen des Textheftes entzifferte ich mit rudimentären Sprachkenntnissen einige Inhalte. Da war es, als würde ein Lichtspalt das Dunkel meines Innern erreichen. Ich hielt in scheuer Ehrfurcht die Luft an und fühlte mich wie jemand, der ein Reh auf die Lichtung treten sieht und es nicht verscheuchen möchte. Gleich darauf fiel ich in die innere Finsternis zurück.

Ich erinnere mich nicht mehr, wie lange die Dunkelheit in mir anhielt. Im Akt der Verzweiflung kaufte ich den Koran mit konkordantem Anhang. Ich las ihn zweimal durch und durchforschte die Suren nach Aussagen über Allah, über das Paradies und die Hölle. Recht bald wurde mir klar, dass er mir keinen Ausweg aus der Gotteskrise weisen konnte. Zu dieser Zeit trug ich noch täglich die Tageszeitung aus, um etwas Geld für meine persönlichen Bedürfnisse zur Verfügung zu haben. Die überwiegend mechanisch auszuführende Arbeit erlaubte mir, meinen Gedanken nachzuhängen, Texte auswendig zu lernen oder zu beten. In dieser Zeit der gefühlten Gottverlassenheit klammerte ich mich an diesen einen Satz:

Dennoch bleibe ich stets an dir (Psalm 73,23a LUT).

Wieder war ich am frühen Morgen mit den Tageszeitungen unterwegs. Es mochte gegen halb fünf gewesen sein und es war noch dunkel. Ich verließ zügig die Treppen des erhöht liegenden Wohnhauses, als ich auf ein Licht blickte, das wie auf eine Leinwand projiziert schien. Verwundert trat ich näher und erkannte mich selbst auf einem Bild. Darauf hing ich über einem gewaltigen Abgrund. Da war aber auch eine gewaltige Hand, die mich umfasste. Noch ehe ich das Phänomen einordnen konnte, vernahm ich ein Reden. Es erreichte mich weder akustisch noch hatte es seinen Ursprung in mir, sondern glich eher der Vermittlung von Gedanken, die mich von außen erreichten:

„Als du angenommen hast, dass ich dich verlassen hätte, war ich dir nah. Ich hielt dich die ganze Zeit in meiner Hand."

Fassungslos starrte ich auf die Szene und sagte halblaut:

„Das bist ja du, Herr!"

Vor mir formierte sich das Wort „Gnade" – nicht schriftlich oder ausgesprochen, sondern auf eine andere unerklärliche Weise. Das Bild verschwand und ich ging, den Zeitungswagen hinter mir herziehend, weiter. Ich spürte, wie ich durch eine Art Nebelwand brach und mein Herz wieder für die Gemeinschaft mit Gott empfänglich wurde. Mein Erleben wies Ähnlichkeiten zu „Spuren im Sand" von Margaret Fishback Powers auf.

Immer wieder überfällt mich von Zeit zu Zeit die Befürchtung, dass ich Gott erneut aus dem Leben verlieren könne.

Das Erleben der Gottverlassenheit bewerte ich schlimmer als die Überzeugung eines Atheisten, der von Gott nichts weiß. Gott zu kennen, aber von ihm getrennt zu sein, das muss die Hölle bedeuten.

Ich kehrte an einem Dienstagabend von einer Bibelstunde zurück. Johanna saß auf der Couch. Vor ihr auf dem Tisch lagen wie so oft die aufgeschlagene Bibel sowie ein paar Notizen. Sie weinte. Bestürzt setzte ich mich zu ihr, um den Grund ihres Kummers zu erfahren.

„Nun beten wir schon so lange für unsere Töchter. Aber Gott scheint nicht zu hören. Es verändert sich nichts", klagte sie.

Ich hörte betroffen zu und meinte, sie verteidigen zu müssen. Wozu nahmen wir die Zusagen über das Gebet eigentlich ernst? Ich redete mich in Rage und kündigte schließlich Gott. Sollte er sich doch andere suchen, die so blöd sind und ihm vertrauen.

Ich konnte nicht einschlafen. Unruhig wälzte ich mich im Bett hin und her. Dann stand ich auf und ging ins Büro im Erdgeschoss. Ich verwehrte mir das Beten. Deshalb lief ich mit dunklen Gedanken auf und ab. Dabei fiel der Blick unvermittelt auf ein Buch. „Kirchenväter-Brevier" klang wenig aufregend. Ich zog es dennoch aus dem Regal, schlug es willkürlich auf und stieß auf das Zitat von Meister Eckhart (um 1260 bis 1328):

„Leiden wollen kommt von Liebe, nicht leiden wollen kommt von mangelnder Liebe."

Mir wurde augenblicklich klar, dass Gott mich durch diese Worte zu erreichen versuchte. Zwar hatte ich ihm aufgekündigt, aber er nicht mir. Der Hinweis aus dem Buch vermittelte mir die Ursache unseres Kummers. Die Gebete gelten unseren Töchtern, weil wir sie lieben und ihnen das Glück der ewigen Gemeinschaft mit Gott wünschen. Wären sie uns gleichgültig, würde uns ihr Geschick nicht interessieren.

Das Gefühl von Gottes Gegenwart wurde so stark, dass ich auf die Knie ging. Dann „hörte" ich deutlich seine Anweisung. Es war wiederum keine akustisch wahrnehmbare Stimme, sondern es waren eher Gedanken, die mich erreichten:

„Schlage Johannes 3,16 auf und lies!"

Zwar kannte ich die Textstelle auswendig, aber ich wagte nicht zu widersprechen. Meine Augen lasen über die bekannte Formulierung der Lutherbibel:

Denn also hat Gott die Welt geliebt, dass er seinen eingeborenen Sohn gab, auf dass alle, die an ihn glauben, nicht verloren werden, sondern das ewige Leben haben.

Danach vernahm ich erneut diese sanfte Stimme.

„Als ich mich dazu entschloss, diese Welt zu lieben, entschied ich mich zugleich, an dieser Welt zu leiden. Meine Liebe hat mich meinen Sohn gekostet. Und du willst aufgeben, weil du ungeduldig bist?"

Ich fühlte Scham aufsteigen. Nach einer Weile widerrief ich meine Kündigung. Aber der Herr war noch nicht fertig. Ich war im Begriff, mich zu erheben, als er mich erneut anredete:

„Schlag bitte Philipper 3,10 auf."

Ich blätterte mich zu den Briefen des Neuen Testaments und zur genannten Textstelle durch. Meine Augen erfassten sofort die Passage, die ich in der Vergangenheit gelb markiert hatte. Allerdings nur den ersten Teil:

Ihn möchte ich erkennen und die Kraft seiner Auferstehung […]

Den zweiten Teil ignorierte ich damals geflissentlich, weil er mir nicht zusagte und ich ihn auch nicht wirklich verstanden hatte. Dort heißt es:

[…] und die Gemeinschaft seiner Leiden […]

Tatsächlich hatte diese Ergänzung sich mir bisher nicht erschlossen. Der barbarische Akt der Kreuzigung war längst Vergangenheit. Inwiefern sollte ich daran noch teilhaben können? In diesem Moment wurde mir der Schlüssel zum Verständnis gegeben: Jesus litt damals auf Golgatha. Er leidet auch heute noch. Er ist tief bekümmert um jeden, der das Angebot des Lebens mit ihm ablehnt. Das Leiden um unsere Töchter ist Ausdruck seines Empfindens. Wir sind auch darin untrennbar mit ihm verbunden. Es war schon spät, als ich erneut zu Bett ging. Nun war ich jedoch versöhnt.

Die nächtliche Begegnung mit Gott hat mein Leben verändert. Wenn Menschen aufgrund des Glaubens spotten, bete ich:

„Herr, ihre Worte treffen mich, aber sie meinen dich."

Damit werde ich nicht zum Opfer, sondern bin Teilhaber an den Leiden von Jesus.

18. Begegnungen mit Muslimen

Die Beschäftigung mit dem Koran bot in der akuten Glaubenskrise keine geistliche Perspektive. Mir fiel dabei auf, dass die Qualen der Hölle einen breiten Raum einnehmen. Das Paradies stillt ausschließlich die Phantasien von Männern. Ob sie es je erreichen, bleibt fraglich. Kein Muslim kann wissen, ob er einst vor Allah bestehen kann. Im Gegensatz zur Bibel enthält der Koran keine einzige Prophetie. Dem Anspruch des göttlichen Ursprungs fehlt damit eine wichtige Beglaubigung:

> *Alle Völker sind zur Gerichtsverhandlung versammelt. Wer von ihren Göttern hat angekündigt, was jetzt geschieht? Oder hat vielleicht einer von ihnen früher einmal etwas angekündigt, das eingetroffen ist? Sie sollen ihre Zeugen beibringen, die es bestätigen können.* (Jesaja 43,9 GNB)

Das Lesen der grundlegenden Texte dieser Religion hat mir zu einem besseren Verständnis des Islam verholfen. Ich vertiefte mein Wissen durch Mohammed-Biografien. Dabei fiel mir auf, wie das Leben und Wirken dieses Mannes unterschiedlicher kaum dargestellt werden konnte. Der Bericht des arabischen Historikers Ibn Hischam (gestorben 833 n. Chr.)

unterscheidet sich naturgemäß von den Berichten der Autoren der abendländischen Kultur. Die verschiedenen Sichtweisen weckten mitunter die Frage, ob sie ein und dieselbe Person beschreiben. Westliche Autoren verbinden mit dem Empfang des Koran überwiegend einen innerweltlichen Vorgang. Ich selbst schließe mich der Bewertung von Mohammeds Zeitgenossen an. Sie verweisen auf die Art und Weise des Empfangs der Mitteilungen und betrachten den Religionsgründer als ein Medium.

Und sie sprechen: Die Fabeln der Früheren (sind es,) die er aufgeschrieben hat, und sie wurden ihm diktiert am Morgen und Abend (Sure 25,6 nach der Übersetzung von Max Henning).

Eigene Arbeiten mit einer Konkordanz im Anhang der Koranausgabe halfen mir, ein wenig über seine Endzeit- und Jenseitsdarstellungen zu erfahren. In Gesprächen bemerkte ich meist recht schnell, dass Kultur-Muslime mit Namens-Christen ein mangelhaftes Wissen über ihre Religion gemein haben. Anfängliches Infragestellen von meiner Seite führte jedoch meist dazu, dass selbst nichtreligiöse Muslime den Islam heftig verteidigten. Er bestimmt eben auch die persönliche Prägung und ist wesentlicher Teil der Identität. Diese Beobachtung veranlasste mich, den christlichen Glauben vor allem zu bezeugen, ohne Positionen des Islam zwingend anzugreifen.

Unsere älteste Tochter Damaris gab mir den Impuls zur Arbeit unter Flüchtlingen. Sie bemerkte zu Recht, dass evangelikale Christen in diesem Bereich so gut wie gar nicht präsent seien. Ich ließ mich darauf ein und entdeckte jenseits der eigenen Komfortzone, wie viel Elend die Lebensverläufe der einzelnen Flüchtlinge aufzuweisen haben. Die wöchentlichen Treffen fanden in Räumen der Kirche statt. Um das Vertrauen der Ausländer zu gewinnen, war vor allem Beziehungsarbeit gefordert. Sprachbarrieren und Unterschiede in der Mentalität erschwerten diese Bemühungen. Zu Beginn verlegte ich mich stark darauf, materielle Bedürfnisse zu befriedigen. Bald merkte ich, dass ich damit einerseits Erwartungshaltungen förderte. Andererseits mögen selbst nahezu Mittellose nicht ständig diejenigen sein, die beschenkt werden. Zur persönlichen Würde gehört, selbst zum Geben in der Lage zu sein.

Kurdische Flüchtlinge aus dem Irak luden mich zum Essen ein. Als ich zur vereinbarten Zeit eintraf, begann die Ehefrau erst damit, es zuzubereiten. Nach knapp zwei Stunden war es endlich so weit. Die Zeit haben wir bei ständig laufendem Fernseher mit arabischen Seifenopern und belanglosen Unterhaltungen in der Gemeinschaft mit anderen Männern überbrückt. Während wir Herren der Schöpfung die Köstlichkeiten verspeisten, zog sich die Ehefrau in einen anderen Raum zurück. Als wir Männer das Haus verließen, schloss mein Gastgeber die Wohnungstür ab. Ich nahm an, es sei ein Versehen, und machte ihn darauf aufmerksam. Doch ich täuschte mich, es war Absicht. Was mich ziemlich erboste, betrachteten die anderen als Selbstverständlichkeit.

Aus der Gruppe der Migranten konzentrierten wir uns mit der Zeit auf eine iranische Familie. Ehepaar Jafari gehörte in seiner Heimat zur gebildeten Schicht. Beide sprachen schon recht gut Deutsch. Als wir sie mit ihren hinreißenden Kindern am Sonntagnachmittag einluden, befanden wir uns unversehens im geistlichen Gespräch, denn ich betete vor dem Kaffeetrinken.

„Herr Mühe, ich habe eben unseren Namen gehört“, sagte der Gast. „Gibt es bei Ihnen keine fest formulierten Gebete?“ Darüber tauschten wir uns aus.

Im Verlauf der Zeit ergaben sich immer wieder Gelegenheiten, einander zu treffen. Dabei lernten wir persische Gastfreundschaft kennen. Familie Jafari war an Geburtstagen bei uns und auch bei der Hochzeitsfeier von Sohn René und Melissa. Zum fünfundzwanzigsten Ehejubiläum verzichteten Johanna und ich auf eine Predigt. Vielmehr wollten wir Nachbarn, Freunde, Verwandte und eben auch unsere persischen Freunde daran teilhaben lassen, was Gott in unserem Leben getan hat.

Gegenüber den willkürlichen Entscheidungen der Ausländerbehörde kämpfte ich mit Zeitungsberichten für ein Bleiberecht der Familie Jafari. Ich bin stolz darauf, zu den bestgehassten Personen der damaligen Amtsträger gehört zu haben. Dennoch spitzte sich die Situation für „unsere" Iraner zu. Sie saßen bereits auf gepackten Koffern, weil sie abgeschoben werden sollten. Johanna und ich weinten mit ihnen während des nervenaufreibenden Wartens. Schließlich hielt ich es nicht mehr aus.

„Ich werde jetzt nach Hause gehen und zu unserem Gott beten, dass Sie bleiben können", teilte ich mit. Herr Jafari kam impulsiv auf mich zu. Hatte ich ihn möglicherweise beleidigt?

„Herr Mühe, Sie beten zu Ihrem Gott für uns?" Er fragte es mit Tränen in den Augen und nahm mich in die Arme.

„Ja", erwiderte ich, „unser Gott liebt auch Muslime. Und er hat die Macht zu verhindern, dass Sie von hier wegmüssen."

Tatsächlich konnte die Familie bleiben. Im Sommer darauf wurde ich angerufen.

„Herr Mühe, wissen Sie, was heute für ein Tag ist?", fragte Frau Jafari.

Ich hatte keine Ahnung. Mehrere Vermutungen trafen nicht zu, bis sie mich aus der Spannung entließ:

„Genau heute vor einem Jahr haben Sie zu Ihrem Gott gebetet, dass wir bleiben können. Und wir sind noch immer in Deutschland!"

Bald trennten sich unsere Wege. Familie Jafari hat eine Duldung bekommen und erhielt die Erlaubnis, zu Verwandten nach Holzminden zu ziehen. Als wir uns verabschiedeten, hatte ich als Geschenk den Jesus-Film von Campus für Christus in der iranischen Sprachfassung Farsi. Als ich ihn an der Tür überreichte, strahlte Frau Jafari.

„Ich liebe Jesus“, teilte sie mir mit. Sie senkte bedeutungsvoll ihre Stimme, „ich habe von ihm geträumt!“ Zum Zeichen, wie kostbar ihr dieser Film war, legte sie ihn ganz oben ins Regal.

Siebzehn Jahre später begab ich mich über das Internet auf die Suche. Ich wollte Familie Jafari finden. Nach so langer Zeit, in der wir uns aus den Augen verloren hatten, wirkte der telefonische Austausch, als wären wir nie getrennt gewesen. Die Flüchtlinge von einst sind in der Gesellschaft integriert und die Kinder gehören zur akademisch gebildeten Schicht. Ich bete erneut darum, dass sie nach der neuen irdischen Heimat auch die finden werden, die Gott für sie bereithält.

Im Krankenhaus beobachtete ich als Patient eine muslimische Frau beim Beten. Sie lief dabei auf dem Flur auf und ab. In der Hand hielt sie etwas, was wie eine Stoppuhr aussah.

„Was machen Sie eigentlich?“, fragte ich und lächelte sie an.

„Ich bete“, gab sie kurz zur Antwort.

„Großartig!“, bemerkte ich. „Das dachte ich mir schon. Aber was hat es damit auf sich?“ Dabei deutete ich auf das Gerät in ihrer Hand. Sie schien überrascht und blickte darauf.

„Damit zähle ich meine Gebete“, erklärte sie. „Wenn ich einmal vor Allah komme, werde ich ihm sagen, wie oft ich es getan habe.“

„Das ist ja interessant“, erwiderte ich, „mögen Sie mir darüber noch mehr erzählen?“

Sichtlich geschmeichelt nahm sie am Tisch auf dem Flur Platz und führte aus, welchen Stellenwert Gebete im Islam haben.

„Ich bete ebenfalls", sagte ich und erklärte, was es heißt, mit dem himmlischen Vater zu sprechen. Mit Gebetserfahrungen konnte ich bezeugen, wie Gott in unser persönliches Leben hineinwirkt.

Monate später probierte ich im Schuhgeschäft Sandalen an. Jemand klopfte mir sanft auf die Schulter und ich schaute überrascht nach oben. Ich sah in das Gesicht einer Muslima.

„Kennen Sie mich noch?" Die Frau lächelte. Verwirrt kam ich aus der Hocke hoch und gestand ein, sie nicht zuordnen zu können.

„Wir waren doch zusammen im Krankenhaus und haben über das Beten gesprochen", klärte sie mich auf. Nun fiel bei mir der Groschen.

„Tut mir leid", sagte ich, „Sie sehen jetzt ganz anders aus." Wir lachten, tauschten zunächst Nettigkeiten aus und redeten erneut über das Gebet.

Als wir noch in Kierspe wohnten, ließ ich die Haare von einer türkischen Friseurin schneiden. Da meine Frau nebenan im örtlichen Bibel-Shop gearbeitet hat, kannten wir uns vom Sehen. Es reichte für verbale Allgemeinheiten, die jedoch schnell an Substanz gewannen. Wann immer die Türkin fragte:

„Herr Mühe, was beschäftigt Sie zurzeit?", galt das nicht dem Wetter.

Oft erzählte ich von Reisen in muslimische Länder, da sie natürliche Ansatzpunkte für das Gespräch boten. In dem Jahr, in dem Johanna schwer erkrankte und starb, rückten unsere

Sichtweisen in Bezug auf Jenseitserwartungen und der Tod in den Vordergrund.

Bei einem Termin bedauerte ich es zutiefst, nicht von „meiner“ Friseurin die Haare geschnitten zu bekommen. Sie rollte bei einer älteren Dame Lockenwickler auf, während ihr Sohn meine Haare schnitt. Ich glaubte, nicht recht zu hören, als er sich mit der gleichen Frage an mich wandte, wie sonst seine Mutter. Wir waren zu viert im Salon. Das gab mir die innere Freiheit, ziemlich persönlich zu sprechen. Im Spiegel konnte ich sowohl ihn als auch seine Mutter beobachten. An einem Punkt hatte ich so stark ihre Aufmerksamkeit, dass sie mit der Tätigkeit innehielt. Ich dankte im Stillen für diese großartige Chance, von Gottes Handeln erzählen zu können:

> *Aber ihr werdet mit dem Heiligen Geist erfüllt werden, und dieser Geist wird euch die Kraft geben, überall als meine Zeugen aufzutreten* (Apostelgeschichte 1,8 GNB).

Nur in seltenen Fällen stehen wir am Schluss des Prozesses zur Umkehr. Ebenso ist es uns nicht immer vergönnt, geistliche Resultate zu sehen. Wir säen auf Hoffnung. Alles andere können wir getrost in Gottes Verantwortung lassen.

Mehrere Freizeitangebote des Bibellesebundes führten mich nach Ägypten, Tunesien, Marokko und in die Türkei. In Hotelanlagen trafen wir uns als Gruppe häufig an ruhigen Plätzen im Freien. Dort haben wir gesungen, die Bibel gelesen oder ein christliches Thema erörtert. In der Regel erlebten wir vom Personal Wohlwollen und Zuspruch. Christen, die ihren Glauben ernst nehmen, erleben sie vermutlich nicht allzu oft. In einem Hotel drückten sich mehrere Bedienstete ungeniert die Nasen an den Fensterscheiben platt. Von dort aus beobachteten sie uns neugierig. Als wir unser Treffen auflösten, eilten zwei Männer auf mich zu und fragten nach Bibeln in ihrer Landessprache. Ich habe sie von zu Hause aus gern besorgt.

Bei einer späteren Reise nutzte ich in Tunesien die Gelegenheit, außerhalb der Moschee am Freitagsgebet teilzunehmen. In den öffentlichen Verkehrsmitteln „vergaß" ich mehrfach Bibelteile in arabischer Sprache. Auch auf den Bänken vor der Moschee ließ ich Exemplare zurück. Da die Sonne über den Horizont wanderte, musste ich mehrfach den Platz wechseln, um in den Schatten zu gelangen. Die Eintönigkeit endete für mich, der ich ja kein Wort verstand, jäh mit der forschen Anfahrt zweier Polizeiwagen. Mir entfiel aller Mut, denn ich nahm an, wegen unerlaubter Missionierung verhaftet zu werden. Doch nichts dergleichen! Vielmehr waren die Ordnungshüter damit beschäftigt, den Platz vor der Moschee zu räumen. Gleich darauf fuhren drei Taxen kaum weniger forsch an. Fast zeitgleich wurden sämtliche Fahrzeugtüren geöffnet. Heraus krochen, robbten und humpelten Krüppel und verharrten erwartungsvoll vor der Moschee. Aus ihr strömten die Gläubigen. Mit Bewegungen, die an das Füttern von Tauben erinnerten, warfen sie Geldmünzen zu Boden. Wie Raubtiere fielen die Versehrten über die Beute her. Dann verschwanden sie ebenso schnell wieder in den Fahrzeugen. Und auch die Polizei rückte ab.

Eine Broschüre in arabischer Sprache besaß ich noch. Sie hatte ich nicht unter die Leute gebracht. Dennoch war ich ausreichend zufrieden darüber, alle anderen im Land gelassen zu haben. Als Gruppe traten wir am Ende der Freizeit die Heimreise an. Am tunesischen Zoll wurde ich durchgewunken, um gleich darauf gestoppt zu werden. Der Beamte wollte wissen, was ich im Aktenkoffer bei mir trug. Ich öffnete ihn und ließ ihn hineinschauen.

„Was ist das?", fragte er auf Englisch und zeigte auf zwei Bücher.

„Das ist unser heiliges Buch, die Bibel", erklärte ich ihm. „Und das hier ist Ihr heiliges Buch, der Koran."

Irritiert starrte er mich an. „Wozu beide?", wollte er wissen.

„Oh, wir waren zu Gast in Ihrem Land", führte ich aus, „da haben wir uns mit der Verschiedenheit der Religionen beschäftigt."

„Worin besteht sie denn?" In der Frage des Tunesiers lag echtes Interesse. Damit hatte ich nicht gerechnet. Was sollte ich antworten? Die Thematik ist vielschichtig, aber die Unterschiede zu negieren, war ich auch nicht bereit.

Ich schickte ein Stoßgebet zum Himmel und sagte:

„Wir glauben, dass Jesus Christus stellvertretend für unsere Verfehlungen gestorben ist. Sie jedoch wissen nicht, ob Ihre guten Taten jemals ausreichen, wenn Sie einmal vor Allah stehen."

Der Mann schaute mich betroffen an, dann kam mir der Gedanke, dass die überzählige arabische Literatur genau für diesen Moment bestimmt sein könnte.

„Wenn es Sie interessiert, habe ich für Sie ein kleines Buch in Ihrer Sprache."

Ich zog es unter dem Koran hervor und drückte es ihm in die Hand. Der Mann war überrumpelt, lächelte überwältigt, zog mich an sich, wie gute Freunde es tun, und wünschte mir eine angenehme Reise. All das geschah schneller, als ich es nachvollziehen konnte. Ich denke, dass ich kaum weniger strahlte. Wieder einmal hatte ich erfahren, wie Gott Situationen lenkt, die wir für Zufälle halten.

Reisen in muslimische Länder muss man mögen. Es ist die Mentalität einer Schamkultur, die mir zu schaffen macht. In ihnen ist nicht das Vergehen verwerflich, sondern sich dabei erwischen zu lassen. Mit meinem schuld-orientierten Gewissen komme ich damit nur schlecht zurecht. Die Legalisierung der Lüge ist ein anderer Punkt, der mir bitter aufstößt. Sie gilt nicht wie bei uns als etwas Verwerfliches, wenn sie für den, der sie gebraucht, von Vorteil ist. Bei einer Fahrt durch den Sinai redete der ägyptische Reiseleiter mehrfach davon, dass sein Land im Krieg mit Israel gewonnen habe. Gegen diese Interpretation sprachen nicht nur die vergangenen Ereignisse, sondern auch die zerstörten russischen Panzer im Gelände.

In Marokko stritt ich heftig mit drei ledigen Freizeitteilnehmerinnen. Sie waren von einheimischen jungen Männern zu einer Party bei ihnen zu Hause eingeladen worden. Die Frauen waren Feuer und Flamme und versicherten mit Nachdruck, dass es sich hierbei keinesfalls um das oft anzutreffende Anbaggern handelte. Wie gut kannten sie die Kultur und was machte sie in ihrer Überzeugung so sicher? Mir schien das zu riskant. Zum Glück standen mir einige Männer aus der Gruppe mit Argumenten bei. Ziemlich verstimmt ließen die drei, die sich bereits adrett zurechtgemacht hatten, von ihrem Vorhaben ab. Noch war mir allzu lebhaft das Gespräch mit einer Frau in Erinnerung, die in ähnlicher Situation mit K.-o.-Tropfen willenlos gemacht und missbraucht worden war. Als sie am nächsten Morgen völlig allein am Strand zu sich kam, war es ein böses Erwachen.

Im türkischen Antalya hörte ich beim Friseur dem Gespräch von einigen reiferen, deutschen Frauen zu. Sie waren ins Land gekommen, um ihren Spaß zu haben. Dem Vernehmen nach fanden sie ihn auch. Ich schämte mich vor den Einheimischen und blieb bedeckt, um nicht als Deutscher erkannt zu werden.

Bei einer Rundreise durch Anatolien wurde ein Geldbeutel vermisst. Die Teilnehmerin hatte ihn für die Nacht unter das Kopfkissen gelegt und dort vergessen. Der türkische Reiseleiter organisierte erfolgreich die Wiederbeschaffung und handelte sich damit einen Kuss der überglücklichen Dame ein. Es fehlten weder Geld noch Bankkarten. Jener Mann war ein älterer Muslim, der den Glauben an Allah immer wieder bezeugte. Die unaufdringliche Art, mit der er die Chancen nutzte, empfand ich als vorbildlich. Um bei den Andachten im Bus auch *sein* Herz zu erreichen, wählte ich möglichst mit lebensnahen Beispielen Aussagen der biblischen Weisheitsliteratur. Aus ihr spricht Lebenserfahrung und Frömmigkeit, eine Mischung, die in seiner Kultur geschätzt wird und damit allen zugutekam. Als Angehörige zweier unterschiedlicher Religionen entwickelten wir füreinander aufrichtige Wertschätzung.

Für Muslime ist es nicht nur schwierig, Jesus als Sohn Gottes zu akzeptieren. Sie missverstehen darüber hinaus die Bedeutung der Gnade als Lizenz zum Sündigen. Ihre ablehnende Haltung gegenüber der christlichen Botschaft begründen viele mit der vorherrschenden Lebensweise im Umgang der Geschlechter miteinander und den Darstellungen von sexueller Freizügigkeit. Erinnern Sie sich noch an die Begebenheit mit der türkischen Reiseleiterin? Mein Hinweis auf eheliche Treue als Ausprägung des Glaubens hatte sie enorm angesprochen. Gern kam sie am Abend zum Treffen unserer Gruppe. Ich entfaltete ein Thema, bei der ich die Gnade dem Gesetz gegenüberstellte. Sie widersprach mir heftig und pochte darauf, dass das Leben nach strengen Vorschriften verlange. Es gelang mir nicht, ihr zu erklären, dass die Weisungen der Bibel keineswegs aufgehoben, sondern in Jesus erfüllt sind und deshalb nicht mehr zu unserer Verurteilung führen. Sie erhob sich und verließ empört den Raum.

Für sechzehn Jahre war ich erster Vorsitzender in einem Missionswerk, dessen Namen ich aus Gründen der Sicherheit hier nicht nenne. Es unterstützt Christen, als Zeugen für Jesus in Ländern mit muslimischer Bevölkerung zu arbeiten. Viele von ihnen bleiben in ihren Berufen und teilen damit Kenntnisse und Fähigkeiten mit den Menschen in den Gastländern. Das Konzept wirkt auf mich überzeugend, denn auf diese Weise können Hilfsangebote im Kontext von Professionalität und Nächstenliebe glaubhafter verwirklicht werden. Ebenso fasziniert mich das Engagement des deutschen Leiters und seiner Frau in dieser Aufgabe. Meine Reisetätigkeit beim Bibellesebund kollidierte leider mit Erwartungen im Ehrenamt. Dennoch lernte ich großartige Frauen und Männer kennen, deren Einsatz vor Ort stets mit einem gewissen Risiko verbunden ist. Kriege und Terror sowie Korruption und Kriminalität sind nur einige der Herausforderungen, denen sie sich stellen müssen. Die Entführung von Chris (Name geändert), dem Mitarbeiter des niederländischen Zweigs, ist dafür nur ein Beispiel. Sie hielt das holländische Team über Wochen in Atem.

Banditen hatten Chris und seinen Fahrer verschleppt, als er auf dem Weg in die Heimat zum Flughafen wollte. Die Verhandlungen um das Lösegeld wurden mithilfe eines Vermittlers in Kalifornien per Skype geführt. Der Entführte erhielt über mehrere Tage weder etwas zu essen noch zu trinken. Um überleben zu können, trank er seinen eigenen Urin. Die

Nächte am Hindukusch waren bitter kalt, sodass er erbärmlich fror. Umso erstaunlicher war, dass Chris seine Peiniger nicht hasste. Im Gegenteil. Es war ihm geschenkt, ehrlichen Herzens zu bezeugen, dass er sie liebe. Damit konnten die rauen Männer kaum umgehen. Einige forderten, ihn freizulassen, andere wollten ihn an die Taliban verkaufen. Der Streit in der Gruppe eskalierte derart, dass es zu Schusswechseln kam, und zwar zu einem Zeitpunkt, als über das Internet die Verhandlungen liefen. Ganz ohne Frage erhöhte das die Anspannung bei allen Beteiligten.

Mir ist entfallen, worauf man sich mit den Entführern geeinigt hatte. Chris und sein Fahrer sollten jedenfalls freigelassen werden. Der Mann, der ihn aus dem Rebellengebiet abzuholen bereit war, verlangte dafür eine stolze Geldsumme. Er soll ein ziemlich schräger Typ gewesen sein. Jemand, dem man zu allerletzt eine solche Aufgabe anvertrauen würde. Aber es gab sonst niemanden, der dazu bereit war. Für Gott spielen solche Überlegungen offenbar keine Rolle. Der Mann erreichte unbehelligt das Ziel. Nach einigen Kilometern Fahrt landete ein Helikopter der niederländischen Luftwaffe vor ihnen, nahm die Freigelassenen auf und brachte sie in das deutsche Basislager. Beim Militär hatte man die Ereignisse mitverfolgt. Offensichtlich war es auf dessen Mithilfe zurückzuführen, dass das Fahrzeug bei sämtlichen Streckenkontrollen durchgewunken worden war.

Bei einer internationalen Konferenz standen die Ereignisse um Chris natürlich stark im Fokus der Beratungen um die Sicherheitskonzepte. Bei Gesprächen in der Pause hörte ich ganz nebenbei die Worte zweier Iranerinnen. Ihre Männer waren vor einiger Zeit im Morgengrauen verhaftet worden. Der Überraschungseffekt sowie die rigide Vorgehensweise der Männer für Staatssicherheit hatten sich in ihren Erinnerungen traumatisch festgesetzt. Dennoch äußerten beide:

„Gottes Dienstanweisung für unserer Männer ist nun das Gefängnis.“ Diese Sichtweise berührte mich tief.

Vielleicht überrascht es, wenn ich behaupte, dass die größten Herausforderungen für die Mitarbeitenden in der Regel nicht durch Feindseligkeiten von Muslimen kommen. Mutige und dem Herrn hingegebene Menschen gehören eben oft auch zu den kantigen Originalen. Gepaart mit erheblichem Durchsetzungsvermögen sind sie oft nur mühsam zu lenken. Offensichtlich kann Gott es sich leisten, mit schwierigen Persönlichkeiten seine Geschichte zu schreiben. Ein Mitarbeiter überschritt beim Ausflug die Grenze vom Irak in den Iran und ließ sich dabei auch noch ablichten. Uns stockte fast das Herz, als er davon erzählte. Wäre er erwischt worden, hätte das für iranische Behörden Wasser auf die Mühlen ihrer gegen die Christen gerichteten Propaganda gegossen. Da der Mitarbeiter weder Einsicht in sein Fehlverhalten zeigte noch auf Dauer bereit war, Sicherheitsstandards des Auswärtigen Amtes zu beachten, mussten wir uns leider von ihm trennen.

Es gab und gibt naive Missionskampagnen von Christen, mit denen sie nicht nur sich selbst, sondern auch einheimische Nachfolger von Jesus in Gefahr bringen. Festes Vertrauen in Gottes Schutz kann niemals das Beachten kultureller Gepflogenheiten oder angemessene Vorsicht ersetzen. Bei einer Verhaftung von Missionaren war ich dankbar, im Ausland auf Reisen und telefonisch nicht erreichbar zu sein. Vertreter großer deutscher Nachrichtenmagazine riefen bei mir zu Hause an und wollten wissen, mit welcher Zielsetzung unsere Leute in Afghanistan unterwegs sind.

Eine begabte Mitarbeiterin hatte sich mit jemandem aus ihrem Team verlobt. Leider endete die Probezeit mit der Trennung. Der Erwählte heiratete eine andere Frau. Darüber war die Abgewiesene derartig verbittert, dass sie Gott bestürmte, die Kontrahentin sterben zu lassen. Sie äußerte mir gegenüber, wie sehr sie hoffte, den Ex-Verlobten doch noch heiraten zu können. Natürlich konnte ich diese Handlungsweise nicht billigen, aber ich verstand. Hatte ich mich doch selbst schon einmal zur gleichen fromm kaschierten Torheit hinreißen lassen.

Als offene Frage bleibt ein tragisches Ereignis zurück: Ein Ehepaar stellte sich bei der Missionszentrale vor. Es strebte eine Arbeit in einem vom Islam dominierten Land an. Der Leiter des deutschen Zweigs erörterte Einsatzmöglichkeiten und Risiken von Einsätzen. Nun galt es für beide Seiten, die Pläne zu sondieren. Auf dem Rückweg nach Hause geriet das Paar in einen Stau. Der Wagen der beiden stand am Stauende in einer Kurve. Ein Lastwagen fuhr ungebremst auf und quetschte die jungen Leute zu Tode. Warum hat Gott sich zweier williger Menschen beraubt? Sie waren bereit, in Ländern zu dienen, wo das Zeugnis von Jesus eher rar ist. Die Antwort darauf erfahren wir vielleicht in der Ewigkeit.

19. Gottes Sackgassen sind durchlässig

Erfahrungen mit dem Gebet habe ich eine Zeit lang in einer Kladde festgehalten (und später in einer Word-Datei). In Krisenzeiten kann ich darauf zurückgreifen und mir in Erinnerung bringen, durch welche Schwierigkeiten uns Gott hindurchgelotst hat. Ganz nebenbei bieten schriftlich fixierte Aufzeichnungen einen weiteren Vorteil. Die Behauptung, Gott habe auf bestimmte Gebete nicht reagiert, relativiert sich mitunter, wenn wir später auf vergangene Ereignisse zurückschauen. Ja, es bleiben manche Fragen offen, deren Spannungen zeitlebens bestehen bleiben und nicht befriedigend aufgelöst werden. Manches ergibt aus irdischem Blickwinkel keinen Sinn. Da wirken Begebenheiten unlogisch, willkürlich oder gar boshaft. Diesen persönlichen Eindrücken müssen wir uns nicht verweigern, sollten sie aber auch nicht kultivieren. Durch den Glauben entscheiden wir uns dafür, an Gottes Güte festzuhalten, auch dann, wenn wir ihn nicht verstehen. Die Bibel stellt uns ihn als absolut zuverlässige Person vor. Daran sollten wir unter allen Umständen festhalten.

> *Das Wort des Herrn ist verlässlich; er beweist es durch seine Taten* (Psalm 33,4 GBN).

Die Gefahr besteht, dass wir uns frustriert vom Glauben abwenden oder Gott als Realität leugnen. Das Vertrauen zu ihm ist keine Frage der konfessionellen Zugehörigkeit, sondern die Antwort des Einzelnen, es zu wagen. Die Wechselfälle des Lebens gleichen Teststrecken, auf denen wir auf Herz und Nieren geprüft werden.

Mitte der Achtzigerjahre wurden wir durch die fortschreitende Neurodermitis bei einer unserer Töchter herausgefordert. Bilder aus dieser Zeit schockieren noch immer: Die trockene Haut war von Kopf bis Fuß wundgekratzt. Ihre Fingernägel waren von geronnenem Blut meist dunkel. Im Blick des Kindes spiegelte sich Leiden, das als Dauerzustand erfahren wurde. An manchen Tagen saß sie apathisch im Kindergarten oder zu Hause auf dem Boden und kratzte sich wie im Wahn blutig.

„Man sollte euch wegen unterlassener Hilfeleistung anzeigen!“, fauchte eine Frau aus unserer Gemeinde, denn wir lehnten die Behandlung durch die Homöopathie als geistige Heilweise ab. Natürlich konnten wir den Wutausbruch verstehen, aber hilfreich war er nicht. Wir gaben ihre Bemerkung im Gebet weiter. Sinngemäß hielten wir Gott vor, dass wir aus Gewissensgründen den als „sanfte Heilweise“ gepriesenen Weg vermieden. Auch die Einstellung „Hauptsache, es hilft“ zählte nicht zu unseren Grundüberzeugungen.

Bald darauf hörten wir von einer Privatklinik, die sich auf Psoriasis (Schuppenflechte) und Neurodermitis spezialisiert hat. Menschen ohne Gott haben dafür den puren Zufall bemüht. Wir gingen jedoch davon aus, dass wir von Gott gezielt mit den richtigen Leuten zusammengebracht worden waren.

Unsere Hoffnung, professionelle Hilfe zu erlangen, erhielt ziemlich schnell einen Dämpfer. Die Kosten dafür lagen um ein Dreifaches über dem, was die gesetzliche Krankenkasse zu bezahlen bereit war. Was nun? Es gab großzügige Personen beim Bibellesebund, die uns finanzielle Unterstützung zusicherten. Das war ermutigend und ein berührendes Zeichen der Solidarität, aber Gottes Lösung sah anders aus.

Ich fand den Mut, mit dem Geschäftsführer der Klinik zu sprechen. Dabei erlebte ich, wie Gott das Herz von Menschen lenken kann, sodass er mir gewogen war. Etwas Vergleichbares hatte ich in der Bibel gelesen.

> *Gott half ihm, sodass der Palastvorsteher ihn wohlwollend anhörte* (Daniel 1,9 GNB).

Die Persönlichkeit meines Gegenübers wirkte nicht gerade aufmunternd. Es schlug mir die schroffe Sachlichkeit eines Mannes entgegen, dessen Ziel es war, Gewinne zu erzielen. Sein osteuropäischer Akzent verlieh der Sprache eine zusätzliche Härte. Ich trug mein Anliegen, begleitet von gedanklichen Stoßgebeten, vor. Tatsächlich erhielt ich die Zusage, dass nur abgerechnet würde, wofür die gesetzliche Krankenkasse aufkam. Schriftlich zusichern wollte der Mann sein Entgegenkommen indessen nicht.

„Wo denken Sie hin", gab er zu bedenken, „da würde doch jeder kommen!"

Als ich den Gebäudekomplex der Klinikverwaltung verließ, fühlte ich mich wie ein Träumender! Was wir nicht zu denken gewagt hatten, wurde zu einer konkreten Erfahrung von Gottes Treue. Der mehrwöchige Aufenthalt in der Klinik gestaltete sich für Désirée und mich als Abschnitt, in dem wir die Vater-Tochter-Beziehung vertieften.

Die nächste Teststrecke für den Glauben wartete mit dem Beginn des Jahres 1988 auf uns. Die Familie war mit den

Geburten von Sarah und Debora komplett. Böse Zungen kommentierten den Kinderreichtum mit abschätzigen Bemerkungen. Ein Architekt vor Ort sah mit den staatlich gewährten Fördermitteln die Chance, ausreichend Wohnraum zu schaffen und durch Bauen Eigentum zu bilden. Er trieb die Planungen mit euphorischen Berechnungen voran, sodass wir bald über die Baugenehmigung verfügten. Es gab nur einen entscheidenden Haken. Keine Bank war bereit, das Vorhaben zu finanzieren. Die höchst unbefriedigende Hängepartie überschnitt sich mit der Schwangerschaftsdepression von Johanna. Sie wurde für die nächste Zeit zu einem reaktiven Leiden, das belastende Auswirkungen auf uns alle hatte.

An manchen Tagen bekam meine sonst so robuste Frau nur wenig auf die Reihe. Da stand selbst zur Mittagszeit das Kaffeegeschirr noch auf dem Tisch. Immer wieder mal trugen die Kinder noch die gleichen Windeln wie in der Früh. Zum Grundton der Lebensäußerungen gehörte ein ständiges Lamento, das ich durch nichts entkräften konnte. Ich hatte das Gefühl, diese belastende Situation auf Dauer nicht mehr tragen zu können.

Immer wieder lag ich auf einer Waldlichtung Gott in den Ohren. Uns fehlte durch die beengten Wohnverhältnisse eine erkennbare Zukunftsperspektive. Ich warf ihm vor, ein Zyniker zu sein, weil er uns mit den Plänen derart auflaufen ließ.

Der Zeitpunkt kam, dass wir uns vom Architekten trennten. Bald darauf stellte er seine Planungsarbeiten in Rechnung. Eine derartige Summe hatten wir noch nie begleichen müssen. Sie fraß alle unsere Ersparnisse auf.

In der großen Not ließ ich mich im Gebet dazu hinreißen, um den Tod des Architekten zu bitten. Ich hoffte, auf diesem Weg der fälligen Zahlung entgehen zu können. Gott sei es gedankt, dass er mein überaus törichtes Gebet stillschweigend ignorierte. Dafür sandte er mir unvermittelt ein Zeichen der Hoffnung. Ich hörte vom Jugend-für-Christus-Chor eine Textstelle aus der Bibel vertont, in der Gott seinem Volk Israel in scheinbar aussichtsloser Lage zusagen ließ:

> *Der Herr wird für euch streiten, und ihr werdet stille sein* (2. Mose 14,14 LUT).

Der Zuspruch drang als persönliche Zusage in mein Herz. Dabei konnte ich mir aber nicht vorstellen, wie Gottes Hilfe aussehen sollte. Vorerst änderte sich überhaupt nichts. Johannas Depression blieb. Und damit auch ihr tägliches Lamento, das mich zermürbte. Der Hausarzt erkannte, dass hier keine psychische Erkrankung vorlag. Er riet dazu, die Verhältnisse zu ordnen.

Im Oktober 1988 führte der Bibellesebund eine Mitarbeitertagung durch. Sie fand im Freizeitzentrum in Holzwipper statt, das damals noch zum Missionswerk gehörte. Vormittags erhielt ich einen Anruf. Es gab damals noch kaum mobile Telefone. Mein Name wurde über Lautsprecher ausgerufen und ich eilte in die stets etwas muffig riechende Telefonzelle.

„Ralf, Gott hat unsere Aufmerksamkeit in der Stillen Zeit auf eure Situation gelenkt", sagte eine Christin, die ich von Freizeiten her kannte. Ich horchte auf.

„Der Herr möchte, dass wir euch das Geld überweisen, das ihr an den Architekten verloren habt."

„Das ist völlig unmöglich", antwortete ich. Darüber wollte ich noch nicht einmal nachdenken.

„Welche Summe habt ihr denn bezahlt?", fragte die Frau unbeirrt. „Oh, davon könntet ihr euch ein Auto kaufen", wich ich aus.

„Wie viel ist es?" Ich nannte den Betrag. Danach herrschte Schweigen.

„Nun, es ist nicht unsere Idee. Der Herr will es und wir möchten gehorsam sein“, hörte ich. Ich überdachte die Bedeutung der Worte.

„Wir können das Geld nicht zurückbezahlen“, gab ich zu bedenken, „wir haben keine Ersparnisse mehr.“

„Davon war auch keine Rede.“ Mir wurde es heiß. Mit einem Fuß öffnete ich die Tür einen Spaltbreit, sodass ein Luftaustausch stattfinden konnte.

„Nein, das geht nicht!“, wiegelte ich ab.

Das Gespräch reduzierte sich auf ein wechselndes „Doch!“ – „Nein“. Als friedliebender Mensch ertrage ich nur schwer Spannungen, deshalb knickte ich mit der Abwehr ein und bedankte mich schließlich.

„Es gibt nur zwei Bedingungen“, räumte die Frau ein. „Das Geld kommt von Gott und fließt nur durch unsere Hände. Dankt also ihm. Bring diese Sache bitte nie mit uns in Verbindung, wenn ihr davon erzählt. Können wir damit rechnen?“ Ich sagte es zu.

Dann formulierte die Anruferin Punkt zwei: „Das Geld, das wir überweisen werden, ist dazu bestimmt, neu mit dem Bauen zu beginnen.“ Als ich den Telefonhörer auflegte, wusste ich, dass damit Gottes Verheißung eingelöst wurde. Wieder einmal erlebten wir, dass er uns zwar schwierige Wegstrecken führte, uns dabei aber nicht allein ließ, sondern zum Ziel führte.

Warum hat Gott sein Volk damals befreit und geradewegs in eine Sackgasse laufen lassen? Vor den Flüchtenden lag das Schilfmeer als unüberwindliches Hindernis. Und hinter ihnen hatte eine hochgerüstete Armee die Verfolgung aufgenommen. Die Situation illustriert sehr treffend beklemmende Enge, von der sich das Wort „Angst“ ableitet. In der Straßenverkehrsordnung Deutschlands gibt es seit 1. September 2009 die „durchlässige Sackgasse“. Sie kann von Fußgängern und Radfahrern, nicht aber mit dem Auto passiert werden.

Einen solchen Durchlass verschafft Gott denen, die ihm in scheinbar ausweglosen Situationen vertrauen. Dass es leicht sein wird, davon hat Gott nie gesprochen.

Der zweite Anlauf zum Bauen barg den Vorteil, mit Überlegungen nicht bei null anfangen zu müssen. Die Planungen für ein Haus, das schlüsselfertig und zu einem festen Preis gebaut werden sollte, verliefen zügig. Während der Beschäftigung mit der Materie erlangte Johanna wieder ihre psychische Stabilität. Selbst die Finanzierung lief nun problemlos über unsere Hausbank. Die Prüfung der stets soliden Kontobewegungen überzeugte die Verantwortlichen, den Kredit für das Haus zu gewähren.

Den Grundstein legte meine Frau, während ich in Israel die Leitung einer Reisegruppe innehatte. Es war die Zeit, als in Deutschland durch den Mauerfall die Trennung in zwei Staaten aufgehoben wurde. Johanna holte zu diesem einmaligen Ereignis der Weltgeschichte eigens die Kinder aus dem Bett. Zwar verstanden sie noch nicht, worum es ging, fühlten jedoch an der Stimmung die Einmaligkeit des Außergewöhnlichen. Als Reisegruppe im Mittleren Osten stürzten wir uns auf die Neuankömmlinge aus Deutschland, um über den Verlauf der Ereignisse informiert zu werden. Internet für die breite Masse gab es da noch nicht.

Mit der Bauaufsicht war meine Frau ganz in ihrem Element. Hier zeigten sich die Unterschiede in unseren Charakteren deutlicher als sonst. Meine Leichtigkeit des Lebens war nie ihr Ding. Ihr fiel auf, dass die Wand im Schlafzimmer auf der falschen Seite der Maurerschnur hochgezogen wurde. Ebenso akzeptierte sie nicht, dass der Wasserhahn für außen in zwei Meter fünfzig Höhe montiert worden war. Ich dachte an eine Leiter zur Abhilfe. Sie bestand darauf, die Wasserentnahme auf dem Niveau von Gießkannen handhaben zu können.

Inmitten der Bauphase gab unser betagter VW-Bus seinen Geist auf. Ungünstiger hätte der Zeitpunkt nicht ausfallen können. Später hörte ich, dass findige Bauherren in der Bausumme gleich ein Auto mitfinanzieren. Wir waren jedoch mit allem am Limit. Ich haderte mit Gott. Hatte er uns zum Bauen ermutigt, um uns beim Auto scheitern zu lassen? Wir waren ratlos und ich zusätzlich wütend.

Einen letzten Ausweg gab es noch. Die Eheleute hatten mir am Telefon etwas gesagt, was ich nicht vergessen habe.

„Wenn ihr wieder mal in Geldnot seid – ihr kennt unsere Telefonnummer."

Die Großzügigkeit schuf im Denken jedoch ein Problem. Ich zitierte die Zusage zu oft und bemerkte, dass ich das Vertrauen nicht auf Gott, sondern auf jene wunderbaren Menschen setzte. Deshalb traf ich eine notwendige Entscheidung.

„Herr", betete ich, „das kaputte Auto ist keine Angelegenheit für unsere Freunde. Ich vertraue dir!"

In den nächsten Tagen teilte ich den Entschluss unseren Geldgebern mit und enthob sie ihrer edlen Zusage.

Wenig später erreichte uns die Postkarte einer Frau, die wir nur flüchtig kannten. Jemand hatte ihr von unserer Situation erzählt. Sachlich teilte sie uns kurz und knapp mit, dass sie Geld für das dringend benötigte Auto überweisen wolle. Sie erbat unsere Bankverbindung. Wir dankten Gott für die Großzügigkeit dieser Person, aber auch dafür, dass er uns davor bewahrt hatte, das Vertrauen auf Menschen zu setzen, obwohl er uns in diesem Fall durch diese Frau geholfen hat. In der Bibel gibt es dazu unmissverständliche Aussagen:

> *Der Herr sagt: „Fluch über alle, die sich von mir abwenden und stattdessen auf die Hilfe vergänglicher Menschen vertrauen!"* (Jeremia 17,5 GNB).

Dennoch gilt, dass Gott sich uns oft durch die Hilfe von Menschen zuwendet. So erlebten wir es auch bei den praktischen Belangen während der Bauzeit. Etliche begabte Leute der Freien evangelischen Gemeinde in Kierspe gaben sich an unserem Haus die Türklinke in die Hand. Sie führten Gewerke aus, die zur Eigenleistung gehörten. Hier wurde eine Anweisung aus dem Neuen Testament in vorbildlicher Weise umgesetzt.

> *Dient einander mit den Fähigkeiten, die Gott euch geschenkt hat* (1. Petrus 4,10 GNB).

Um uns als Beschenkte geerdet zu halten, hörten wir schon mal Sätze wie:

„Das musst du nicht so genau handhaben, es ist ja nur für Johanna und Ralf." Ich habe sie meinem Repertoire an Scherzen für passende Gelegenheiten hinzugefügt.

Unser Bauvorhaben, das so überaus schwierig begonnen hatte, endete mit zwei Überraschungen. Die Kosten waren unter dem Festpreis geblieben, deshalb bekamen wir Geld zurückerstattet. Kurz vor dem Einzug schenkte uns eine Bekannte den Zinsertrag ihrer Ersparnisse. Er war für den Kauf der Einbauküche bestimmt.

20. Freiheit von okkulten Bindungen

In der westlichen Welt hat rationales Denken eine Vormachtstellung. Mit Sicherheit hat es dazu geführt, Zusammenhänge von Ursache und Wirkung zu erforschen und Menschen aus einer dumpfen Schicksalsgläubigkeit zu befreien. Aber das Leben auf diese Art und Weise wahrzunehmen, hat auch Grenzen. Sie tun sich dort auf, wo Ereignisse zwar erlebt, aber nicht bewiesen werden können. Zu ihnen gehören Erfahrungen mit Gott, das Eingreifen von Engeln oder Einflüsse von dämonischen Mächten.

Das Universum bildet kein in sich geschlossenes System nach Art einer „Blackbox" in einem Flugzeug, die gegen jegliche Beeinflussung von außen geschützt ist. Eine Frau bezeugte:

„Die Beschränkung auf das wissenschaftliche Denken wirkte auf mich wie ein goldener Käfig. Ich ahnte, dass es außerhalb davon mehr gibt. Deshalb wandte ich mich der Esoterik zu."

Die Annahme, dass die Wirklichkeit sich nicht auf das begrenzt, was wir sehen und durch ausgeklügelte Methoden erforschen können, treibt etliche Menschen auf die Seiten obskurer Angebote im Internet. Oft ist der Wunsch nach Heilung, nach Macht oder die reine Neugierde ein antreibender Faktor. So auch bei Anastasia (Name geändert). Sie hat sich vorwiegend mit weißer Magie beschäftigt. Dabei verbergen sich okkulte Praktiken hinter einer religiösen Tarnung, sodass Hilfesuchende getäuscht werden. Sie glauben, daran sei nichts Gefährliches.

Die junge Frau litt an massiven Angststörungen, als wir im Haus eines Gemeindeältesten zusammentrafen. Um festzustellen, ob ihr Leiden im Bereich des Okkulten begründet lag, hatte ich sie schon zuvor gebeten aufzuschreiben, wo sie damit Berührungspunkte hatte. Ebenso sollte sie alle Gegenstände mitbringen, die damit in Verbindung standen. Tatsächlich brachte sie eine Anzahl an Ikonen mit, die besprochen worden waren. Das bedeutet, dass es Geistesmächten erlaubt worden war, ihre Gegenwart an sie zu binden, um auf diese Weise ihre Wirkung zu entfalten. Ich ließ sie den folgenden Text lesen und fragte sie, welche der Folgen bei ihr zutrafen:

> *Wenn sie aber zu euch sagen: Ihr müsst die Totengeister und Beschwörer befragen, die da flüstern und murmeln, so sprecht: Soll nicht ein Volk seinen Gott befragen? Oder soll man für Lebendige die Toten befragen? Hin zur Weisung und hin zur Offenbarung! Werden sie das nicht sagen, so wird ihnen kein Morgenrot scheinen, sondern sie werden im Lande umhergehen, hart geschlagen und hungrig. Und wenn sie Hunger leiden, werden sie zürnen und fluchen ihrem König und ihrem Gott, und sie werden über sich blicken und unter sich die Erde ansehen und nichts finden als Trübsal und Finsternis; denn sie sind im Dunkel der Angst und gehen irre im Finstern.* (Jesaja 8,19-22 LUT)

Etliche Beschreibungen entsprachen dem, was bei Anastasia zutraf. Nun unterwies ich sie, wie sie das Leben so gestalten konnte, dass es Gott gefällt. Wir beteten gemeinsam und ich sagte sie von dem los, was sie an die dunklen Mächte band. Obwohl ich getan hatte, was ich für wichtig hielt, hatte ich das Gefühl, nicht wirklich etwas erreicht zu haben. Wir beabsichtigten nun, die religiösen Gegenstände dem Feuer zu übergeben. Im Vorfeld hatte ich den Hausherrn gebeten, dafür den Kamin in Gang zu setzen. Ich wollte der jungen Frau behilflich sein, aber sie wehrte ab.

„Das will ich selbst tun", sagte sie und begann, die Ikonen den Flammen zu übergeben. Als das letzte Teil brannte, begann Anastasia zu beten. Sie tat es mit einer Freude und Freiheit, dass der Gemeindeälteste und ich uns erstaunt ansahen und wir uns nur schwer der Tränen erwehren konnten. Wir erlebten eine augenblickliche Veränderung im Verhalten dieser jungen Frau. Ich war froh, ihn als Zeugen dieses Geschehens dabei zu haben. So lässt sich schwerer unterstellen, dass ich es mir nur eingebildet hätte.

Während einer Freizeit auf Baltrum nahm eine Familie mit ihrem fast erwachsenen Sohn teil. Aus einer früheren Begegnung kannte ich sie schon. Der Ehemann war von Kopf bis Fuß tätowiert. Von ihm wusste ich, dass er wegen bewaffneter Raubüberfälle etliche Jahre im Gefängnis verbracht hatte. Als ich ihm zum ersten Mal begegnete, war er bereits Christ. Jesus hatte aus ihm einen äußerst liebenswerten Menschen gemacht, der keiner Fliege etwas zuleide tun konnte. So weit war der Sohn noch nicht. Gemeinsam mit jungen Leuten unserer Gruppe nahm er weder an den Bibelarbeiten noch an den Themenabenden teil. Stattdessen suchten sie die Kneipen der Insel auf. Mehrfach kam es vor, dass sie auf dem First des Hauses thronten. In betrunkenem Zustand ließen sie die leeren Bierflaschen das Dach hinunterrollen, wo sie dann am Boden zerschellten.

An einem der Vormittage kam Timo (Name geändert) in Begleitung seines Vaters nach der Frühstückzeit kleinlaut auf mich zu.

„Unser Sohn hat ein Problem. Es gab gestern eine Schlägerei, bei der er den anderen übel zugerichtet hat. Heute wollen dessen Eltern zur Polizei, um Timo wegen Körperverletzung anzuzeigen."

„Dann macht euch schleunigst auf den Weg zu ihnen und bittet um Entschuldigung", riet ich. „Körperverletzung wird nur auf eine Anzeige hin geahndet. Dann aber ist Timo vorbestraft. Das könnte für ihn von ziemlichem Nachteil sein."

Nach der Bibelarbeit hatte ich Zeit, um im Freien betend für die Situation einzustehen. „Herr, gib doch, dass die Sache gut ausgeht", betete ich.

Es geschieht nicht häufig, aber ich hörte unmittelbar darauf eine innere Stimme sagen: „Die Eltern werden die Anzeige zurücknehmen."

Gleich darauf eilte Timo mit bedrückter Miene auf mich zu. „Die Leute haben versprochen, bis zum Mittag Bescheid zu geben. Aber sie waren noch nicht hier."

„Ich habe die feste Gewissheit, dass die Sache gut ausgeht", tröstete ich ihn. Die Formulierung „Gott hat mir gesagt …" vermied ich bewusst. Ich mag sie nicht, weil damit Christen häufig in einer Autorität auftreten, die ihnen selbst fehlt. Außerdem schütze ich mich durch eine vorsichtige Formulierung selbst, denn ich schließe nie aus, mich getäuscht zu haben.

Der Gong ertönte, mit dem zum Mittagessen eingeladen wurde. Wir nahmen unsere Plätze ein und ich betete. Noch ehe ich mich setzen konnte, eilte Timo strahlend auf mich zu.

„Sie haben die Anzeige zurückgezogen", verkündete er.

Die Eltern des verletzten Jugendlichen wollten die Mittagsfähre zeitig erreichen. Da sie Timo nicht finden konnten, haben sie eine schriftliche Nachricht hinterlassen. Er fand sie auf dem Tisch-Set, das mit seinem Namen beschriftet war.

„Das ist doch großartig", entgegnete ich und fügte hinzu:

„Jetzt solltest du einen weiteren Schritt tun und dich von deiner Gewaltbereitschaft lösen."

Timo stimmte zu und wir vereinbarten einen Termin nach dem Mittagessen. Ich ging von einem bloßen Fehlverhalten aus, deshalb versprach ich Johanna, bald ins Zimmer nachzukommen, denn mit vollem Magen verlangt es mich stets nach einem Verdauungsschlaf. Doch daraus wurde nichts.

Wir zogen uns in einen Raum zurück, der uns ungestört sein ließ, und erörterten, was vorgefallen war. Dabei versuchte ich Timo zu vermitteln, wie sehr Gott ihn liebte. Dann betete ich darum, dass dieser Hang zur Gewalt aus seinem Leben verschwindet. Ich vermutete, dass es sich um übernommene Verhaltensmuster handeln würde. Timo saß rechts von mir mit dem Rücken zur Tür. Da erschien hinter ihm ein riesenhafter Dämon.

Erschreckt starrte ich auf die monsterhafte Erscheinung, die aus dem Nichts heraus auftauchte. Nie zuvor habe ich Derartiges gesehen. Das boshafte Funkeln der Augen trieb mir den Angstschweiß auf die Stirn. Ein gehässiges Grinsen verstärkte die bannende Wirkung. Ich war darauf überhaupt nicht vorbereitet und fühlte mich schwach und hilflos. Mein erster Gedanke war, Beter zu mobilisieren. Als ich mich von der Couch erheben wollte, stellte ich fest, dass ich keine Kontrolle mehr über meinen Körper besaß. Es gelang mir noch nicht einmal, die Stellung der Beine zu verändern. Für eine kurze Zeit entwickelte ich Panik. Offenbar hatte ich es mit einem mächtigen Dämon zu tun.

Was konnte ich tun? Ich bedauerte, dass wir uns in einem Teil des Hauses befanden, der kaum frequentiert war. Dann erreichte mich ein rettender Gedanke.

„Im Namen von Jesus Christus befehle ich dir: Verschwinde!"

Ich schleuderte dem Geistwesen die Anweisung im Befehlston zu. Der Dämon riss die Augen auf, taumelte zurück und verschwand. Gleich darauf war er wieder auf der Bildfläche, allerdings in weiterem Abstand. Seine Mimik veränderte sich ständig. Sie wechselte von beharrlichem Trotz über glühenden Hass zu gequälten Zügen. Während des Gebetskampfes senkte ich meinen Blick. Ich wollte sehen, wie Timo sich verhielt. Ich war überrascht, als ich diesen Kraftprotz wie einen Embryo auf dem Sessel zusammengerollt und wimmernd erblickte. Er selbst hat nichts gesehen, aber eine bedrohliche Bosheit wahrgenommen. Ich weiß nicht mehr, wie lange die Auseinandersetzung mit dieser Geistesmacht anhielt. Durch den Schock hatte ich jedes Zeitgefühl verloren. Als der Dämon nicht wieder zurückkehrte, war ich wieder in der Lage, mich zu erheben. Wir fielen uns wortlos in die Arme, dann stürzte ich nach draußen und setzte mich schwer atmend neben einen Freund. Er fragte mich nach dem Befinden. Aber ich war noch nicht in der Lage, Worte zu formulieren. In den nächsten Tagen reagierte ich sehr schreckhaft. Ein trockenes Blatt, das vom Wind über den Gehweg geweht wurde, reichte schon aus, um mich aus der Fassung zu bringen.

Die Veränderung bei Timo war radikal. Er fehlte bei keiner Bibelarbeit und nahm auch an den Themenabenden teil. Offenbar hatte er seinen Kumpanen von den Ereignissen erzählt, denn auch sie waren nun bei allen Veranstaltungen präsent.

Ein Gemeindeältester suchte mich mit einem Ehepaar auf, das der Scientology-Kirche zu entkommen suchte. Seit etlichen Jahren wechselten sie die Wohnorte. Sie fühlten sich nach kurzer Zeit entdeckt und sowohl körperlich als auch wirtschaftlich bedroht. Sie schilderten mir, auf welch subtile Weise sie geködert worden waren und nun in der Falle saßen.

Ich legte dar, dass die ständigen Ortswechsel ihnen nicht die ersehnte Freiheit bringen konnten, sondern ein Herrschaftswechsel hin zu Jesus. In ihrer Zeit als Scientologen hatten sie eine Gehirnwäsche erfahren, die sie an diese Organisation band. Zugleich sorgten Geistesmächte dafür, sie in einer ständigen Angst zu halten. Ich ahnte nicht, dass ich deren Einfluss unerbittlich erleben würde. In der Nacht wachte ich auf und fühlte eine abgrundtiefe Angst. Sie ergriff mein Denken und Fühlen derart stark, dass ich aufstand, um mich zu beruhigen. Selbst die Ruhe im Haus wirkte beklemmend. Ich widerstand dem Impuls, Fenster und Türen zu überprüfen, um sie gegebenenfalls zu verschließen. Weiß ich doch, dass Geistwesen mühelos alles durchdringen. Am nächsten Tag rief mich der Gemeindeälteste an.

„Sie glauben gar nicht, was ich für eine schreckliche Nacht hinter mir habe", sagte er ohne Umschweife. Wellen der Angst waren über ihn hereingebrochen. Doch er war weise genug, der Herausforderung mit geistlichen Waffen zu begegnen.

Seelsorge im Bereich okkulter Bindungen ist kein Honiglecken. Sie erfordert ein hohes Maß an Nähe zum Herrn und eine radikale Absage an die Sünde. Wir sollten alles ablegen, was uns bewusst ist. Damit sind wir keineswegs gerechtfertigt, geben aber dem Feind weniger Angriffsfläche:

> *Gebt dem Versucher keine Chance!*
> (Epheser 4,27 GNB).

Iwana (Name geändert) hatte in ihrer früheren Heimat ein stark behindertes Kind zur Welt gebracht. Ihr Mann wollte sich mit dieser Situation nicht abfinden. Er verließ die Familie und ließ sie mittellos zurück. Bald wussten die beiden nicht mehr, wovon sie leben sollten. Arbeiten gehen konnte die Mutter nicht, da die Tochter ihre ganze Aufmerksamkeit beanspruchte. Die Not wurde so groß, dass Iwana den Freitod suchte. Zwei Mal misslang ihr Vorhaben.

„Ich war derartig verzweifelt, dass ich den Teufel bat, mir zu helfen. Ich nahm einen Gürtel und hängte mich daran auf", erzählte die Frau mit leiser Stimme. „Doch eine Nachbarin fand mich rechtzeitig und rettete mich."

Iwana nutzte die Chance, um mit ihrer Großfamilie nach Deutschland überzusiedeln und eine Wohnung in der Nähe einer biblischen Ausbildungsstätte zu nehmen. Dort kam sie in Kontakt mit Christen, denen sie ihre Not erzählte.

„Seit der Zeit, als ich mich an den Teufel wandte, werde ich nachts sexuell belästigt. Eine knochige Hand streift mir über den Leib, berührt meine Genitalien oder dringt gar in sie ein. Meine Familie meint, ich sei von Sinnen. Sie glaubt mir nicht. Und auch hier stoße ich nur auf Skepsis."

Ich wusste davon, denn Iwanas Mutter rief mich mit den Worten an: „Bemühen Sie sich nicht um sie. Iwana ist einfach nur verrückt."

„Auch meine Tochter wird von Zeit zu Zeit belästigt", führte Iwana weiter aus. Erst kürzlich sagte sie wieder: ‚Mama, da ist eine Hand, die mich anfasst.'"

Ich wandte mich an die Frau, die Iwana begleitete und den Kontakt zu mir hergestellt hatte: „Wie beurteilen Sie diese Sache?"

„Ich war zunächst auch skeptisch“, sagte sie, „doch ich wollte den Dingen auf den Grund gehen und habe im Schlafzimmer von Iwana übernachtet.“ Sie stockte, ehe sie weiter ausführte: „Es ist wahr. Diese Hand hat sich auch an meinem Körper zu schaffen gemacht. Es war einfach nur gruselig.“

Ich wusste nun Bescheid und war sicher, dass die nächtlichen Begebenheiten im Zusammenhang mit der Bindung an den Teufel standen. „Sind Sie Christin?“, fragte ich Iwana. Sie verneinte, bekräftige jedoch, dass sie Jesus durch den Kontakt ihrer Begleiterin immer besser kennenlernte.

„Ich will Ihnen ehrlich gestehen, dass ich Ihnen nicht helfen kann“, sagte ich ihr. „Es gibt nur einen Weg zur Freiheit: Wechseln Sie die Herrschaftsansprüche, indem Sie sich deutlich vom Teufel abwenden und Jesus erlauben, Ihr Leben zu bestimmen. Bisher haben Sie die Realität der bösen Geisteswelt erfahren. Da dürfte es Ihnen nicht schwerfallen, Gott und seinen Sohn Jesus Christus zu akzeptieren.“

„Ja, das will ich tun!“ Iwanas Stimme klang geradezu flehentlich. Sie nahm an diesem Tag Jesus als ihren Herrn an. Danach löste ich sie aus der Gebundenheit von Satan. Wir erlebten an diesem Nachmittag einen bemerkenswerten Sieg.

Drei Tage später erhielt ich einen Anruf von Iwana: „Herr Mühe, stellen Sie sich vor“, ihre Stimme klang gelöst. „Nach fast zwanzig Jahren erlebe ich jetzt, dass meine Tochter und ich nachts nicht mehr sexuell belästigt werden. Ist das nicht großartig?“

Ich konnte sie mit Freude beglücken, denn Gott hatte sich ihr zugewendet.

Agnes (Name geändert) rief mich an und vereinbarte gleich für den nächsten Tag einen Termin, so dringend war ihr die

Angelegenheit. Sie wollte mit ihrem Ehemann Fred (Name geändert) zu mir nach Hause kommen. Da ich mich schon bereithielt, beobachtete ich, wie sie ihrem Mann vorauseilte, bis zur Tür ging, aber nicht klingelte. Gleich darauf kehrte sie mit schnellen Schritten zum Wagen zurück. Ich öffnete die Tür und eilte hinter ihr her. Sie war nicht die Erste, die so handelte.

„Halt, stopp!" rief ich ihr zu. „Folgen Sie jetzt nicht Ihrer Angst. Kommen Sie doch erst mal herein, dann können wir miteinander sprechen." Ihr Mann war Agnes entgegengekommen und zog sie in meine Richtung. Ich sah der Frau in die Augen. Sie flatterten geängstigt. Was für ein Bild des Elends!

Bei einer Tasse Kaffee hatte sie die Gelegenheit, die Nerven zu beruhigen. Der Ehemann schilderte, dass sie selbstständig waren, seine Frau jedoch in keiner Krankenkasse mehr aufgenommen wurde.

„Seit Jahren zerstöre ich zwanghaft meinen Zahnersatz", erklärte nun Agnes, „ich feile ihn ab, bis ich schreckliche Schmerzen habe und eine erneute Behandlung benötige."

„Wir haben dafür schon ein Vermögen ausgegeben", ergänzte Fred.

Agnes führte aus, dass ihre Schwierigkeiten begonnen hatten, als sie sich von der Schamanin getrennt hatte. „Auf diese Weise übt sie noch immer Einfluss auf mich aus."

Ehe ich Hilfe anbieten wollte, erkundigte ich mich nach ihrer Beziehung zu Jesus. Ihre Angaben bewegten sich auf der Ebene einer gewissen Gottgläubigkeit. Ich wendete mich mit der gleichen Frage an Fred.

„Mich können Sie außen vor lassen", wehrte er überrascht ab. „Bei mir ist alles in Ordnung."

Das war es aber nicht. Ich erklärte beiden, dass ein Leben mit Gott danach verlange, ihm die Herrschaft über das eigene Leben zu gestatten. Dazu waren zu meinem Erstaunen beide bereit. Ich sagte ihnen mit meinen Worten vor, wie so ein Übergabegebet aussehen kann. Dann überließ ich ihnen das Feld. Beide bekundeten Jesus, dass sie von nun an mit ihm leben wollten. Ich schloss mich mit einem Gebet an. Als ich meine Augen öffnete, erkannte ich, wie stark sich der Ausdruck im Gesicht von Agnes bereits jetzt verändert hatte. Ihr Blick war nun hell und fest. Sie strahlte einen Frieden aus, noch ehe ich sie aus dem Zugriff der Schamanin gelöst hatte.

An diesem Tag verließen mich zwei glückliche Menschen, die eben erst Gottes Kinder geworden waren. Ich erklärte ihnen die positive Tragweite ihrer Entscheidung und wies auf christliche Gemeinden in ihrem Umfeld hin.

> *Aber allen, die ihn aufnahmen und ihm Glauben schenkten, verlieh er das Recht, Kinder Gottes zu werden* (Johannes 1,12 GNB).

Wenige Tage später rief Agnes mich erneut an: „Mein Mann singt bei der Arbeit", teilte sie mir mit, „das hat er noch nie gemacht. Er ist so ausgeglichen!"

Zuzanna (Name geändert) lebte seit vielen Jahren in Deutschland, war aber tief unglücklich. In ihrem Dorf in Tschechien war ihr Vater ein bekannter Hexer. Eines Tages verschwand er für immer im nahe gelegenen Wald. Zuzanna übernahm sein Geschäft. Als Hexe entwickelte sie eine große Bandbreite an esoterischen Praktiken. Mit ihnen verdiente sie gutes Geld. Ich lernte Zuzanna bei einer Freizeit kennen, als sie ein Gespräch suchte.

„Ich ging zu einer Kartenlegerin, um Auskunft über meine Zukunft zu erlangen“, erzählte sie. „Die Frau schlug die Hände über dem Kopf zusammen und wollte nicht mit der Sprache herausrücken. Ich bedrängte sie jedoch so lange, bis sie doch redete.“

Zuzanna kramte nach einem Taschentuch und fuhr fort:

„Alles, was sie mitgeteilt hat, ist eingetroffen. Ich bin zweimal vergewaltigt und einmal fast zu Tode gewürgt worden. Ich habe einen Mann geheiratet, der sich an unseren Kindern sexuell vergangen hat. Es ist mehr, als ich ertragen kann“, stammelte sie weinend.

Ich hörte Zuzanna betroffen zu, unfähig, das Leid nachzuvollziehen, das sie vor mir ausbreitete. Zum Glück hielt ich mich mit Worten zurück, denn die Frau war noch nicht am Ende:

„Das Schlimmste ist, dass die Kartenlegerin mir mein Todesdatum nannte“, schluchzte sie, „ich kann an nichts anderes mehr denken!“

Ich legte der Frau meine Hand auf den Arm und beruhigte sie: „Diesen Tag wirst du lebendig feiern“, versicherte ich ihr. „Gott selbst bestimmt den Beginn und das Ziel unseres Lebens.“

Durch ein Absagegebet bereinigte Zuzanna ihre okkulte Vergangenheit. Und ich löste sie durch ein Absagegebet von der zeitlichen Festlegung des Todes. Sie erlebte ihn unbeschwert in einer neuen Freiheit.

Die Erfahrung mit Zuzanna ermutigte mich, einer Studentin Mut zuzusprechen, die ebenfalls durch eine Wahrsagerin ihren Todestag kannte. Die junge Frau war als Teilnehmerin auf einer Freizeit und hatte Hilfe gesucht. Ich erklärte ihr, dass ich sie durch ein Absagegebet aus dieser Bindung lösen wollte. Empört wies sie mein Vorhaben zurück:

„Entschuldigung, aber an einen solchen Quatsch glaube ich nicht“, hielt sie mir entgegen.

Ich schaute sie entgeistert an. Für den esoterischen Humbug war sie durchaus offen. Für den Weg heraus nicht. Ich legte ihr noch mal die Veränderung dar, die Zuzanna erlebt hat. Sie lehnte erneut ab.

„Die Einnahme von Psychopharmaka zur Beruhigung würde sich bestimmt erübrigen“, warb ich. Es half nichts. Ihr konnte ich nicht helfen.

Während ich Bibeltage in Bayern durchführte, war ich zum Mittagessen bei einer Familie eingeladen. Sie nutzte meine Gegenwart, um mir ein Problem mitzuteilen. Ihr Baby weigerte sich, in einem bestimmten Raum des neu erworbenen Hauses zu schlafen. Leider habe ich den Namen und das Geschlecht des Kindes vergessen. Deshalb nenne ich es mal Johannes.

„Immer, wenn ich Johannes dort zum Schlafen in die Wiege lege, schläft er nicht, sondern weint, bis ich ihn in einen Nachbarraum schiebe“, erklärte mir die junge Oma. Wir suchten nach einer natürlichen Ursache, die sie als Familie aber bereits überprüft und ausgeschlossen hatten.

Uns bot sich zeitlich die Chance, das Phänomen durch Vorführen zu erleben. Als sich die Oma im besagten Raum mit dem Kind nach unten beugte, begann es bereits unruhig zu werden. Und in der Wiege abgelegt, begann es aus Leibeskräften zu weinen. Sie nahm Johannes wieder hoch. Wir schoben die Wiege in den Nachbarraum. Dort ließ sich das Kind ohne Geschrei zur Ruhe legen.

Ich konnte für das Verhalten keine vernünftigen Gründe finden, deshalb äußerte ich die Vermutung, dass der Raum unter der Kontrolle einer bösen Geistesmacht stehen könnte. Ich bat die Gastgeberin, das Kind für die Zeit meines Gebets noch einmal aus der Wiege zu nehmen.

„Herr Jesus", betete ich. „Wir wissen nicht, was in diesem Raum vorgefallen ist. Aber offensichtlich hat sich hier eine Geistesmacht festgesetzt, die Johannes erschreckt. Bitte weise du sie hinaus. Im Namen und in der Autorität von Jesus Christus gebiete ich jedwedem Dämon, der hier ein Anrecht hat, zu verschwinden. Ihr habt hier nichts mehr zu suchen! Himmlischer Vater, ich bitte darum, dass der Heilige Geist dieses Zimmer nun mit seiner segnenden Gegenwart ausfüllt."

Einige der Anwesenden schlossen sich durch Gebete an. Jetzt kam der spannende Augenblick, um festzustellen, ob sich was verändert hatte und wenn ja was. Wir schoben die Wiege in den bisher abgelehnten Raum zurück. Die Oma legte Johannes auf die Matratze. Und das Kind ließ es willig geschehen!

In Österreich rief mich eine ältere Christin um Hilfe. Ihr ebenfalls betagter Mann wurde heftig von Mächten der Finsternis gequält. Ich habe vergessen, worum es konkret ging. Als ich zu deren Anwesen kam, staunte ich. Es lag malerisch an einem klaren See, umgeben von hohen Bergen. Aber die Verfassung des Mannes – ich nenne ihn mal Sepp – war ganz das Gegenteil. Ein gelebtes Elend.

Die Erwartung seiner Ehefrau an mich war sehr hoch. Ich fühlte mich gewissermaßen unter Druck gesetzt. Das Lamento von Sepp war lang, aber durchaus durch Angriffe auf seine Psyche begründet. Einen Anhaltspunkt, dass er sich auf okkulte Praktiken eingelassen habe, fand ich nicht, dennoch war die Manifestation von boshaften Mächten nicht von der Hand zu weisen. Ich überwand das Gefühl der Verunsicherung, das ich stets habe, wenn ich nur über unzureichende Fakten verfüge.

Im Namen von Jesus Christus befahl ich den anwesenden Mächten, Sepp augenblicklich zu verlassen. In Namen des Herrn ordnete ich an, dass er sie binden und an den Ort verbannen sollte, den er ihnen zuweisen würde. Schon in diesen Augenblicken verließen die Mächte den Körper dieses Mannes. Als seine Frau den Raum betrat, konnte Sepp bereits befreit Gott loben und preisen. Sein körperlicher Zustand stabilisierte sich, sodass das Ehepaar noch ein paar geruhsame Jahre miteinander verlebte.

In Österreich, Bayern oder in Belgien erlebte ich es öfter, dass Christen von Totengeistern bedrängt wurden. Meist redeten sie nur davon, wenn sie Vertrauen zu mir gefasst hatten, denn keiner von ihnen wollte als verrückt gelten. Ich vermute, dass der Katholizismus mit seinen Gebeten zu Heiligen diese Ausgangslage begünstigt. Der frühere Kardinal Josef Ratzinger schrieb einmal in einem seiner Bücher, dass Protestanten für den Rationalismus empfänglich seien, während Katholiken eher zur Mystik neigen. Dem kann ich nur zustimmen.

Eine Sintiza bedrängte mich in der Pause zwischen zwei Referaten, sie wegen eines Problems anzuhören und für sie zu beten. Ich reagierte zunächst unwillig, weil ich die zur Verfügung stehende Zeitspanne für nicht ausreichend hielt. Aber sie blieb hartnäckig und ich wendete mich ihr zu.

„Mein verstorbener Mann erscheint fast jede Nacht und möchte Geschlechtsverkehr haben“, klagte sie.

„Oh, dieses Phänomen begegnet mir üblicherweise nur bei Katholiken“, äußerte ich erstaunt in Unkenntnis ihrer religiösen Zugehörigkeit.

„Aber ich bin doch katholisch!“, gab sie zu bedenken. Ich ließ mir sagen, dass auch beim Volk der Sinti ein Totenkult herrscht. Einer, bei dem sie die Grenzen überschreiten, die Gott gegeben hat (5. Mose 18,9-11).

Ich stand unter Zeitdruck, deshalb fackelte ich nicht lange, sondern betete darum, dass diese Frau frei würde. Danach wies ich sie kurz ein, wie sie die Freiheit ab sofort verteidigen konnte:

„Wann immer dieser Geist Sie bedrängt, weisen Sie ihn im Namen von Jesus Christus entschieden zurück. Er ist nicht Ihr Mann, sondern hat nur sein Aussehen, weil er auf diese Weise erreicht, was er will."

Die Zeit, die ich dieser Frau widmen konnte, war nur sehr begrenzt. Deshalb war ich darüber unzufrieden. Am nächsten Tag hielt ich in der gleichen Gemeinde die Predigt im Gottesdienst. Ich saß bereits in der ersten Reihe und sammelte meine Gedanken. Da stürzte die Sintiza voller Überschwang auf mich zu:

„Herr Mühe, der Herr ist so treu. Er hat mich frei gemacht. Heute Nacht stand er nicht an meinem Bett." Ich wusste, wer *er* ist und freute mich mit ihr. Wirksames Gebet muss nicht zwangsläufig lang sein. Ich umarmte die Frau und konzentrierte mich wieder auf den bevorstehenden Gottesdienst.

Die Frau, die aus Köln anreiste, trug deutliche Spuren ihres unglücklichen Lebens an sich. Ihr Gesicht war blass, der Blick leer und unter den Augen hatte sie dunkle Ringe. Das fiel selbst meinen Töchtern auf, an denen sie vorbeiging, als sie mir in den Gesprächsraum folgte. Carmen (Name geändert) hatte mir bereits am Telefon mitgeteilt, dass sie Seelenwanderung betrieben hatte, sie aber nicht mehr stoppen konnte.

Carmen saß wie ein Häufchen Elend vor mir: den Blick gesenkt, die Hände vor dem Schoß zwischen den Beinen vergraben. Sie wirkte unsicher, als sie mir erzählte, dass sie bereits zweimal gelebt habe. Auf ihren außerkörperlichen Exkursionen habe sie ihre erste Existenz wahrgenommen, und zwar zur Zeit der Kreuzzüge in Italien.

„Beschreiben Sie mir, was Sie da erlebt haben", forderte ich sie auf.

Ohne zu zögern schilderte Carmen die sozialen, politischen und religiösen Begebenheiten jener Zeit, und zwar derart präzise und zutreffend, dass ich verblüfft war. Kurz zuvor hatte ich zwei Bücher über die Kreuzzüge gelesen. Ich dankte dem Herrn für diesen „Zufall".

„Welche Beziehung haben Sie zu Italien?" Mit meiner Frage wollte ich herausfinden, aus welcher Quelle Carmen die angeblichen Erinnerungen schöpfte.

„Nach dem Abitur bin ich von zu Hause weggegangen. Für mich war es ein dunkler Ort. Ich bin nach Italien gereist und habe dort gelebt. Das fiel mir nicht schwer, denn nach vierzehn Tagen habe ich fließend Italienisch gesprochen."

Das ließ mich aufhorchen. Zwei Wochen sind dafür selbst für ein Sprachgenie zu kurz.

„Wie haben Sie Ihre Zeit in Italien verbracht? Und wie lange haben Sie dort gelebt?"

Die Einzelheiten von Carmens Antworten habe ich vergessen. Wesentlich erschien mir jedoch ihre Auskunft, dass sie dort in einer Psychiatrie landete. Die Fragen nach ihrer zweiten Existenz ergaben die Vorstellung, zur Zeit des Hochmittelalters als Dienstmagd in Köln gelebt zu haben.

Ich erklärte Carmen einige Zusammenhänge zur Seelenwanderung, wie ich sie in der Seelsorge mit anderen Betroffenen herausgefunden habe. Wenn sich jemand durch esoterische Techniken aus seinem Körper entfernt, läuft er Gefahr, von bösen Mächten besetzt zu werden. Sie generieren Wissen und Erfahrungen, die Betroffene für eigene Erinnerungen früherer Reinkarnationen halten. Das erklärt die Detailfülle an Fakten und den superschnellen Erwerb der Fremdsprache. Was mir rätselhaft blieb, war, auf welche Weise der Zugang für dämonische Mächte stattgefunden hatte. Hier lag im Grunde der Schlüssel auf dem Weg zur Befreiung. Doch Carmen erinnerte sich an nichts.

Ich schrie in Gedanken zu Gott, er möge Licht ins Dunkel bringen. Ansonsten würde ich wohl für die Arme beten, sie aber unverrichteter Dinge wieder nach Haus schicken müssen. Ich war dabei, mein Vorhaben in Worte zu fassen, als Carmen sich äußerte:

„Da fällt mir gerade ein, dass mein Vater starb, als meine Mutter mit mir schwanger war. Sie konnte seinen Tod nie akzeptieren. Deshalb pflegte sie darüber hinaus mit ihm engen Kontakt. Das machte das Zuhause für mich zu solch einem finsteren Ort, dem ich so schnell wie möglich entfloh."

Voller Dankbarkeit wandte ich mich in Gedanken an den Herrn, der mein Gebet erhört hatte. Die Grenzüberschreitung der Mutter in die jenseitige Welt wirkte sich auf ihre Tochter, mit der sie schwanger war, negativ aus:

> *Wenn sich jemand von mir abwendet, dann ziehe ich dafür noch seine Nachkommen zur Rechenschaft bis in die dritte und vierte Generation* (2. Mose 20,5b GNB).

Theologen, die es nie mit okkult belasteten Personen zu tun hatten, lehnen in der Regel die Gültigkeit dieser Aussage für Gläubige des Neuen Testaments ab. Mögen sie ihrer Auffassung sicher sein, ich teile sie jedenfalls nicht.

Wir werden Gottes Warnung als ungerecht empfinden. Wieso bestraft er Nachkommen für die Verfehlungen der Vorfahren? Ich weiß es nicht. Es wird dadurch allerdings deutlich, dass Sünde nie eine private Angelegenheit ist. Sie zieht andere mit hinein. Und oftmals gerade jene, die uns am nächsten stehen und die wir am meisten lieben. Die nachfolgende Aussage sollten wir aber unbedingt auch beachten. Sie belegt, dass Gottes Güte weitaus größer ist als sein Zorn:

> *Wenn mich aber jemand liebt und meine Gebote befolgt, dann erweise ich auch noch seinen Nachkommen Liebe und Treue, und das über Tausende von Generationen hin* (2. Mose 20,6 GNB).

Ich konnte Carmen die Zusage geben, dass mit ihr nun eine Segensspur beginnen konnte. Dieses Geschenk nahm sie gern an.

Ein Kollege fragte einmal: „Wie kommt es, dass du so oft mit Menschen zu tun hast, die okkulte Bindungen haben, wir jedoch nicht?"

„Ich gehe davon aus, dass ihr dämonisierte Personen nicht erkennt und deshalb auf menschlicher Ebene gegen boshafte Charaktere und gegen ungünstige Umstände ankämpft", antwortete ich.

„Und im Übrigen: Ich wollte in diesem Bereich niemals tätig werden. Aber wenn Gott die Leute zu mir schickt, dann kann ich nicht kneifen."

21. Pleiten, Pech und Pannen

Für einige Jahre waren wir als Mitarbeiter des Bibellesebundes mit einem Bibel-Bus unterwegs. Er enthielt vom Buch der Bücher einen interessanten Querschnitt besonderer Ausgaben. Dazu gehörte die kleinste Bibel der Welt auf Microfilm, eine Ausgabe in Blindenschrift, ehrwürdige Uralt-Ausgaben. Bibeln, die geschmuggelt worden und mit aufregenden Geschicken von Personen verbunden waren. Auf einem umgebauten Anhänger führten wir eine Druckerpresse mit, die dem Original von Gutenberg nachempfunden war. Auf ihr konnten Besucher – meist waren es Schüler – sich einen hübschen Druck zu Psalm 23 erstellen. Die Einsätze erforderten Konzentration und die Fähigkeit, sich immer wieder neu auf verschiedene Altersstufen einzulassen. Sie hatten ganz unterschiedliche Resonanzen. Es gab katholische und evangelische Lehrer, die uns sehr wohlwollend gegenübertraten. Sie öffneten uns zum Teil für Pausen das Lehrerzimmer. Und es gab kritische Distanz.

Als ich an einer Hauptschule einem Schüler eine Frage stellte, meinte der Lehrer, ihm mit der Bemerkung zuvorkommen zu müssen: „Wenn der Udo (Name geändert) so lang wäre, wie er dumm ist, könnte er aus der Dachrinne trinken."

Es blieb nicht bei diesen Worten. Ich war über ein derart unpädagogisches Reden schockiert, ahnte jedoch, wie viel

Frust sich in dem Mann aufgestaut haben musste. Eine Lehrerin, die kurz vor ihrem Dienst-Ende stand, sagte:

„Ich habe es längst aufgegeben, Wissen vermitteln zu wollen. Ich sozialisiere nur noch."

Auch wenn an christlichen Schulen nicht alles Gold ist, was glänzt – den Unterschied zu einigen staatlichen Schulen empfand ich als eklatant.

Bei einem Einsatz begleiteten uns Christen vom „Gideonbund". In einer der Pausen verteilten sie hübsch aufgemachte Neue Testamente. In der nächsten Pause kam ein Jugendlicher auf uns zu. Auf seinen Handflächen hatte er etwas gestapelt, was ihm bis zum Kinn reichte.

„Hier, eure heiligen Bücher. Ich habe sie im Toilettenraum vom Boden aufgesammelt."

Ich war entsetzt. Es waren die Neuen Testamente, die vor Kurzem verteilt worden waren. Einige davon waren zerrissen oder mutwillig beschriftet worden. Der Überbringer war ein Paschtune aus Afghanistan. Ich redete mit ihm und versicherte, wie sehr ich mich für das Verhalten der anderen schämte. Möglicherweise verstand er es nicht, als ich ihm zu erklären versuchte, dass Kulturchristen nicht zwangsläufig auch Menschen sind, die Gott ernst nehmen.

Der Bibel-Bus wurde nach einigen Jahren durch den Bibel-Shuttle abgelöst: einen achtzehn Meter langen Gelenkbus, der (für damalige Verhältnisse) futuristisch gestaltet und mit zahlreichen Computerterminals ausgerüstet war. Allein die Erscheinung dieses Giganten erregte Aufmerksamkeit. Einsätze absolvierten wir stets zu zweit. Um das Riesending zu bewegen, bedurfte es eines Führerscheins für Lastwagen. Einsätze mussten vorab gut geplant werden, denn das Gesamtgewicht und die Fahrzeughöhe stellten Herausforderungen dar.

Ich liebte es, mit Michael unterwegs zu sein. Von seiner körperlichen Statur und der stoischen Ruhe her passte er ideal zum Bibel-Shuttle. Der Kollege wusste, wann für ihn am Abend die Zeit gekommen war, ins Bett zu gehen. So ließ er mich bei einer der vielen Übernachtungen mit der Gastgeberin allein. Sie nutzte ihre Chance zur Kommunikation. Genau genommen war es so, dass nur sie redete und ich im Wesentlichen nur mal nickte. Ich hielt das bei süffigem Rotwein ganz gut aus. Doch dann musste ich zur Toilette. Ich traute meiner Wahrnehmung nicht. Denn die Gastgeberin folgte mir und redete vor der verschlossenen Tür unbeirrt weiter auf mich ein. Dass ich mich bei meinem Geschäft gehemmt fühlte, schien sie nicht weiter zu stören.

Bei einer Gelegenheit waren Michael und ich zum Übernachten unter dem ausgebauten Dach untergebracht. Da die Lichtverhältnisse bescheiden waren, hatte der Gastgeber die geniale Idee, die Toilette durch eine Glasscheibe abzutrennen. Da saßen wir also wie auf einem Präsentierteller. Das mochte unterhaltsam sein, Geborgenheit vermittelte es nicht. Wir vereinbarten, unsere Verrichtungen pfeifend zu erledigen.

Auf dem Marktplatz in einer mittelgroßen hessischen Stadt waren wir mit dem Bibel-Shuttle sehr gut präsent. Die Sonne schien und etliche der Passanten schauten herein. Auch zwei Nonnen. Sie stellten sich vergnügt einem Bibelquiz. Eines, das am Computer nebenan auch zwei Mädchen einer Jungschar spielten. Ich beobachtete, dass die Ordensfrauen selbst an einfachen Fragen zu biblischen Sachverhalten scheiterten. Irritiert stellten sie fest, wie mühelos sich die Mädchen durch die verschiedenen Level zur höchsten Punktzahl klickten.

„Woher wisst ihr das alles?", fragten die Nonnen.

„Das haben wir in der Jungschar gelernt", antworteten die Mädchen.

Im Laufe des Vormittags platzierte ich mich außerhalb des Bibel-Shuttles und lud mit Handzetteln zur Besichtigung ein. Da fiel mein Blick auf eine Gruppe junger Männer. Sie hatten pechschwarze Haare und waren auch ganz in Schwarz gekleidet. Die Gesichter wirkten blass. Intuitiv erfasste ich, dass es sich um Satanisten handelte. Beunruhigt schaute ich mich nach Michael um, aber er war nicht beim Shuttle. Angst packte mich.

„Das Ding hier nehmen wir auseinander“, hörte ich einen der Kerle sagen. Mit ihren Springerstiefeln betraten sie polternd das Innere. Gäste, die sich bis dahin dort aufhielten, entfernten sich durch den hinteren Ausgang. Ich begegnete ihnen, als ich mich in die Kabine verkroch, in der früher die Bordtoilette untergebracht und jetzt Material gestapelt war. Ich schloss die Augen, faltete die Hände und gab mit fester Stimme meine Anordnung:

„Im Namen von Jesus Christus befehle ich euch: Verschwindet! Jesus Christus ist Sieger!“

Augenblicklich hörte ich, wie einer der Männer ausrief:

„Ich halte es hier nicht aus, lasst uns gehen!“

Die schnellen Schritte dröhnten, als die Typen das Fahrzeug verließen. Ich sah mit tiefer Dankbarkeit hinter ihnen her und bemerkte, dass sie noch immer rannten, als seien sie auf der Flucht. Jahre später schrieb ich über diese Begebenheit einen Artikel. Daraufhin erhielt ich eine E-Mail.

„Ich gehörte auch zu dieser Gruppe“, schrieb mir eine Frau, „aber inzwischen habe ich Jesus Christus als meinen Herrn angenommen.“

„Aber ich habe nur Männer gesehen“, schrieb ich zurück.

„Ja, wir Frauen unterstützten die Aktion mit unseren spirituellen Kräften“, antwortete sie. Um aus der Gruppe ausbrechen zu können, musste sie ihre Identität und den Wohnort wechseln.

Seit 1979 leite ich jährlich mindestens drei Freizeiten. Bei den meisten hatte ich nach deren Beendigung den Eindruck, dass ich etwas vermitteln konnte, aber auch persönlichen Gewinn davontrug. Ich habe so viele großartige Menschen kennengelernt, die durch ihren Glauben und ihre Persönlichkeit inspirierend wirkten. Etliche hinterließen bei mir ihre Segensspuren, bei einigen wenigen übe ich mich in der Zuversicht, dass alle unsere Ecken und Kanten in der Ewigkeit aufgehoben sein werden.

Ende der Neunzigerjahre habe ich gemeinsam mit Susanne Koch begonnen, Fahrradfreizeiten durchzuführen. Unsere erste Tour startete sehr ambitioniert auf Leihrädern im Westen der Republik Irland. Damals organisierte Susanne die Unterbringungen, was sich wegen der nur sehr schleppend eintreffenden Anmeldungen als sehr mühsam erwies. Das Gepäck transportierten wir auf den Rädern, was jedem in der Kondition noch einmal mehr abverlangte. Wenn ich auf diese Reise zurückblicke, dann graust es mir wegen des Leichtsinns, den ich damals an den Tag legte. Die Räder waren für die rauen Schotterpisten und die Belastung durch Person und Gepäck nicht ausgelegt. Bei einer stark gebauten Teilnehmerin brachen in der Einsamkeit der Westküste gleich mehrere Speichen am Hinterrad. Ich versuchte, den Seitenschlag so weit zu minimieren, dass sie zumindest weiterfahren konnte. Das ging jedoch nur ein paar Kilometer gut, dann war das hintere Rad ganz dahin.

Was tun? Damals verfügten wir noch nicht über Handys. Ich war ratlos. Da fiel mein Blick auf ein Wohnmobil in weiter Ferne. Die Leute schienen gerade im Aufbruch begriffen. Ich radelte betend zu ihnen und erklärte ihnen unsere Situation. Ihre Freundlichkeit war großartig! Sie nahmen die Teilnehmerin mitsamt ihrem Fahrrad mit in den nächsten Ort, von dem sie wussten, dass es dort eine Werkstatt gab.

Bei der Verteilung der Zimmer agierte ich mit Dienstbeflissenheit, aber ohne Weitsicht. Als alle mit ihren Gepäckstücken verschwunden waren, bemerkte ich, dass ich mich bei der Unterbringung selbst vergessen hatte. Mit Organisationstalent hat Gott beim Verteilen von Gaben bei mir offensichtlich gespart. Ich erzählte Susanne später von meiner Misere und wir lachten darüber. Fortan übernahm sie diesen Part, und zwar souverän.

Weniger einfach ließ sich der Umgang mit einer Teilnehmerin klären, die sich mit dieser Reise offensichtlich überfordert hatte. Sie war auf niemanden von uns gut zu sprechen. Stattdessen redete sie laut zu ihren Beinen:

„Tritt, tritt, tritt!“ Ihre schreienden Befehlsrufe spiegelten Erschöpfung und Wut.

Leider ist Irland reich gesegnet mit enormen Anstiegen. Die junge Frau schob ihr Rad und weigerte sich dann aus Trotz, bei den Abfahrten aufzusteigen und den Abstand zur Gruppe wieder aufzuholen. Susanne hielt sich mit einer Engelsgeduld stets hinter der Teilnehmerin und ermutigte sie. Doch es schien, als redete sie ihre Worte in den Wind. Als wir die intensive Reise mit der Landung am Flughafen beendeten, waren wir der Teilnehmerin keinen Abschiedsgruß wert. Sie entfernte sich, ohne uns eines Blickes zu würdigen.

Wir planten weitere Fahrradtouren mit diesen Bedingungen und merkten, dass wir dafür nicht genügend Interessenten gewinnen konnten. So stellten wir auf Angebote mit Gepäcktransport um. Sie haben den Vorteil, dass auch die Buchungen für die Übernachtungen in der Regie von Agenturen liegen. Seit Jahren hat sich dadurch eine Kerngruppe etabliert, bei der die Anzahl der Rentner mit E-Bikes ständig ansteigt. Bei Pannen schaffen wir es inzwischen, uns selbst zu helfen. Wenn nötig, können wir jedoch auch Hilfe anfordern. Das fördert entspanntes Genussradeln.

Bei einer Städtereise nach Prag war ein Ehepaar mit dabei, bei dem beide Partner in erster Ehe geschieden worden waren. Ebenfalls teilten sie die Erfahrung, dass sie Suizidversuche hinter sich hatten.

„Mein Vater hat mich im Schuppen gefunden", sagte der Mann grollend. „Dummerweise hatte ich das Licht brennen lassen, als ich den Strick nahm."

Er schien darüber unglücklich zu sein, dass er am Leben war. Die beiden stritten schon miteinander, als wir sie an einer Raststätte mit an Bord nahmen. Ihre Zwistigkeiten dauerten all die Tage an. Unterwegs konnten sie sich aus dem Weg gehen. Bei der Rückreise klappte das nicht. Sie saßen allein auf der Sitzbank im hintersten Teil des Busses. Dort fingen sie an, einander zu verprügeln. Ich eilte zu ihnen und platzierte mich zwischen ihnen. Knuffe und Stöße wehrte ich auf diese Weise ab. Gegen die gehässigen Worte konnte ich nichts ausrichten. Schließlich schickte ich den Ehemann nach vorn, um in Ruhe mit der Frau reden zu können. Ihr Leben war von Lieblosigkeit und Verbitterung geprägt. Danach bat ich den Mann zu mir und schickte seine Frau auf Abstand. Die gemeinsamen Erfahrungen der überstandenen Suizidversuche bildeten keine ausreichende Lebensgrundlage. Wenn sie ihre grundlegenden Haltungen zueinander nicht unter Gottes Herrschaft stellten, dann würden sie weiterhin im Elend ihres Missverhältnisses bleiben. Ob ich ihnen das plausibel machen konnte, weiß ich nicht. Ich betete für beide und entließ sie mit einer gewissen Sorge.

Wenn wir in der Familie „Stadt, Land, Fluss“ spielen, dann erscheinen beim Buchstaben „R“ stets augenzwinkernd die Begriffe, „Ralf, Rom, Reiseleiter“, denn damit ist ein persönliches Fiasko verbunden. Bei dieser Städtereise ging zu viel daneben. Als der Bibellesebund sie ausgeschrieben hatte, kamen nicht ausreichend Anmeldungen zustande. Kaum hatten wir storniert, da wendete sich das Blatt. Die Reise nach Rom wurde mit heißer Nadel neu gestrickt. Wir flogen an einem Freitagabend. Als die Gruppe ausgecheckt hatte, bat ich sie, in der Abfertigungshalle beieinander zu bleiben. Ich wollte herausfinden, wo der Busfahrer stand, der uns zum Hotel bringen sollte. Schon auf dem Weg nach draußen musterte ich alle, die mit entsprechenden Schildern den Kontakt mit ihren Gästen aufnahmen. Mein Name tauchte jedoch nicht auf. Vor der Ankunftshalle schlugen mir schwüle Luft und der Lärm fahrender Autos, Hupen und die Stimmen von Passanten entgegen, die lauthals miteinander redeten oder telefonierten. Hier standen weitere Personen, aber niemand für unsere Gruppe. Beunruhigt kehrte ich zur Gruppe zurück. Die Leute standen noch immer lammfromm beisammen.

„Stimmt etwas nicht?“, fragte einer von ihnen.

„Ich sehe den Busfahrer nicht, der uns hier abholen soll“, antwortete ich. „Ich versuche mal, das Reisebüro zu erreichen.“

Ich kramte in meinen Unterlagen und stellte mich etwas abseits. Natürlich erreichte ich dort niemanden mehr. Ein Anrufbeantworter erklärte auf Italienisch vermutlich, dass ich außerhalb der Bürozeiten anrief. Der obligatorische Signalton erklang und ich erklärte auf Deutsch, dass wir am Flughafen standen und nicht abgeholt wurden. Ich überlegte, welche alternativen Möglichkeiten blieben. Dummerweise hatte ich meine Kreditkarte aus Angst vor Taschendieben zu

Hause gelassen. Mit ihr hätte ich ausreichend Taxis gechartert. Ich suchte nach der Telefonnummer vom Bibellesebund in Deutschland. Aber auch dort traf ich niemanden mehr an. Ich war ratlos und verkroch mich in eine stille Ecke:

„Herr", betete ich, „du siehst diese Situation. Ich bin am Ende mit meinem Latein und benötige deine Hilfe!"

Unmittelbar darauf klingelte mein Handy. Eine freundliche deutsche Stimme meldete sich. Sie gehörte einer Angestellten des italienischen Reisebüros.

„Herr Mühe, Sie haben ein Glück. Ich hatte meine Handtasche vergessen und kehrte nur deshalb zurück. Dabei hörte ich beim Hereinkommen, was Sie auf den Anrufbeantworter gesprochen haben."

Im Gespräch klärte sich, dass der Fahrer einige Gehminuten entfernt mit dem Bus auf uns wartete. Ich ärgerte mich darüber, dass mir das nicht zuvor gesagt worden war. Zugleich fiel mir ein riesiger Stein vom Herzen und ich dankte dem Herrn für die glückliche Wendung. Es dauerte noch eine Weile, bis wir uns zu dem Parkplatz durchgefragt hatten. Durch die Wartezeit verpassten wir das Abendessen im Hotel. Das war ein denkbar übler Start. Aber er bildete nur den Auftakt zu weiteren Pannen. Fast jeden Tag klappte etwas nicht.

Wir wurden mit einem Bus zu den Katakomben gefahren, die außerhalb der Stadt gelegen sind. Ich wunderte mich schon, dass die Fahrt ohne Reisebegleiter stattfand. Als ich mich danach erkundigte, teilte man mir mit, dass wir nur die Fahrt an diesen Ort, aber keine Führung gebucht hätten. Ich war sprachlos. Die Beschreibung besagte tatsächlich „Fahrt zu den Katakomben", ein Hinweis, dass man uns davor stehen lassen würde, fehlte. Gedemütigt sammelte ich das Geld für den Eintritt ein und buchte eine Führung für uns als Gruppe.

Die Frage eines Teilnehmers, „Kennst du dein Programm nicht?“, war berechtigt. Mit einer solchen Finte hatte ich nicht gerechnet.

Die Zusammenkünfte zu den Bibelabenden gestalteten sich in einem guten Geist. Ich spürte, dass die Leute mich mochten und meine Ausführungen schätzten. Als wir den freien Tag planten, wurde ich gefragt, ob der Besuch des Kolosseums als Programmpunkt vorgesehen sei. Da schon so vieles schlecht oder gar nicht geklappt hatte, versprach ich, im Reisebüro anzurufen. Leider traf ich dort nicht die Mitarbeiterin an, die für uns zuständig war. Sie war noch nicht im Büro.

„Man gab mir die Auskunft, dass der Besuch dort als Programmpunkt vorgesehen sei“, teilte ich der Gruppe mit.

„Den könnt ihr aussparen.“

Die bittere Wahrheit war, dass die Besichtigung des Kolosseums nicht zum geplanten Programm gehörte. Ich saß schon auf heißen Kohlen, als der letzte Tag sich dem Ende zuneigte. Hätte ich die Courage besessen, mich frühzeitig nach dem Besuch der antiken Stätte zu erkundigen, dann hätten wir uns schon da ärgern können. Nun platzte die Bombe, als sich der italienische Reiseleiter am späten Nachmittag von uns verabschiedete. Die Gruppe reagierte zu Recht aufgebracht und hielt mir eine gehörige Standpauke.

Ich schlich mich wie ein geprügelter Hund Richtung Hotel davon. Es war das einzige Mal, dass ich die Gruppe allein Abschied feiern ließ. Etliche kauften sich Käse, Weißbrot, Oliven und Rotwein und picknickten am Ufer des Tibers. Mit einer Weltuntergangsstimmung betrat ich einen Supermarkt, der auf dem Weg lag. Als ich mich dort umsah, entdeckte ich Flaschenbier der Marke „Seelentröster“. Ohne lange zu überlegen schnappte ich mir zwei davon und eilte zur Kasse. Ich plante, mich zu betrinken, um alles Elend zu vergessen.

Die sanfte Stimme des Heiligen Geistes meldete sich. Sie erinnerte mich daran, dass in meiner Kernfamilie auf diese Art und Weise versucht wurde, Probleme zu lösen. Für mich als Gottes Kind sei sie jedoch inakzeptabel. Ich brachte das Bier zum Regal zurück und beließ es bei den übrigen Einkäufen.

Im Hotelzimmer nahm ich einen Bogen Papier. In einer Spalte notierte ich zehn Versäumnisse vonseiten der Anbieter. In der anderen Spalte hielt ich Fehler fest, die auf mein Konto gingen. Diese Reise hatte mich gelehrt, die Kreditkarte mit auf Reisen zu nehmen und sämtliche Kontaktdaten zu sammeln und griffbereit aufzubewahren. Außerdem spreche ich seither mit einheimischen Reiseleitern die Programmpunkte zu Beginn der Reise und auch vor jedem Tag detailliert durch. Meine Aufzeichnungen zeigten ein Verhältnis von zehn zu drei. Damit konnte ich leben. Und ich dankte dem Herrn. Kaum hatte ich das „Amen" gesprochen, da klopfte es an der Zimmertür. Ein Ehepaar, das mit mir schon eine Reise durch die USA unternommen hatte, bei der alles bestens gelaufen war, erkundigte sich nach meinem Befinden. Ich gestand ihm meine Zerknirschung, aber auch, dass ich mich inzwischen wieder gefangen hatte. Sie sprachen mir Mut zu und versicherten, alles weniger schlimm empfunden zu haben als ich, der ich ja in der Verantwortung stand.

Für die Teilnehmer endete die Städtereise mit einer angemessenen Rückerstattung vom Freizeitpreis. Damit konnten sie gut leben.

Internetbilder von Hotels können derart lügen, dass ich ihnen nur noch bedingt vertraue. Bei einer Rundreise durch Griechenland stiegen wir in Thessaloniki in einem Hotel ab, das man aufgrund der Abbildungen für seriös halten konnte. Doch schon auf dem Weg zu den Zimmern mussten wir auf schlecht beleuchteten Fluren an Migranten vorbei. Die meisten saßen lauernd am Boden und taxierten die Teilnehmerinnen in einer Weise, dass sie sich nicht mehr aus den Zimmern trauten. Einige junge Männer nestelten unverschämt an meinem Gepäck, sodass ich sie rüde abweisen musste. Der erste Eindruck vom Zimmer war verheerend: Die Fenster hatten keine Vorhänge, sondern waren mit brauner Farbe zugeschmiert und damit blickdicht gemacht. Als ich eines öffnete, schaute ich in die dunklen Öffnungen einer Bauruine, aus deren Innerem die hellen Pfiffe von Ratten an meine Ohren drangen. Im Badezimmer blühte der Schimmel in den Ecken der Duschkabine. Es schauderte mich. Die Klimaanlage lief auf voller Leistung und verwandelte den Raum in einen Eiskeller. Eine Fernbedienung zur Regulierung gab es nicht. Mein nächster Blick galt den Unterlagen. Wie viele Übernachtungen sollten wir hier haben? Es waren insgesamt vier. Vier zu viel.

Das Abendessen sollte in einer Imbissbude stattfinden. Um sie gemeinsam aufzusuchen, trafen wir uns vor dem Hotel. Ich sah bereits an den Gesichtern, dass die Teilnehmer ähnliche Verhältnisse angetroffen hatten. Sie wirkten traumatisiert. Der Gang zur Imbissbude fand in gedrückter Stimmung statt. Sie wurde durch die Primitivität und den Zustand des Essens massiv verstärkt. Wo waren wir nur hingeraten? So etwas hatte ich in den Jahrzehnten, in denen ich Städtereisen durchführte, noch nicht erlebt.

Das Frühstück wirkte, als hätte man uns nicht erwartet. Das Besteck war uneinheitlich, den Kaffee mussten wir aus Pappbechern trinken. Es gab Brot, Butter und Marmelade in unzureichender Menge. Es war einfach nur schrecklich. Ich schlug telefonisch Alarm über die Zustände. Inzwischen war auch der Zorn der Teilnehmenden erwacht. Einige kündigten an, auf eigene Faust alternative Unterkünfte zu suchen und uns in Rechnung zu stellen. Ich wandte mich an die griechische Reiseleiterin, die am Bus zu uns stieß. Sie telefonierte mit dem örtlichen Reisebüro. Man versicherte mir, dass es in Thessaloniki keine Ausweichmöglichkeiten gab, da zurzeit in der Stadt eine Messe stattfinden würde.

Zur Mittagspause forderte einer der Teilnehmer die anderen auf, sich vor dem Bus zu versammeln. Dort ließ er mich vor der Gruppe in aggressivem Tonfall auflaufen. Er beschimpfte mich derart, dass ich die Gruppe allein ins Restaurant gehen ließ. Mir war das Ganze auf den Magen geschlagen. Ich bewegte mich außer Hörweite und rief beim Bibellesebund in Deutschland an. Der aggressive Teilnehmer war mir zuvorgekommen. Dort wusste man also bereits, dass wir kein Luxusproblem hatten, sondern als Gruppe gelinkt worden waren. Eine Weile irrte ich noch betend durch die Straßen. Da klingelte mein Handy. Eine Teilnehmerin meldete sich. Sie bedauerte den rüden Ton des Wortführers und bat mich, wieder zur Gruppe zu stoßen. Ich tat es und wurde von der griechischen Reiseleiterin herbeigewunken. Sie orderte ein weiteres Besteck und ließ mich von ihren Tellern essen.

„Ich kenne solche Situationen“, sagte sie mitfühlend, „ich habe sie schon mehrfach durchgemacht.“

Ihre ungezwungene Solidarität bewirkte, dass ich mich beruhigte. Aber unser grundlegendes Problem war damit noch nicht gelöst. Eine zweite Nacht wollte auch ich nicht in voller Straßenkleidung auf dem Bett verbringen, denn um unter die Bettdecke zu schlüpfen erschien mir alles zu schmuddelig.

Am frühen Nachmittag erhielt ich die erlösende Nachricht, dass wir in ein Landhotel außerhalb der Stadt ausquartiert würden. Gegen Abend verließen wir grußlos diesen üblen Ort. Das Hotel, das wir nach einer halbstündigen Fahrt erreichten, lag wunderschön in einer hügeligen Landschaft. Es wirkte gepflegt und man erwartete uns mit einem reichhaltigen Buffet im Freien.

Als wir am nächsten Morgen mit dem Bus unterwegs waren, erkundigte sich der Geschäftsführer des Bibellesebundes in Deutschland, ob nun alles in Ordnung sei.

„Nein“, erwiderte ich, „im Motorraum des Busses ist ein Feuer ausgebrochen, deshalb stehen wir als Gruppe auf einem Feld und warten auf einen Ersatzbus.“ Der Geschäftsführer war erst mal sprachlos.

Dem Mann, der mich so aggressiv niedergemacht hatte, war zuerst der Brandgeruch aufgefallen. Da er von Berufs wegen mit Fahrzeugen zu tun hatte, wusste er sofort, was los war. Der Busfahrer indessen weigerte sich zu reagieren. Er war offensichtlich nicht gewillt, sich von einem Gast Anweisungen geben zu lassen. Doch er hatte das Durchsetzungsvermögen des Teilnehmers unterschätzt. Als er das Fahrzeug schließlich am Straßenrand stoppte, qualmte es bereits unübersehbar aus dem Motorraum. Die Episode kostete uns als Reisegruppe einen Besichtigungstermin. Wir fanden es auch bei dieser Reise angemessen, eine Teil-Rückerstattung des Buchungspreises anzubieten.

Schon mehr als ein Dutzend Mal habe ich mit Gruppen das Land Israel besucht. Als einheimische Partnerin stand mir über ein Jahrzehnt Marianne zur Seite. Sie wuchs in der Schweiz auf, war aber nach dem Sechstagekrieg in das Land ihrer Väter ausgewandert. Mit ihr hatte ich eine Frau zur Seite, auf die ich mich zu hundert Prozent verlassen konnte.

Bei der ersten Reise meinte sie noch, mit Anzüglichkeiten punkten zu müssen, aber sie schien dankbar zu sein, sich das ersparen zu können. Aufgrund ständig wechselnder Gruppen wusste sie uns noch nicht richtig einzuordnen. Würden wir in der Grabeskirche den Einbalsamierungsstein küssen wollen? An einem öffentlichen Platz bat sie darum, dass wir uns in der Abfolge unserer Sternzeichen um eine entsprechende Abbildung auf dem Boden gruppierten. Niemand bewegte sich. Irritiert sprach Marianne eine Teilnehmerin an:

„Was für ein Sternzeichen bist du?"

„Frosch!", erwiderte die Frau schlagfertig.

Marianne war für einen Augenblick verwirrt. Ich ging auf sie zu und flüsterte ihr ins Ohr, dass das bei einer christlichen Gruppe nicht funktionierte. Marianne verstand und bat lächelnd:

„Dann stellt euch doch um diesen Stern und singt ‚Großer Gott, wir loben dich'!" Das mochten wir. Und Marianne sang mit.

An einem Sabbat waren wir als Gruppe ohne Marianne in Jerusalem unterwegs. Wir hatten geplant, an einem Gottesdienst messianischer Juden teilzunehmen. Es handelt sich um Juden, die Jesus als Retter angenommen haben, ohne ihre Identität aufzugeben. Es ergab sich, dass wir die kleine Gemeinde mit unserer Anzahl überforderten. Wir verließen deshalb den Raum und feierten unseren Gottesdienst in herrlicher Atmosphäre im angrenzenden Blumengarten. Erst spät bemerkten wir, dass eine Teilnehmerin fehlte. Vergeblich bemühten wir uns, telefonisch mit ihr Kontakt zu bekommen. Schließlich teilten wir uns in kleine Gruppen auf, um sie zu suchen.

Wieder einmal blickte ich fasziniert auf die Öffnung des Gartengrabs, als ich meine Begleiter überrascht darauf hinwies: denn aus dessen Dunkel trat die Vermisste ins Freie! Die Situation hatte geradezu Symbolcharakter. Erfreut schlossen wir uns mit ihr zusammen. Sie hatte nicht mitbekommen, dass wir den Raum der messianischen Juden wieder verlassen hatten. Und als sie es bemerkte, saß sie in den Sitzreihen fest. Nette Engländerinnen begleiteten sie eine ganze Weile und beschrieben ihr den Weg zurück zum Hotel, sodass sie ganz ohne Sorge gewesen war.

Bei einer unserer Reisen geriet ein Ehepaar mit unserer Reiseleiterin in Streit. Zum Imbiss packten die Gäste ihren Proviant aus, der noch von der Anreise übrig war. Marianne schritt recht resolut ein, da das einen Affront gegenüber dem Betreiber des Restaurants darstellte. Die Auseinandersetzung eskalierte. Die Gäste begaben sich schmollend an eine nahe gelegene Bushaltestelle. Ich reagierte zu spät. Als ich Marianne begegnete, war sie wutentbrannt und zischte: „Man hat mich beleidigt!"

Ich blickte sie an und schaute dann zu dem Ehepaar. Oha! Da war etwas gründlich schiefgegangen. Und das gleich am ersten vollen Tag unserer Reise. Während ich überlegte, was zu tun sei, sah ich Allam, den drusischen Busfahrer. Wir kannten uns gut, denn seit Jahren pflegten wir eine lockere Freundschaft. Er hatte die Situation erfasst und drei Mocca bestellt. Er reichte sie mir wortlos auf einem Tablett. Ich nahm es dankend entgegen und näherte mich dem verstimmten Ehepaar. Die Mienen der beiden erhellten sich beim Anblick dieser freundlichen Geste.

„Auf diese rüde Weise behandelt zu werden, haben wir bei einer christlichen Freizeit nicht erwartet", äußerten sie.

„Bedenkt bitte, dass Marianne jüdisch denkt und reagiert. Der Umgangston hier ist insgesamt rauer", sagte ich. „Aber ihr seid Christen", fügte ich hinzu. „Lasst sie das spüren und geht freundlich auf sie zu, wenn sich der Grimm gelegt hat."

Es klappte. „Das Ehepaar hat sich bei mir für sein Verhalten entschuldigt“, flüsterte Marianne mir später befriedigt zu. Ich war stolz auf den Herrn, der durch die Christen erkennbar geworden war. Solche Erfahrungen sind wirksamer als viele fromme Statements. Marianne und die beiden hatten von da an ein ungetrübtes und herzliches Verhältnis.

„Du, da hat sich heute ein Herr“ – meine Kollegin nannte mir den Namen – „in dein Zimmer angemeldet.“ Ich verstand den Sinn der Aussage nicht und fragte nach.

„Er sagt, dass ihr euch gut kennt. Wenn er bei dir im Leiterzimmer übernachten würde, dann könnte er sich die Studienreise nach Israel leisten.“

Ich lehnte kategorisch ab. Zum einen fand ich das Ansinnen dreist. Zum anderen wäre ich mit Tobias (Name geändert) überfordert gewesen. Er lebte zu jener Zeit gerade in Scheidung, war als Finanzberater finanziell am Ende und gehörte mit ADHS zu jenen, die kaum mal zur Ruhe finden. Ich wäre in den Zeiten, in denen ich das Programm des nächsten Tages mit Andachten und Gesprächsangeboten noch einmal überflog, von ihm ständig in Beschlag genommen worden.

Die Mitarbeiterin teilte Tobias mein Veto mit. Er kam trotzdem. Eine seiner ersten Taten war, Marianne zum Glauben an Jesus als den Messias führen zu wollen. Grundsätzlich fand ich das Unterfangen lobenswert. Aber ich beobachtete, dass er massiv auf die Jüdin einredete. Da die Reiseleiterin nicht den Eindruck erweckte, als sei sie verbal in die Ecke gedrängt, widerstand ich dem Impuls, mich einzumischen.

„Tobias hat gestern versucht, mich zu bekehren“, teilte mir Marianne anderntags mit.

„Ich habe es am Rande mitbekommen“, antwortete ich ihr.

„Und ich habe überlegt, ob ich dazwischengehen soll", fügte ich hinzu.

„Du wärst ja durchaus damit einverstanden gewesen, wenn ich mich bekehrt hätte." Ihre Offenherzigkeit verblüffte mich und ich lachte.

„Natürlich! Eine Annahme von Jesus ist die beste Entscheidung, die wir treffen können."

Zu einem anderen Zeitpunkt erzählte mir Marianne, mit welch unterschiedlichen christlichen Gruppen sie unterwegs sei. „Und jede beansprucht für sich, die Wahrheit erkannt zu haben."

Bei meinen Andachten im Bus oder an besonderen Plätzen bemühte ich mich stets, mich kurzzufassen, dabei aber biblische Fakten mit persönlichen Erfahrungen zu verknüpfen. Ich wusste, dass Marianne stets gut zuhörte. So ergaben sich zwischendurch immer wieder Gelegenheiten zu privaten Gesprächen. Ich war stets bemüht, mich bei aller Vertrautheit klar zu positionieren. Als die Gruppe den Wunsch hatte, ein Foto von ihr, von mir und meiner ersten Frau Johanna zu machen, meinte Marianne scherzhaft:

„Ralf mit seinen zwei Frauen."

Ich nahm den lockeren Ton auf und korrigierte: „Ralf, seine Ehefrau und seine jüdische Schwester." Das kam auch bei ihr gut an.

Bei einer der Reisen reichte mir jemand auf dem Weg zum Flughafen ein ausgeliehenes Liederbuch. Da es bereits dunkel war, fummelte ich es in den Rucksack. Dabei hörte ich, dass etwas zu Boden fiel. Sehen konnte ich bei den Lichtverhältnissen nichts, deshalb fühlte ich im Bus den Teppichboden unter unseren Sitzen ab, fand aber nichts. Ich ging deshalb davon aus, dass das Geräusch für mich nicht von Bedeutung gewesen sei. War es aber doch! Bei der Sicherheitskontrolle im Flughafen konnte ich meinen Pass nicht finden. Angespannt und in höchstem Maß nervös kramte ich in sämtlichen Taschen. Wie immer, wenn ich mich aufrege, troff mir der Schweiß aus allen Poren. Mitreisende bombardierten mich mit Vorschlägen, wo ich noch suchen könnte, andere beteten still für eine Klärung der Situation. Plötzlich schoss mir mit aller Klarheit in die Erinnerung, dass ich im Bus etwas hatte zu Boden fallen hören. Der Pass musste im Bus sein!

Es erwies sich als eine richtige Entscheidung von Marianne, dass sie darauf bestand, uns zu begleiten, bis auch die letzte Person unserer Gruppe eingecheckt hatte. Sie rief Allam, den Busfahrer, an. Er fand tatsächlich das vermisste Dokument. Es war vor meinem Sitz unter die Fußmatte gerutscht. Deshalb hatte ich es beim Abtasten des Bodens nicht entdecken können. Bis Allam, der sich bereits auf dem Nachhausweg befand, wieder am Flughafen ankam, dauerte es natürlich eine Weile. So ging ich buchstäblich als letzter Passagier durch die Kontrolle. Dankbar und erleichtert.

Bei einer unserer Israel-Reisen verbrachten wir die letzten Stunden vor dem Abflug im beschaulichen Ort Jaffo. Wir bummelten durch die mit sanftem Licht beleuchteten Gassen der Altstadt. Es hätte ein beschaulicher Ausklang unserer Freizeit sein können. So ganz nebenbei bemerkte ich, dass es einer Frau mittleren Alters – ich nenne sie mal Birgit – nicht so gut ging. Ich versuchte herauszufinden, was ihr fehlte, doch sie mochte sich mir nicht mitteilen. Ich nahm deshalb an, dass es sich um ein gynäkologisches Problem handelte und sie es mir als Mann nicht sagen wolle. Kurz nach dem Einchecken verlor sie kurz das Bewusstsein. Vermutungen wurden laut, dass die Schwüle ihr zusetzte. Jemand organisierte für sie einen Rollstuhl.

Wir befanden uns bereits einige Zeit in der Luft, als Birgit kollabierte. Eine Flugbegleiterin, die in Erster Hilfe ausgebildet war, kümmerte sich um sie. Der Zustand der Teilnehmerin verschlechterte sich jedoch zusehends. Die Stewardess fragte über Bordlautsprecher, ob ein Arzt an Bord sei. Es meldeten sich drei Personen, die in die letzte Reihe eilten. Zugleich drängten sich zahlreiche Reisende als Gaffer in die Gänge. Ich war schockiert über das schamlose Verhalten dieser Leute. Sie begaben sich erst auf ihre Plätze zurück, als sie mehrfach dazu aufgefordert worden waren.

Aus den besorgten Mienen der Ärzte schloss ich, dass es ernst um Birgit stand. Schließlich stieß der Flugkapitän zu ihnen. Als Leiter der Gruppe wurde auch ich hinzugezogen. Jetzt erst erfuhr ich, dass Birgit an einem Darmverschluss litt, der ein äußerst kritisches Stadium erreicht hatte. Nach Absprache mit der Erkrankten entschied der Flugkapitän, über Funk das sogenannte große Programm anzufordern. Das bedeutete, dass in Köln ein Krankenwagen direkt ans Flugzeug kommen würde und dazu auch die Feuerwehr und Polizei. Tatsächlich hatte diese Aktion den Vorrang. Ehe alle anderen Passagiere von Bord gehen konnten, wurde die Erkrankte abgeholt. Eine andere Freizeit-Teilnehmerin begleitete sie auf dem direkten Weg ins Krankenhaus, wo Birgit sofort operiert wurde. Ich sorgte dafür, dass die Koffer der beiden nachgereicht wurden.

Auf dem Nachhauseweg informierte ich telefonisch Birgits Ehemann, der umgehend nach Köln reiste. Als ich mich im Laufe der Woche nach Birgit erkundigte, war ich erschüttert. Bei der Notoperation verloren die Ärzte sie für kurze Zeit aus dem Leben. Sie war also klinisch tot. Das Gleiche wiederholte sich wenig später ein zweites Mal. Es dauerte insgesamt drei Wochen, bis Birgit nach Hause entlassen werden konnte.

Meine letzte Israel-Reise vor der Corona-Pandemie fand mit einer jüdischen Reiseleiterin statt, die wir noch nicht kannten. Rina wollte unserer bewährten Freundin Marianne in nichts nachstehen, deshalb orientierte sie sich stets an ihr.

Die erste Nacht verbrachten wir in einem Kibbuz in der Wüste. Nach dem Stress von Aufbruch und Anreise hat sich ein Start in der Einsamkeit des Südens bewährt. Wir besichtigten die Ausgrabungsstätte in Beersheba, besuchten den Nationalpark Sede Boker mit der Grabstätte des israelischen Staatsgründers David Ben Gurion, um dann eine kleine Wanderung zur Ein-Avdat-Schlucht anzubieten.

„Seid ihr mit Marianne den Weg bis zum Ende gegangen?"

Die Frage von Rina traf mich unvorbereitet. Bei unseren häufigen Besuchen an diesem Ort haben wir stets nur die Hälfte des Weges zurückgelegt und sind dann auf dem gleichen Weg zum Bus zurückgekehrt. Deshalb hatte ich den Platz an den Quellen für den Endpunkt gehalten.

Ich war mehr als überrascht, dass der weitere Weg dort über nackte Felsen und zum Teil an Steigeisen fast senkrecht in die Höhe führte. Wir waren zu diesem Zeitpunkt noch nicht akklimatisiert, die Sonne stand um die Mittagszeit im Zenit und das Thermometer zeigte eine Temperatur von vierzig Grad Celsius an. Wir litten unsäglich. Aber niemand klagte. Unsere Gedanken gingen voller Neid zu denen, die auf Rinas Rat hin zurückgegangen waren und uns mit dem Bus auf einer Anhöhe am Zielpunkt erwarteten.

Zwischendurch befürchteten wir, die eine oder andere Person wegen Überhitzung verarzten zu müssen. Doch einer der

Teilnehmer hatte ein Kühlspray mit dabei, das er selbstlos etlichen zugutekommen ließ. Von Rina lernten wir, Baumwolltücher wassergetränkt über den Kopf zu ziehen. Als auch die Nachzügler sich erschöpft an den Mittagstisch im Freien geschleppt hatten, war der Schnittkäse in der Hitze bereits zu einem festen Block geschmolzen. Dieser auf einem Missverständnis beruhende Ausflug war für uns zu einer Feuerprobe geworden. Er bewirkte offenbar einen Zusammenhalt in dieser Gruppe, wie ich ihn so noch nicht erlebt hatte.

22. Veränderungen

Im Mai 2015 reisten Johanna und ich zum letzten Mal gemeinsam mit einer Gruppe von achtundvierzig Teilnehmern durch Israel. Es war schon dunkel, als wir am Abend aus dem Fenster des Hotelzimmers schauten. Festlich gekleidete Juden feierten auf dem weiträumigen Gelände eine Hochzeit. Bunte Lichter, fremdartige Musik und die Ausgelassenheit der Gäste inspirierten uns, den Abend romantisch ausklingen zu lassen. Wir waren nun einundvierzig Jahre verheiratet und freuten uns über diesen Lebensabschnitt. Er war frei von den Sorgen heranwachsender Kinder. Längst hatten wir unseren Platz in dieser Welt gefunden. Außerdem besaßen wir Lebenserfahrungen und waren gesund. Zumindest dachten wir das. Es scheint, als habe Gott uns durch gnädiges Nichtwissen diese Zeit noch einmal als ein Geschenk zukommen lassen.

Eigentlich hätten die Veränderungen an Johannas Körper ein Signal sein müssen, dass etwas nicht stimmte. Der Bauchraum nahm rapide an Umfang zu. Er glich in der Konsistenz einem Ballon, den man mit Wasser aufgefüllt hat. Wir waren im Hinblick auf Erkrankungen ziemlich unerfahren. Ich hielt die schnell zunehmende Fülle für eine Gewichtszunahme. Erstaunlich ist, dass auch die Ärzte blind zu sein schienen.

Einige Monate zuvor hatte Johanna beim Anheben des Hochdruckreinigers durchdringende Schmerzen im Unterleib verspürt. Sie glaubte, innere Verletzungen erlitten zu haben, und unterdrückte die Beschwerden mit Schmerzmitteln. Der hart erkämpfte Termin für eine Magnetresonanztomografie führte uns endlich weiter.

„Es deutet einiges darauf hin, dass Sie eine äußerst aggressive Krankheit haben." Die Aussage des Mediziners war noch unkonkret, aber sie stimmte uns darauf ein, dass uns Schlimmes erwarten würde.

Der Tag, an dem Johanna im Krankenhaus untersucht werden sollte, kollidierte mit einem Termin, den ich beim Urologen hatte. Zu ihm war ich vom Hausarzt telefonisch überwiesen worden, dessen Worte ich mithören konnte:

„Ich habe hier einen Patienten mit einer schlimmen Krankheit!"

So richtig feinfühlig war das nicht gelaufen. Als ich voller Unruhe im Wartezimmer des Facharztes saß, hegte ich trübe Gedanken. Ich rechnete mit einer Hiobsbotschaft. Umso überraschter nahm ich den befreienden Befund auf:

„Herr Mühe, die Sache ist harmlos. Es gibt nichts, worüber Sie sich Sorgen machen müssten."

Ich schwebte wie auf Wolken, als ich aus der Praxis ins strahlende Licht der Sonne trat. Über Mobiltelefon informierte ich meine Frau und die Kollegin, die sich angeboten hatte, sie zum Krankenhaus zu fahren. Sie waren bereits unterwegs, deshalb vereinbarten wir einen Treffpunkt. Und ich setzte die Fahrt mit Johanna fort.

„Du bist sicher erleichtert, dass nicht du, sondern ich schwer erkrankt bin", bemerkte sie während der Fahrt. Ich war über diese Unverblümtheit sprachlos. Was hätte ich sagen sollen?

Die Diagnose war verheerend. Es wunderte mich deshalb nicht, dass die Ärztin beim Sprechen weitgehend Blickkontakt vermied. Ihr osteuropäischer Akzent klang ebenso hart wie die Fakten. Johanna hatte Eierstockkrebs in einem weit fortgeschrittenen Stadium. Nur wenige Frauen überleben ihn länger als ein Jahr. Johanna wirkte gefasst. Ihre Fragen ließen keine Emotionen erkennen, sondern betrafen sachliche Aspekte.

Ich registrierte, dass unser Leben sich grundlegend verändern würde. Nichts mehr sollte bleiben, wie es war.

Als die Ärztin den Raum verlassen hatte, verharrten wir minutenlang in Schweigen. Als wir es wagten, einander in die Augen zu sehen, fassten wir uns an den Händen. Wir flüchteten in den Raum der Stille, um das Gehörte zu verarbeiten. Dort sackten wir auf die Stühle und brachen in Tränen aus. Das Elend schwemmte wie ein Tsunami in unsere Existenz und zerstörte Hoffnungen. Wie gern hätten wir auch weiterhin in das gemeinsame Leben investiert. Johanna stand kurz vor der Rente. Für diesen neuen Lebensabschnitt hatte sie geplant, ihrer betagten und zunehmend pflegebedürftigen Mutter die notwendige Zuwendung zu geben.

Die Worte der Ärztin hallten verstörend nach. Wir waren noch nicht in der Lage, sie als Realität anzunehmen. Ach, wäre alles doch nur ein böser Traum oder ein Irrtum, der sich auflöste! Dieser Tag bildete für unsere Wahrnehmung eine hart einschneidende Zäsur.

Eine Pfarrerin betrat mit einer Patientin den Raum. Beide registrierten unser Elend und zogen sich zurück. Dabei versprach die Seelsorgerin zu kommen, sobald es ihr möglich sei. Wir beachteten sie kaum und hatten kein Verlangen nach ihrer Nähe. Was würde sie uns Hilfreiches sagen können? Ein Gefühl für die Zeit, die wir wie betäubt verbrachten, hatten wir nicht. Irgendwann eilte Johanna zur Toilette. Ich trat vor das Holzkreuz, das vom Hintergrund beleuchtet an der Wand hing. Mit halblauter Stimme klagte ich Jesus unseren Kummer. Zu meiner Überraschung antwortete der Herr. Nicht akustisch, aber für mich deutlich in mir wahrnehmbar:

„Ihr müsst lernen, einander loszulassen. Ich werde meinen Weg mit Johanna gehen und ich werde ihn mit dir gehen."

Das war keinesfalls das, was ich hören wollte. Von daher konnte ich die Täuschung als Vater des Gedankens ausschließen. Ich verharrte noch eine Weile von Ehrfurcht berührt in der Gebetshaltung. Der Herr hatte zu mir gesprochen, was für eine Erfahrung! Gottes Souveränität trat neu in mein Bewusstsein. Er bestimmt, wann unser Leben ans Ziel gekommen ist. Ich beschloss, die soeben empfangene Botschaft vorerst für mich zu behalten, denn ich wollte Johanna nicht den Lebensmut rauben. Den benötigte sie für die noch verbleibende Zeit auf dieser Erde.

Als ich irgendwann alleine nach Hause fuhr, ordnete ich mich vor einer Ampel, deren Signal auf Rot stand, auf die Linksabbiegespur ein. Rechts von mir hielt ein Beetle Cabriolet mit geöffnetem Verdeck. Mein Blick fiel auf ein Ehepaar in unserem Alter. Beide ergraut, chic gekleidet und erkennbar voller Lebensfreude. Niemals hätte ich gedacht, dass der Verlustschmerz derartige Wellen von Neid in mir erzeugen könnte. Er traf mich mit derartiger Wucht, dass ich verzweifelt aufschrie. Den Weg auf engen Nebenstraßen legte ich zurück, ohne etwas Klares denken zu können. An den Böschungen nahm ich zwar blühendes Springkraut wahr. Das Feuerwerk der Farben stand aber im starken Kontrast zur Dunkelheit in meinem Gemüt.

Johanna zog sich für einige Tage von allen Außenkontakten zurück. Telefongespräche kamen für sie zu diesem Zeitpunkt nicht infrage. Ebenso wenig Besuche im Krankenhaus durch Außenstehende. Sie musste die furchtbare Situation erst verkraften. Dass sie es auf diese Weise tat, entsprach ihrer Mentalität

Wir nutzten die selbst gewählte Isolation, um in geschützter Atmosphäre einander mitzuteilen. Es schien, als habe Gott diese kostbaren Zeiten so für uns arrangiert. Meist blieben wir völlig ungestört. Wir teilten den inneren Schmerz und die Hoffnung, dass Gott trotz allem Johanna noch eine gewisse Lebensspanne schenken möge. Wie bescheiden eine Krankheit doch unsere Wünsche werden lässt! Das Warten auf den Tag der Operation wirkte wie die Ruhe vor dem Sturm. Für mich bedeutete sie Unsicherheit in der Planung meiner beruflichen Aufgaben. In wenigen Wochen würde eine Familienfreizeit des Bibellesebundes in Kroatien stattfinden. Sie sollte nach fünfunddreißig Jahren unsere letzte sein. Mein Pflichtbewusstsein veranlasste mich zunächst, diesen Einsatz ohne die Mithilfe von Johanna zu planen. Doch je stärker sich die Tragweite der Erkrankung in der Wahrnehmung durchsetzte, desto mehr nahm ich Abstand davon. Zwei Tage lang war ich unentwegt damit beschäftigt, Leute zu finden, die sich als Ersatz für uns dieser Aufgabe stellen würden. Das hieß, bei jedem Telefongespräch erneut in Worte zu fassen, wie es um Johanna bestellt war. Die notwendige Kommunikation kam meinem Naturell entgegen, Erfahrungen verbal zu verarbeiten. Es lag auf der Hand, dass sämtliche Gesprächspartner über den weiteren Verlauf der Ereignisse informiert werden wollten. Ich entschloss mich deshalb, Rundmails zu verfassen. Sie nahmen in ihrer Summe und Reichweite schnell zu.

Meine erste E-Mail, die als Nachricht an alle herausging, beendete ich mit dem Hinweis: „Gott ist ein Gott, der Wunder tut, aber er ist auch der, der unser Leben begrenzt. Wir stellen uns auf einen langen und harten Kampf gegen den Krebs ein, aber ebenso ringen wir darum, dass wir uns in Gottes Willen fügen, falls er anders geplant hat. Von Herzen sind wir für jedes einzelne Gebet dankbar."

Die Reaktionen auf die schwere Erkrankung von Johanna waren so unterschiedlich, wie Menschen es eben sind. Es brauchte einen Lernprozess, bis ich das begriff. Auf dem Weg zum Gottesdienst in der eigenen Gemeinde überfiel mich mehrfach der Impuls umzukehren. Ich war mir unsicher, inwieweit ich in der Lage sein würde, meine Emotionen unter Kontrolle zu halten. Vielleicht musste ich ja hemmungslos weinen. Wie würden sich die Anwesenden verhalten?

Als ich das Foyer des Gemeindehauses betrat, herrschte wie immer ein munteres Gewirr von Stimmen. Die Unterhaltungen erstarben. Dem Wechsel zu der akustischen Stille folgte weitgehende Regungslosigkeit. Die Beklemmung war greifbar.

„Ralf, wie schön, dass du kommst!“

Der Ausruf der mütterlich wirkenden Frau brach das Eis. Ohne zu zögern schloss sie mich in ihre Arme. Diese Natürlichkeit tat so gut. Uns allen.

„Wie geht es denn Johanna?“

Ich begann, ihr zu berichten, und die Umstehenden rückten näher. „Da wollen wir mithören“, sagte jemand. Ich spürte, wie sich meine Bedenken auflösten und in Dankbarkeit mündeten. Wieder einmal genoss ich das Privileg, der großen Familie Gottes anzugehören, mit der wir das Leben mit Freude und Leid teilen.

Die Operation an Johanna dauerte sechs Stunden und hinterließ sie im Zustand großer Schwäche. Zu einem späteren Zeitpunkt gestand sie, enttäuscht gewesen zu sein, dass sie wieder das Bewusstsein in diesem Leben erlangt habe. Als unsere Tochter Désirée und ich den Intensivraum betraten, sahen wir sie in dem spärlich beleuchteten Raum, blass, verschwitzt und verkabelt auf dem Bett liegen. Apparate surrten. Über die Bildschirme flirrten im Rhythmus der Körperfunktionen die Anzeigen, deren Bedeutung wir im Einzelnen nicht kannten. Sie wurden von der nervenden Monotonie akustischer Signale begleitet. Unsere Blicke trafen sich und wir brachen in Tränen aus. Auf dem Beistelltisch stand ein Teller mit Erbsensuppe für die frisch Operierte. Selbstverständlich unangerührt. Ich hätte sie der nächstbesten diensthabenden Person ins Gesicht kippen mögen. In einem auf Effektivität forcierten Gesundheitssystem ist bedürfnisorientiertes Handeln wohl nicht zu leisten.

23. Ein Jahr des Leidens

Johanna erholte sich nur langsam von dem schweren Eingriff. Er musste unvollendet bleiben, weil sie zu viel Blut verlor und in einen kritischen Zustand geriet. Die Verlegung auf die Station war ein Wechsel ins Tageslicht. Das zweite Bett im Zimmer war leer, sodass wir die Zweisamkeit genossen. Johanna lag ermattet auf dem Bett. Ich saß am geöffneten Fenster neben ihr. Es herrschte Sommerwetter. Die hereinströmende Luft trug von der Entbindungsstation die dünnen Stimmchen der Neugeborenen zu uns herüber. Beginnendes Leben und dessen sich anbahnendes Ende trafen hier in einem denkwürdigen Gegensatz aufeinander. Es ist gut, sich die irdische Endlichkeit vor Augen zu halten, damit wir das Leben in der Verantwortung vor Gott gestalten. In diesem Sinne steht die biblische Aussage:

> *Lehre uns bedenken, dass wir sterben müssen,*
> *auf dass wir klug werden* (Psalm 90,12 LUT).

Die Folgen des chirurgischen Eingriffs verblassten gegenüber denen, die durch die Chemotherapien verursacht wurden. Meine jüngste Schwester gab als Krebskranke mit Langzeiterfahrung nützliche Hinweise. Sie riet Johanna, die Haare bereits moderat zu schneiden, ehe sie ausfielen. Nicht zu kurz, da dann die feinen Haarspitzen wie Nadeln in der Kleidung und im Kissen wirkten. Meine Töchter gestalteten die Auswahl der Perücke zu einem Event, bei dem sie alberten und damit der Situation die Schwere nahmen. Sie probierten auch verrückten Haarschmuck an sich selbst und an ihrer Mutter aus und fertigten davon Selfies an. Die Wahl fiel schließlich auf eine Perücke, die den Verlust der eigenen Haare erst auf den zweiten Blick erkennen ließ.

Der Einbruch der Krankheit barg tatsächlich auch wertvolle Erfahrungen, denn in der Not treten deutlicher als sonst die Charaktere von Menschen zutage. Wir erlebten als Familie einen Zusammenhalt, wie wir ihn in guten Zeiten nicht so im Blick hatten. Unsere Töchter investierten bis an die Grenzen ihrer Belastbarkeit Kräfte und Zeit, um ihre Mutter zu begleiten. Sie erinnerten mich an Löwinnen, die ihre Jungen verteidigen. Bei Unzulänglichkeiten in den Krankenhäusern zeigten sie mitunter den nötigen Biss. So kam es schon mal vor, dass Johanna die Medikamente gereicht bekam, die für die Bettnachbarin bestimmt waren. Darauf und auf die vielen Bedürfnisse der Kranken hatten sie stets wachsame Augen. Wir wechselten uns im Dienst an ihr ab. Jemand vom Krankenhauspersonal bemerkte, dass sie eine solche Rundumbetreuung ihrer Schutzbefohlenen nur selten erlebten.

Die ständigen Fahrten stellten eine finanzielle Herausforderung dar, denn selbst die Nutzung des Krankenhausparkplatzes ließ man sich teuer bezahlen. Es spricht für das verantwortliche Handeln unserer Töchter, dass sie die kostenfreie Abstellmöglichkeit eines nahe gelegenen Lebensmittelmarktes fanden, die wir fortan nutzten. Der Fußweg von dort zum Krankenhaus bot uns zudem die Möglichkeit der notwendigen Bewegung.

Ich weinte in dieser Zeit häufig und fand nicht mehr die Worte für Gebete. Immer öfter verharrte ich deshalb schweigend vor Gott. Ich fokussierte mich auf seine Gegenwart und tröstete mich mit der Vorstellung, dass Johanna sie in absehbarer Zukunft erleben wird. Mitunter wurde ich dabei von tiefem Frieden erfasst, dessen Intensität ich nicht beschreiben kann. Oft wünschen wir uns derartige Erfahrungen. Wir mögen versuchen, sie durch besondere Gefühlsmomente herbeiführen zu wollen. Doch ich bin davon überzeugt, dass Jesus sie vornehmlich für Momente bereithält, in denen wir seine Ermutigung nötig haben.

Mit Ehrfurcht erinnere ich mich an die Situation, in der die Sichtwand zum Himmel für uns beide zur Seite geschoben wurde. Johanna konnte wieder einmal zu Hause sein. So lange es ihre Kräfte erlaubten, übernachteten wir gemeinsam im Schlafzimmer. Das bedeutete, dass ich zeitweilig den Infusionsständer hinter ihr her ans Bett trug. Johanna lag in jener Nacht von Schmerzen überwältigt im Bett. Sie stöhnte furchtbar und schrie auf. Erschrocken fuhr ich hoch, schaltete das Licht an und beugte mich über sie. Ihr Elend weckte bei mir das Gefühl der Ohnmacht. Es bewirkte, dass mir die Worte für das Gebet fehlten, deshalb rezitierte ich Psalm 23. Johanna stimmte zu meiner Überraschung mit ein. In diesem Augenblick eröffneten sich für uns Einblicke in die unsichtbare Wirklichkeit. Anstelle der Holzpaneele an der Decke schauten wir in die lichtdurchflutete Kuppel eines wunderbaren Gewölbes. Der Anblick der Farben war überwältigend. Aus ihnen strömte nicht nur optische Brillanz, sondern auch fühlbare Herrlichkeit und Liebe, die sich wie Hüllen auf uns legten. Wirkte dieses Erleben in gleicher Weise auf Johanna? Mein Blick richtete sich nach unten. Sie lag entspannt und regungslos da. Sollte sie am Ziel ihres Lebens angelangt und in die Ewigkeit gegangen sein? Wie erschrak ich mich, als sie unvermittelt meine Gedanken (!) aufgriff und ihnen widersprach.

„Nein, ich lebe noch“, sagte sie, „ich möchte mich erst noch von unseren Kindern verabschieden.“ Ein Schauer von Ehrfurcht ergriff mich. Es war offensichtlich, dass wir im Elend unserer Wegstrecke von Jesus begleitet wurden.

Für den Herbst des Jahres 2015 war die weitere Operation vorgesehen. Die betreuende Ärztin wies uns darauf hin, dass die Maßnahme nicht zur Heilung führen, aber die Lebenserwartung erhöhen würde. In dieser Zeit wandten wir uns an ein Gebetshaus in Gießen. Wir kamen damit der Bitte unserer Kinder nach, die wünschten, dass wir jede Möglichkeit nutzten. Die ältere der beiden Beterinnen schien medizinische Kenntnisse zu haben. Ihre gezielten Fragen zur Erkrankung ließen Fachkenntnisse vermuten. Bei dem Treffen erlebten wir freundliche Zuwendung, aber keine Zusage für eine Heilung.

Die zweite Operation sollte in Essen stattfinden. Die Voruntersuchungen beanspruchten den halben Tag.

Am Nachmittag suchten wir in Essen nach bezahlbaren Unterkünften, denn hier würden wir Johanna nicht in gleicher Weise beistehen können wie in Lüdenscheid. Wir waren ziemlich entmutigt, weil wir nicht fündig wurden. Da klingelte mein Telefon. Eine Frau, die mich bei der Vortragstätigkeit kennengelernt hatte, teilte mir ihre Gedanken mit:

„Ralf, deine Frau wird demnächst in Essen operiert. Da möchten wir, dass ihr im Hotel ganz in der Nähe bei ihr sein könnt. Wir haben für die Dauer des Aufenthalts ein Appartement für euch reserviert. Schaut es doch an und sagt uns, ob es euch zusagt.“

Das war einfach nur genial: Was für wunderbare Menschen. Und was für ein Gott, der sie zu dieser Freigebigkeit bewegte. Wieder einmal erlebten wir, wozu wir in der Bibel aufgefordert werden.

Alle eure Sorge werft auf ihn; denn er sorgt für euch (1. Petrus 5,7 LUT).

Den Klinikaufenthalt in Essen nutzte Johanna, um andere zu ermutigen. Ihre Bettnachbarin lebte mit der gleichen Erkrankung ebenfalls auf Abruf. Ihr bezeugte sie die Zuversicht, die sie selbst durch Jesus Christus bekam. Am Tag der Entlassung durfte auch eine kurdische Mitpatientin nach Hause. Jedoch konnte sie nicht abgeholt werden. Johanna war es ein Anliegen, dieser Frau Liebe zu erweisen. Die Dankbarkeit ihres Ehemannes und der Kinder ließen den Umweg auch zu einem Gewinn für uns werden.

Weihnachten wollten wir noch einmal zusammen feiern. Jeweils in der letzten Woche vor der nächsten Chemotherapie gewann sie wieder ausreichend Kraft, um leichtere Tätigkeiten auszuführen. Im Advent dekorierte Johanna das Haus mit den Utensilien, die das Jahr über in Kartons auf dem Dachboden aufbewahrt wurden. Sie bekamen ihre Plätze an den Fenstern und auf den Möbeln. Im Laufe der Zeit hatte sich ein Fundus aus Strohsternen, Engelfiguren, Transparenten und Lichterketten angesammelt.

„Es wird wohl das letzte Mal sein, dass ich das Haus schmücke“, bemerkte sie, ohne in ihrer Tätigkeit innezuhalten.

Dieser Satz brannte sich schmerzhaft bei mir ein. Was sollte ich ihr darauf erwidern?

Wir bereiteten uns auf das Ende unserer Beziehung vor. Solange sie es kräftemäßig packte, wies Johanna im Lebensmittelladen auf Produkte hin, die ich finden konnte, wenn ich als Witwer selbst kochen musste. Sie erklärte mir die Bedienung der Waschmaschine, gab Tipps zum Bügeln der Hemden und durchforstete Ordner, die Unterlagen zu Versicherungen und Geldgeschäften enthielten. Für all das musste ich später allerdings die eigene Handlungsweise herausfinden.

Die Anteilnahme vieler Menschen gab uns oft den nötigen Trost. Da ich sie durch E-Mails informierte, waren wir in ein Netzwerk von Betern eingebunden. Was war das doch für ein Privileg! Wir gehörten zur Freien evangelischen Gemeinde in Kierspe. Christen dieser Freikirche organisierten eine Nacht des Gebets. Im Fokus der Fürbitte standen eine junge Frau, die ebenfalls schwer erkrankt war, und Johanna. Ich beteiligte mich in der Nacht von drei bis vier Uhr. Als ich auf das Gebäude zufuhr, wurde ich innerlich berührt. Die Häuser lagen ringsum im Dunkel. Aber hier, wo Christen im Gebet wachten, waren die Räume hell erleuchtet. Welche Symbolik! Ich wurde an die Aussage von Jesus erinnert, der sagte:

> *Ihr seid das Licht der Welt* (Matthäus 5,14 LUT).

Anteil am Leben zu geben, schafft Vertrauen, macht aber auch verletzlich. Auch an Verletzungen fehlte es keineswegs.

Es gab eine Person, die bis kurz vor Johannas Tod die Tatsache der Endlichkeit unter keinen Umständen akzeptieren wollte.

„Du musst nur im Glauben beten und danken, dass du das Erbetene schon erhalten hast!“ Das war keine grundlegend falsche Aussage. Aber sie entsprach nicht dem, was sich vor unseren Augen abzeichnete. Johanna warf bei einer solchen Gelegenheit das Telefon entnervt weg. Die Anruferin nahm nun mich in die Zange biblischer Gelehrsamkeit. Sie münzte die Frage von Jesus auf meine Person:

> *Doch wenn der Menschensohn kommen wird, wird er dann Glauben finden auf Erden?* (Lukas 18,8 LUT).

Die Frage verlangte nach einer Antwort und die Christin attackierte mich damit. Ich konnte nur schwer fassen, was ich da hörte, und brach in Tränen aus. Unsere Tochter Désirée übernahm das Gespräch. Sie erklärte, dass wir den Verlauf der Ereignisse angenommen und darüber Frieden bekommen hätten. Was sie mitteilte, entsprach ganz unserer Einstellung.

Auch Johannas jüngere Schwester und der Schwager beteten beharrlich um Heilung. Durch ihre langjährige Tätigkeit in Westafrika war es ihnen geschenkt, kühn zu beten. So erlebten sie die wunderbare Wiederherstellung einer Person, für die es nach menschlichem Ermessen keine Hoffnung mehr gegeben hatte. Im Gespräch erklärte ich, dass wir innerlich geführt waren, Johannas bevorstehenden Übergang in die Ewigkeit als Gegebenheit anzunehmen. Der Austausch über die unterschiedlichen Sichtweisen führte zum beiderseitigen Verständnis und Respekt.

Den Silvesterabend 2015 verbrachten wir allein. Das letzte Mal. Für immer. Zu feiern gab es nichts, aber wir hatten gute Gründe, dankbar zurückzublicken. Wir ließen das gemeinsame Leben Revue passieren. Vieles würden wir wieder so entscheiden. Das „Ja" zu unserer Ehe etwa. Es war uns gelungen, einander trotz der Unterschiede in Persönlichkeit und Prägung anzunehmen und zu ergänzen. Gelegentliche Krisen hatten nicht dazu geführt, dass wir uns trennten. Das ist Gnade. Die Entscheidung, in den vollzeitlichen Dienst zu gehen und den Schwerpunkt nicht darauf zu setzen, wohlhabend zu werden, hatten wir zu keiner Zeit bereut. In allem waren wir reich beschenkt worden. Ich fragte Johanna, wie sie damit umgeht, dass die Töchter den Weg mit Jesus nicht gehen. Sie schien darüber schon nachgedacht zu haben. Zumindest antwortete sie ohne zu zögern:

„Das gehört nicht mehr in meine Verantwortung. Wir haben sie zu selbstständigen Menschen erzogen …" Ihre Äußerung entlastete mich. Dann fügte sie mit leiser Stimme hinzu: „Aber natürlich würde ich sie im Himmel gern wiedersehen."

24. Auf dem Weg zur Ewigkeit

Johannas letzten Geburtstag feierten wir im Mai. Was schenkt man einem Menschen, dem nicht mehr viel Lebenszeit bleibt? Mir kam die Idee, alle anzuschreiben, die an ihrem Ergehen Anteil nahmen und für sie beteten. Ich bat darum, der Jubilarin mitzuteilen, welche Segensspuren sie bei ihnen hinterlassen hat. Die Resonanz war überwältigend. Etwa fünfzig Briefe wirkten auf sie wie Balsam für die Seele. Da wurden gemeinsame Erfahrungen aufgefrischt und Wertschätzungen mitgeteilt. Johanna freute sich darüber, dass sie im Leben etlicher Menschen Segensspuren hinterlassen hat.

Inzwischen auf der Palliativstation, hatte Johanna ein beängstigendes Erlebnis, das sie mir in ihrer üblichen Gefasstheit erzählte.

„Stell dir vor, gestern Nacht kamen Todesengel an das Kopf- und Fußende und waren im Begriff, mich abzuholen."

Ich war ziemlich über die Tatsache verblüfft, dass sie eine derartige Begegnung mit Geistesmächten hatte. Im Gegensatz zu mir waren ihr solche Erfahrungen bisher erspart geblieben.

„Wie sahen die Gestalten aus?", fragte ich.

„Wie Sensenmänner. Doch ich konnte keine Gesichter erkennen."

Ich war wie elektrisiert. „Wie hast du reagiert?"

„Ich habe mich aufgesetzt und sie angeschrien: Wenn ich gehen muss, dann wird Jesus mich abholen. Verschwindet!“

Johanna bemerkte mit zufriedenem Ausdruck. „Sie waren augenblicklich weg.“

Ich war stolz auf meine Ehefrau. Mit dieser Reaktion übte sie mit befehlender Autorität Macht aus, die der Herr ihr verliehen hatte. Jene nächtliche Attacke veranlasste mich, Johanna von nun an jeden Abend entweder telefonisch oder bei ihr am Bett bewusst unter Gottes Obhut zu stellen. Wenn ich es schon mal vergaß, erinnerten die Kinder daran. So wurde Hella Heizmanns „Wer auf Gott vertraut, braucht sich nicht zu fürchten“ zum persönlichen Lied.

Im Juni waren wir zweiundvierzig Jahre verheiratet. Ich kaufte eine langstielige Rose und brachte sie Johanna ins Zimmer der Palliativstation. Wir empfanden es als gnädige Führung, dass wir diese Begegnung allein erleben konnten.

Ich bezeugte Johanna meine Liebe, bemerkte aber eine unerklärliche Abwesenheit im Blick.

„Setz dich“, forderte sie mich auf.

„Heute kamen im Morgengrauen zwei Lichtengel an mein Bett. Einer stand links und der andere zur Tür hin. Und der auf der rechten Seite zog mir den Ehering vom Finger.“

Mein Blick ging zur Hand, an der sie noch immer den Ring trug. Offensichtlich hatte sie eine visionäre Schau.

„Ich lass dich los, Johanna. Sei frei zu gehen, wenn deine Zeit gekommen ist.“ Ich ergriff ihre Hände und empfand tiefe Traurigkeit.

Johanna betete immer wieder darum, „nach Hause“ gehen zu dürfen. Diese Ausdrucksweise signalisierte mir, dass Johanna die Gewissheit ihrer Ewigkeit bei Gott im Blick hatte. Das verschaffte mir Trost.

An einem Nachmittag versorgte die Krankenschwester vom Palliativdienst meine Frau bei uns im Wohnzimmer. Die

Sonne ließ den Raum in hellem Licht erstrahlen. Ich hielt mich in der offenen Küche auf und hörte den beiden zu.

„Haben Sie Angst vor dem Tod, Frau Mühe?“

Ich war gespannt, was Johanna auf die sehr direkte Frage antworten würde.

„Vor dem Tod nicht“, sagte sie, „aber vor dem Sterben. Ich weiß ja, wo ich hingehe ... Für mich ist der Tod wie eine Brücke zur himmlischen Heimat.“

Bei diesem Satz stand mir ein Foto vor Augen, das ich einige Jahre zuvor aufgenommen hatte. Wir waren als Leiter einer Reisegruppe im Westen der Vereinigten Staaten von Amerika unterwegs. Für Johanna erfüllte sich ein Traum, als sie in San Francisco über die Golden Gate Bridge spazierte. Entgegen meiner Gewohnheit nahm ich sie so auf, dass sie von mir wegging. Die Situation entsprach dem, was wir nun erlebten, da sie auf dem Weg war, uns zu verlassen. Wir beschlossen gemeinsam, dieses Motiv für die Todesanzeige zu verwenden.

„Gestaltet sie nicht schwarz, sondern mit der grünen Farbe der Hoffnung“, verlangte sie.

Ich empfinde es als befreiend, dass wir so offen über die letzten Dinge miteinander reden konnten. Wir überlegten Details für die Beerdigung und entschieden uns für ein pflegeleichtes Rasengrab. Die Auszahlung ihrer Lebensversicherung bestimmte sie für die Kinder.

Am 17. Juli 2016 ging meine Frau Johanna in die Ewigkeit.

„Jesus! Ich befehle Johanna deiner Obhut an. Geleite sie mit Frieden in dein Reich!“

Mit diesen und ähnlichen Worten ließ ich Johanna los. Wir standen als Familie um ihr Bett herum und spürten keinen Lufthauch oder sonst etwas, was auf den Wechsel in die Ewigkeit hinwies. Im sechzehn Kilometer entfernten Gummersbach allerdings stand zu dieser Zeit die schwangere Debora unter der Dusche und schrie auf. Ihr Lebensgefährte vermutete, dass sich die Geburt ankündigte. Doch Debora wusste es besser:

„Eben ist meine Mutter gestorben!“

Einen Tag vor der Beerdigung diagnostizierte der Rheumatologe meine Erkrankung aufgrund der Flüssigkeitsansammlung im Kniegelenk. Bis dahin hatte er mir stets nur Ibuprofen verabreicht. Der Schmerz der Punktierung unter der Kniescheibe verblasste gegenüber dem in meiner Seele.

Der Tag der Beerdigung fand bei strahlendem Sommerwetter statt. Die Schar der Trauergäste hielt sich in Grenzen, denn es war Urlaubszeit.

Die buchstäblich letzte Wegstrecke führte von der Friedhofskapelle zur Grabstätte. Ich folgte dem Sarg, und zwar allein. Furchtbar allein. Das Gefühl der Verlassenheit trieb mich zu einer lautlosen Klage:

„Herr, du hast mich einsam gemacht!“

Da schob sich eine kleine Hand in die meine. Überrascht schaute ich zur Seite. Es war mein ältester Enkel Liam! Tief berührt genoss ich die Nähe des Siebenjährigen. Seine Achtsamkeit wurde mir zur tröstenden Antwort von Gott.

Die Geburt meiner Enkelin Mathilda kündigte sich zum Zeitpunkt der Beisetzungsfeier bereits an. Als sie am nächsten Tag in Gummersbach zur Welt kam, wurde unserer Trauer eine willkommene Portion Freude hinzugefügt. Debora empfand Skrupel, in dieser emotional so belasteten Situation das Glück über das neue Leben zu genießen. Doch dazu bestand überhaupt kein Grund. Ein so kleines Wesen gehört zu den Wundern des Lebens. Dass dem Mädchen als zweiter Name Johanna gegeben wurde, wird sie stets an ihre Oma erinnern, die sie nie kennenlernen konnte.

25. Umbruch und Neuausrichtung

Einzelne Personen äußerten ihr Befremden darüber, dass ich wenige Tage nach dem Tod von Johanna den Kleiderschrank ausräumte. Ich fürchtete den Schmerz, der damit verbunden sein würde, und preschte nach vorn. Johanna kannte mich und rechnete mit meiner Handlungsweise. Deshalb hatte sie darum gebeten, dass die Töchter mir dabei helfen mögen. Das haben sie auch getan und für die eigene Erinnerung einiges aufbewahrt.

Die Abgabe der Kleidung geriet für Désirée und mich zum Härtefall. Gedankenlos stülpten die anwesenden Frauen unsere Kartons um und sortierten achtlos jene Textilien, die für uns mit Emotionalität verbunden waren. Wir verließen verstört den Raum, weil wir in Tränen ausbrachen. Ebenso gefühlsbetont gestaltete sich der digitale Nachlass. Beim Löschen der E-Mail-Konten auf dem Handy und dem Notebook fühlte ich erneut mit aller Härte die Endgültigkeit, die durch den Tod geschaffen worden war. Persönliche Dokumente kopierte ich auf eine Festplatte, denn sie spiegeln die Ausdrucksweise von Johanna.

Nach der Abreise der Töchter kehrte der Alltag ein. Nie empfand ich die Einsamkeit stärker als jetzt. Die Türen zu den Räumen standen offen. Sie präsentierten stumm das abwesende Leben. In diesem Haus mit sieben Zimmern war ich nun ganz auf mich selbst reduziert. Den Liedtext „Jesus, du allein bist genug" ertrug ich in dieser Zeit kaum. Die Beziehung zu ihm ersetzt eben nicht das menschliche Miteinander.

Désirée hatte mir geholfen, den Umfang der Küchenutensilien gewaltig zu reduzieren. Doch Kochen war nie mein Ding, deshalb kaufte ich mir grundsätzlich Fertiggerichte. Gern begab ich mich dafür täglich zu Fuß in die Lebensmittelmärkte. An zwei Tagen in der Woche durfte ich bei Leuten aus unserer Gemeinde zu Mittag essen. Es waren Oasenzeiten für mich. Die Wäsche wusch ich ausnahmslos mit der Temperatur von vierzig Grad. Damit konnte ich nichts falsch machen. Meine Tochter Sarah brachte mir bei, wie man lange Bettlaken so zum Trocknen aufhängt, dass sie nicht am Boden aufliegen. Die Pflege der Stauden im vorderen Teil des Gartens entfiel. Ich fühlte mich aus Mangel an Sachkenntnis damit überfordert. Da ich noch voll berufstätig und im Reisedienst unterwegs war, wollte ich mir dafür keine Zeit nehmen.

Etwa sechs oder acht Wochen vor Johannas Tod hatte ich eine Postkarte von Ulrike erhalten, die Anfang der Neunzigerjahre mit ihren beiden Töchtern an einer Familienfreizeit in den Niederlanden teilgenommen hatte. Sie wurde damals von ihrer Freundin Andrea aus Ellerau begleitet, deren Sohn Jonathan jetzt Pastor unserer Gemeinde in Hittfeld ist. Hätte man uns damals gesagt, in welchen Beziehungen wir heute stehen, wäre es uns unmöglich gewesen, das zu glauben.

Ulrike teilte mir mit ihrem Schreiben mit, dass ihr Ehemann Winfried im Februar gestorben sei und sie unsere Situation nachempfinden konnte. Betroffen antwortete ich ihr. Johanna und ich waren in der Vergangenheit ihr und ihrem Mann bei meinen Vortragstätigkeiten in Hamburg und Ellerau mehrmals begegnet. Ich schätzte Winfrieds unkomplizierte Verbindlichkeit und natürliche Autorität. Er zeigte sich als exzellenter Gastgeber. Ulrike an seiner Seite ergänzte ihn hervorragend. Ihr Charisma liegt in der Fähigkeit, Beziehungen zu knüpfen und auch zu pflegen. Ulrike hatte ich die Einladungen zur Gemeinde Christi zu verdanken. Ein altes Schriftstück belegt, dass sie damals für meine geistliche Integrität einstand. Zu jener Zeit waren gemeindefremde Redner bei dieser Gruppierung unüblich. Nun kam nach rund sechs Jahren der Kontakt unter gänzlich veränderten Bedingungen erneut zustande. Zunächst schriftlich, dann telefonisch. Über unsere Lebensgeschicke hinaus verband uns der Glaube an Jesus Christus und die gegenseitige Wertschätzung. Mich beeindruckte ihr Einfühlungsvermögen und die Sprachfähigkeit.

Im August jenes Jahres zog ich mich für einige Tage ins Kloster Nütschau zurück. Dort wollte ich zur Ruhe finden und mich auf die Zukunft ausrichten. Den Weg in den Norden nutzte ich, um Ulrike zu besuchen.

Bei der Ankunft in Travenbrück ging ich davon aus, unerkannt zu bleiben. Ich befand mich weitab des eigenen Wohnorts und dann noch als überzeugter Freikirchler auf fremdem Terrain, dem Gelände eines Klosters. Als ich den Wagen abstellte, schaute ich noch einmal prüfend zurück, um sicher zu sein, dass er verschlossen war. Da rief mir jemand zu:

„Ralf, was machst du denn hier?“ Das betonte „du“ signalisierte den Aspekt der Überraschung, mir an diesem Ort zu begegnen. Es waren Christen einer Evangelisch-Freikirchlichen Gemeinde aus Gummersbach. Sie fuhren mit dem Wohnmobil von Dänemark kommend nach Hause und hatten jenen idyllischen Platz für eine Rast ausgesucht.

Der Aufenthalt im Kloster verlief anders als geplant. Ich nahm an den täglichen Gebetszeiten passiv teil, denn mir war nicht nach Singen zumute. Aber ich konnte die liturgischen Gesänge genießen. Es handelte sich vorwiegend um Psalmen in deutscher und lateinischer Sprache. Die Offenheit gegenüber Gästen mit unterschiedlicher Konfession imponierte mir, sodass ich bei der Eucharistie teilnehmen konnte. Für mich hatte sie die schlichte Bedeutung des Abendmahls. Bei der sogenannten Vesper brachen sich die Strahlen der untergehenden Sonne im Glasrelief. Es stellte das himmlische Jerusalem dar. Das gleißende Weiß teilte sich in ein überwältigendes Farbspektrum. Ich schaute in das flirrende Licht, das fächerartig auf uns zuströmte. Während andere Gäste sich wieder setzten, blieb ich gebannt stehen. Dabei wurde ich in einen tiefen inneren Frieden eingehüllt. Ich hatte den Eindruck, von Gott berührt zu werden. Erst das sanfte Anstupsen der Frau, die neben mir saß, holte mich zurück.

Eigentlich hatte ich Menschen aus dem Weg gehen wollen, um das Geschehen zu verarbeiten. Doch beim Frühstück konnte ich mehrfach von den Erfahrungen mit Jesus erzählen, die mein Leben, und da vor allem das letzte Jahr, geprägt hatten. Auf lauschigen Pfaden durch das Moor blieb noch immer genug Gelegenheit zur Zwiesprache mit dem Herrn. Ich haderte und klagte, rechnete aber damit, später einmal für die Führungen meines Lebens dankbar sein zu können. Dabei orientierte ich mich an diesem Selbstgespräch:

> *Harre auf Gott; denn ich werde ihm noch danken, dass er mir hilft mit seinem Angesicht* (Psalm 42,6 LUT).

Beim Gebetsspaziergang erblickte ich auf der Holzbank im Klostergarten einen Mann, der älter war als ich. Weil er so traurig wirkte, sprach ich ihn aufs Geratewohl an.

„Haben Sie ihre Frau verloren?“ Er nickte nur.

„Darf ich mich zu ihnen setzen?“ Wieder reagierte er auf gleiche Weise. Ich nahm Platz. Nach einer Weile fragte ich ihn: „Mögen Sie erzählen?“

Der so abweisend Wirkende antwortete ohne zu zögern:

„Ich bin seit einem Jahr auf der Flucht vor mir selbst …“

Der Mann hatte dem Wunsch seiner Frau nachgegeben und sämtliche Morphium-Pflaster auf einmal aufgetragen. Sie war daraufhin in der kommenden Nacht gestorben.

„Ich bin ein Mörder, denn ich habe sie umgebracht!“, schrie er verzweifelt auf und schüttelte den Kopf.

Der Begriff Mörder sei unzutreffend, erklärte ich, denn ihm hatte jegliche Tötungsabsicht gefehlt. Doch was nützen sachliche Argumente, wenn das Gewissen quält? Ich fragte, ob er über die Angelegenheit schon mit dem für Gäste zuständigen Mönch gesprochen habe. Ja, das war der Fall. Man hatte ihn damit getröstet, dass die Ehefrau ohnehin gestorben wäre.

In diesem Moment kam mir der Gedanke an Vergebung. Wo die Argumente der Vernunft einen Menschen nicht erreichen, kann sie von Selbstvorwürfen befreien:

> *Wenn uns unser Herz verdammt, [ist] Gott größer […] als unser Herz und erkennt alle Dinge* (1. Johannes 3,20 LUT).

Die Folgezeit war stark von der Verarbeitung der Trauer geprägt. Man sagt, dass sie eine Form von Selbstmitleid sei. Trifft das wirklich zu? Ich halte sie für einen notwendigen und leidvollen Prozess des Abschiednehmens. In dieser Phase war ich allerdings äußerst empfindlich. Wenn es Leute aus Rücksicht zu mir vermieden, Johanna zu erwähnen, war ich gekränkt, weil die geliebte Person vergessen zu sein schien. Sprachen sie jedoch über sie, brach ich mitunter in Tränen aus. Es war mir klar, dass das Problem bei mir selbst lag. Gewiss habe ich auch die Trauer unserer Kinder in dieser Lebensphase nicht angemessen beachtet, weil ich zu stark auf den eigenen Kummer fokussiert blieb. Erst ein offenes Wort meines Sohnes öffnete mir dafür die Augen.

In der schwersten Phase meiner Trauer las ich die Lebensbeschreibung eines Pfarrers, in der er den Tod seiner Frau schildert. Er bekennt, wie überraschend schnell er sich nach einer neuen Beziehung sehnte. Ich verweilte länger bei diesem Abschnitt, denn er holte mich bei meinen Empfindungen ab. Sie motivierten mich, die Verbindung zu Ulrike zu pflegen. Die Kommunikation mit ihr gehörte zu den Höhepunkten der Tage. Häufig telefonierten wir an den Abenden. Wir buchten Zeiten in Schloss Craheim und auf Langeoog, um uns bei gemeinsamen Unternehmungen besser kennenzulernen. Schon bald stellten wir fest, dass unsere verstorbenen Partner über weitreichendere Fähigkeiten zur Orientierung verfügt hatten als wir. Da wir uns nicht mehr auf sie verlassen konnten, mussten wir in Bamberg den Standort des Autos suchen. Wir quittierten die Entdeckung mit Humor. Nicht sofort, aber später. Beim Anstehen vor einem Fischladen sprach uns ein Mann an. Er bat um Geld, doch Ulrike spendierte ihm etwas zu essen. Das imponierte mir! Wir liebten es, mit den Rädern die Gegend zu erkunden und auf Langeoog durch die Dünen oder am Strand entlangzuwandern. Ulrike schaffte es, mich in begrenztem Maß für das Spielen zu gewinnen. Was ich bis dahin als Zeitverschwendung erachtete, lernte ich als unbeschwerte Entspannung kennen. Es ist bis heute so: In der Regel siegt Ulrike und bei anderer Gelegenheit verliere ich …

Natürlich erlebten wir einander auch im Stress oder beim Bewältigen von Meinungsverschiedenheiten. Uns war es wichtig, auch zu prüfen, ob wir mit den Schwächen des anderen umgehen konnten. Die gemeinsame Erfahrung des Todes unserer Partner würde als Bindeglied für die Ehe nicht ausreichen. Unsere wachsende Zuneigung wurde auch im familiären Umfeld nicht gerade mit Begeisterung aufgenommen. Wir mussten uns mit emotionalen Blockaden und Vorbehalten auseinandersetzen. Für Ulrikes Familie galt ich und sie in der meinen als fremde Person, die nicht die verlorene Mutter oder den Vater ersetzen konnte. Da war behutsame Annahme nötig. Wir sind glücklich darüber, dass das gelungen ist. Selbstverständlich ist es keineswegs.

Die Erkenntnis, dass man sich mit einundsechzig Jahren nicht mehr so leichtfertig bindet, erlebten wir in vielen Facetten. Jahrzehnte mit den ersten Partnern hatten uns geprägt. Es gab heftige Krisen. Dabei waren wir nie sicher, ob sie den Neubeginn zum Scheitern bringen würden. Mehrfach stand uns der Rückzug real vor Augen. So stornierten wir den Termin zur Trauung im Sommer des Jahres 2017. Dennoch sind wir davon überzeugt, dass es richtig war, für die eheliche Bindung die notwendige innere Sicherheit zu gewinnen. Der zeitliche Aufschub gewährte auch den Angehörigen die Chance, sich mit der neuen Situation zu arrangieren.

Vielleicht klingt es absurd: Die Vorstellung, dass eine Bindung – wenn wir sie eingingen – erneut durch den Tod zerstört werden würde, legte sich wie eine Hypothek auf unsere Gemüter. Die Erinnerungen an die so kurz hinter uns liegende Vergangenheit waren doch noch sehr präsent. Wir brauchten Mut. Den fand ich bei einem zweiten Aufenthalt in Craheim. An einem schwülwarmen Sommerabend saßen wir bei einem Glas Wein an einem Tisch im Schlossgarten. Mir schien das Ambiente für einen förmlichen Heiratsantrag passend:

„Ulrike, möchtest du meine Ehefrau werden?“

Ihre Augen strahlten, sie setzte zur Antwort an, da zerstörte ein gewaltiger Donnerschlag den Liebeszauber. Wir schreckten hoch, packten die Gläser und eilten auf die nächstgelegene Tür zu. Noch auf den letzten Metern prasselten schwere

Regentropfen auf uns nieder. Bis heute rätseln wir amüsiert über die tiefere Bedeutung dieses Geschehens.

Ende des Jahres 2017 gaben wir einander in Melle das Ja-Wort. Wir erlebten, wie beide Familien sich bemühten, die noch ungewohnte Konstellation als Realität liebevoll anzunehmen. Alle Kinder waren anwesend. Auch diejenigen, die sich mit unserer Verbindung zunächst schwertaten. Aus Gesprächen mit befreundeten Paaren in zweiter Ehe wussten wir, wie schwierig das sein kann. Wir sind von Herzen dankbar, dass wir uns angenommen wissen. Das ist alles andere als selbstverständlich. Um das Aufkommen von Wehmut im Gedenken an Vergangenes in Grenzen zu halten, verzichteten wir auf unangemessene Feierlichkeiten. Bei dem eingängigen Lied „Love One Another" berührte uns, dass beide Familien beteiligt waren. Im Stil eines Flashmob hatten auch Gäste die Möglichkeit, spontan mitzusingen Der Text nimmt die Intention des 1. Johannesbriefs auf und traf zielgenau unsere Situation.

Das Trauversprechen ein weiteres Mal zu geben, forderte mich emotional heraus. Zwar hatten wir für unsere zweite Ehe die biblische Legitimation (Römer 7,3), dennoch musste ich für mich klären, ob ich damit Johanna untreu würde. Mir war bewusst, dass der Faktor Zeit nicht zu einer befriedigenden Lösung führte. Ich entdeckte sie beim Lesen der Bibel. Da heißt es:

> *Die Liebe vergeht niemals* (1. Korinther 13,8 NGÜ).

Wenn dem so ist, dann darf das, was wir für den ersten Partner empfinden, weiterhin bestehen. Diese Erkenntnis befreite mich von den Bedenken. Ich muss meine Liebe nicht teilen, sondern darf sie verdoppeln und in die jetzige Beziehung investieren. Immer wieder sprechen wir miteinander offen über die Erfahrungen aus den ersten Ehen. Wir gedenken der Geburts- und Todestage ohne Eifersüchteleien. So haben auch Fotos zur Erinnerung an sie in der Beziehung den angemessenen Platz.

Das Haus in Kierspe hatte ich bereits im Sommer 2017 verkauft. Ich bin meinen Kindern überaus dankbar, dass sie dafür ihre Einwilligung gaben. Für sie bedeutete es den Verlust des Elternhauses, für mich jedoch die nötige Entlastung.

Johanna war zeitlebens eine große Sammlerin. Sie träumte stets davon, die gesamte Familie zu Besuch aufnehmen zu können. Es gab deshalb entsprechend viele Möglichkeiten für Übernachtungen. Die Frage, wie ich das Haus zum Verkauf leerräumen könnte, geisterte in den Nächten mit schlafraubender Intensität durch meine Gedanken. Schließlich war ich nun ganz auf mich gestellt. Am liebsten hätte ich alles abgefackelt, um das Problem aus der Welt zu schaffen. Zur gelegenen Zeit beschämte der Herr mich mit einer konstruktiven Lösung, ganz so, wie es uns zugesagt wird:

> *Alle eure Sorge werft auf ihn; denn er sorgt für euch* (1. Petrus 5,7 LUT).

Die jungen Leute, die das Haus kauften, gehören zu einer Großfamilie, die aus Kasachstan stammend in unserem Ort heimisch wurde. Die meisten Angehörigen hielten sich zur Baptistengemeinde. Wann immer die kraftstrotzenden Brüder und Cousins anpackten, um mit mir Berge von Sperrmüll zu kreieren, wusste ich, dass Gott sie mir geschickt hatte. Sie waren es auch, die den Umzug von Kierspe nach Gummersbach mit Sorgfalt und Fleiß stemmten. Ulrike kümmerte sich um das Verpacken des Geschirrs und um die Einrichtung der Küche in der zukünftig gemeinsamen Wohnung. Das harmonische Zusammenwirken führte zu der Sicherheit, um die wir für unsere Ehe gerungen hatten. Wir stellten fest, dass sich unsere Vorstellungen von Ordnung, Reinlichkeit und dem Umgang mit Geräten entsprechen. Diese scheinbaren Nebensächlichkeiten sorgen ja in etlichen Ehen für Konfliktstoff.

Bis zum Ende meiner Dienstzeit blieben wir in Gummersbach. Das erleichterte den Neubeginn und diente auch zur Konsolidierung der jungen Ehe. Wir hielten uns zur Evangelischen Freien Gemeinde, die ich von gelegentlichen Predigtdiensten kannte. Sie bot uns Chancen, die Zugehörigkeit sowie Freundschaften gemeinsam zu gestalten. Bei der Leitung von Freizeiten lernten wir einander als Doppelgespann auf anderer Ebene kennen. Als jemand, der ohne Mühe (!) improvisiert, schaffe ich mir mitunter Komplikationen, die durchaus vermeidbar wären. Mit Ulrike an meiner Seite habe ich das notwendige Korrektiv. Ihrer Sorgfalt entgehen kaum irgendwelche Nachlässigkeiten. So nimmt sie etwa regelmäßig Kalendereinträge vor. Ich kann sie zum Beispiel fragen, was wir an einem bestimmten Tag im Jahr unternommen haben. Sie weiß es. Ich hingegen erinnere mich meist nicht mehr daran, was wir am Vortag zu Mittag gegessen haben.

Der Rentenbeginn am 1. Juli 2020 gestaltete sich nach zweiundvierzig Jahren beim Bibellesebund fade und holprig. Die Corona-Epidemie ließ kaum Kontakte zu und erst recht nicht einen feierlichen Abschied. Schön war das keineswegs, aber ich nahm es hin. Wir alle litten unter den erschwerten Bedingungen. Bis dahin hatte ich allerdings noch keine Nachricht von der Rentenversicherung. Das irritierte mich. Meine telefonische Nachfrage ergab, dass der Bescheid bereits im Mai verschickt worden war. Allerdings an die falsche Adresse. Ich bat darum, ihn erneut an die nun neue Anschrift in Niedersachsen zu senden. Das durfte die Dame nicht. Und die Höhe der Rente enthielt sie mir auch vor. Es war so spannend wie das Warten auf Weihnachten. Ich ärgerte mich und nahm am nächsten Tag erneut den Kontakt auf. Dieses Mal sprach ich mit einer anderen Person.

„Herr Mühe“, sagte sie, „ich kopiere den Rentenbescheid und sende ihn an die neue Adresse.“

Es war erstaunlich, mit welcher Selbstverständlichkeit sie reagierte. Allerdings hielt ich bis Mitte des Monats dennoch nichts in der Hand. Hatte die Angestellte geflunkert? War sie bei ihrem Vorhaben gestoppt worden? Ging die Postsendung womöglich verloren? Für mich stellte sich die Frage, wieso das Leben in der Verbindung mit Jesus nicht problemloser verlief. Er hätte doch die Angelegenheit lenken können! Nun: Unsere Mieterin hatte die Post aus dem Briefkasten geholt und hochkant auf der Heizung des Hausflurs platziert. Die Sendung war dahintergerutscht und blieb bis zum nächsten Putzen verschollen.

Der Lockdown erschwerte die Suche nach einer Gemeinde in unserer neuen Heimat. Verkündungsdienste waren nahezu ausgeschlossen. Ich nutzte die Zeit für schriftliche Beiträge und für dieses Buch.

Nach der angenehmen Mittagsruhe beabsichtigte ich Ende Oktober einen schriftlichen Beitrag am Computer fortzusetzen. Ich beendete den Standby-Modus, schaute auf den Monitor und war höchst irritiert. Vor mir erschien zwar der Text, doch ich konnte seinen Sinn nicht erkennen. Ich schloss die Augen und öffnete sie erneut, aber die Worte präsentierten sich mir noch immer als sinnlose Ansammlung von Buchstaben. Ich fühlte, wie Panik mich erfasste und der Schweiß ausbrach. Ich bereitete mir erst einmal einen Kaffee und ging erneut an den Schreibtisch. Erleichtert stellte ich fest, dass alles wieder in Ordnung war. Hatte der Zwischenfall eine Bedeutung? Wenn ja, welche?

Wenige Wochen später flackerten Lichtblitze in beiden Augen auf. Ich nahm an, dass sie von einer defekten Straßenlampe herrührten. Dies war jedoch nicht der Fall. Beunruhigt drehte ich den Kopf, um die Nackenmuskeln zu entspannen. Dankbar stellte ich fest, dass die Störung aufhörte. Die Bekannte, der wir das erzählten, nahm die Sache nicht auf die leichte Schulter. Sie bestand darauf, dass ich mich untersuchen ließ.

„Ihre Augen sind so weit in Ordnung", erklärte man mir in der Augenambulanz. „Es handelt sich vermutlich um ein neuronales Problem."

Einen zeitnahen Termin für die Computertomographie zu bekommen, war nicht einfach. Ich hoffte, dass lediglich eine Gefäßverengung diagnostiziert werden würde und hegte keine Sorgen. Als Ulrike und ich jedoch gemeinsam zur Auswertung der Aufnahmen aufgerufen wurden, spürte ich innere Unruhe. In der Stimme der Ärztin schwang etwas Bedrohliches mit.

„In ihrem Kopf gibt es eine Raumforderung", erklärte die Medizinerin ohne Umschweife. „Sie weist auf eine Metastase in diesem Bereich hin."

Mit dem Kugelschreiber umfuhr sie auf der Abbildung den hellen Fleck im linken Teil des Schädels. Ich war schockiert und konnte weder etwas denken noch fühlen.

Ulrike brach in Tränen aus. „Das habe ich gerade mit meinem ersten Mann hinter mir", äußerte sie. Vor mir stieg die Erinnerung an meinen Vater auf. Er starb aufgrund von Tumoren in seinem Kopf. Dunkelheit umfing mein Gemüt. Über WhatsApp informierte ich die Familie und Freunde. Die Betroffenheit war groß.

Noch am Tag zuvor hatte ich im Gottesdienst über Tod und Ewigkeit gepredigt. Dabei erläuterte ich meine widerstrebenden Empfindungen:

„Ich freue mich auf die Herrlichkeit des Himmels, aber der Wunsch, noch länger auf dieser Erde zu leben, ist ebenso präsent."

Dabei schien mir der Vergleich von Flieh- und Anziehungskraft im Weltall passend. Beide Kräfte geben unserem Planeten auf der Umlaufbahn die nötige Stabilität. Davon war bei mir jetzt keine Rede. Ängste und Befürchtungen stürmten wie vandalierende Horden durch meine Gedanken. Es war schwer, ihnen mit der Gewissheit des Glaubens standzuhalten. Ich wollte leben, nicht sterben! Kreativität und Pläne verflüchtigten sich angesichts einer unsicheren Zukunft. So locker wir über Auferstehung und Ewigkeit reden mögen – in der konkreten Situation erhält die Tatsache des Todes ihr eigenes Gewicht.

Die folgende Zeit füllte sich schnell mit Terminen bei Ärzten und in Ambulanzen. Für Ulrike hieß das in der Regel, wegen der Corona-Pandemie außerhalb in der Kälte warten zu müssen, wenn sie mich fuhr.

Das Vorgespräch beim Neurochirurgen war aufschlussreich, aber auch herausfordernd. Bei der Operation würden sie mit präzisen Schnitten ein Stück aus dem Schädelknochen sägen, um so an die Metastase zu gelangen.

„Das Gerät reagiert höchst sensibel auf den nachlassenden Druck. Es stoppt, sobald der Knochen durch ist."

Na, großartig! Was wollte ich mehr? Ich klammerte mich Hilfe suchend an den Herrn. Darüber hinaus beruhigte mich der Gedanke an den Fortschritt der medizinischen Technik. Das Warten auf die Operation war schwierig. Da wechselten sich Ängste mit Zuversicht ab und bestimmten mein Fühlen und Denken. Ich stand am Beginn eines langen Weges, denn der Primärtumor in der Schilddrüse hatte nicht nur Krebszellen im Kopf, sondern auch in der Lunge und an Lymphknoten gebildet.

Endlich! Im Bett wurde ich über lange Flure Richtung Operationssaal geschoben. Freundliche Krankenpfleger bereiteten mich auf den Eingriff vor. In diesen kühlen, von technischen Geräten bestimmten Räumen tat jede menschliche Zuwendung so gut: ein mitfühlendes Wort, ein Blick in die Augen, die Zudecke, die man mir reichte, damit ich nicht auskühlte. Ein Geschenk bereitete mir der Narkosearzt. Er übermittelte mir den Gruß des Schwiegervaters meiner Tochter. Der hatte bis vor Kurzem als Anästhesist auf dieser Station die Patienten für Stunden ins Nirwana geschickt.

Das Aufwachen auf der Intensivstation hatte etwas von einem Déjà-vu. Die diensthabende Krankenschwester fragte immer wieder nach dem Befinden: ob ich Hände und Füße bewegen könne, ob es mir möglich sei, zu sehen und zu hören. All das hatte ich bereits unauffällig ausprobiert und voller Dankbarkeit das Fehlen jeglicher Einschränkungen registriert. Der Bettnachbar war mittels einer Sichtwand getrennt. Sein erhöhtes Redebedürfnis fegte wie ein Tsunami durch meine Wahrnehmung. Den Eingriff hatte er – „toi, toi, toi“ – mit gutem Ergebnis überstanden. Die Nachwirkungen der Narkose waren stärker als meine Bereitschaft, etwas auf die abergläubische Redeweise zu erwidern.

Als ich in der Klinik mit meinen Kindern per WhatsApp kommunizieren wollte, entglitt mir das Smartphone. Beim beherzten Zugreifen löste ich unwissentlich die Videofunktion aus und war damit nicht nur zu hören, sondern auch zu sehen. Innerhalb kurzer Zeit ploppten auf dem Bildschirm die Konterfeis meiner Lieben auf. Es kam spontan zu einem visuellen Familientreffen. Dabei wirkte der Kopfverband nicht nur in der eigenen Wahrnehmung eindrücklich. Wir freuten uns über die ungeplante Entdeckung der visuellen Kommunikation. Die Zugänge per Internet erleichterten den Aufenthalt auf der Station für Neurochirurgie während der Weihnachtsfeiertage. Durch die strengen Regelungen des Lockdowns blieben Besuche ausgeschlossen. Die Gespräche bekamen unter dem Eindruck der schweren Erkrankung besondere Qualität.

„Papa, was machst du den ganzen Tag?“, fragte eine meiner Töchter. Vielleicht vermutete sie Langeweile.

„Ich lese, weine und bete“, antwortete ich wahrheitsgemäß.

„Was betest du denn?“

Ich war über die Rückfrage überrascht. Wann sonst reden wir in dieser Weise?

„Ich sage Gott, dass ich bereit bin, in die Ewigkeit zu gehen. Aber noch lieber möchte ich gesund werden und am Leben bleiben.“

Mir lag daran, meine begründete Hoffnung zu bekennen, ohne den frommen Helden zu mimen. Aufrichtigkeit hat einen hohen Stellenwert.

„Hat Gott dir denn geantwortet?“ Erneut verblüffte mich die Rückfrage. Offensichtlich bezog sie sich auf eine Erfahrung aus der Vergangenheit. Damals betete ich im Andachtsraum der Klinik und erhielt die Auskunft, dass Johanna sterben würde.

„Ich habe keine Antwort erhalten. Und damit auch nicht das definitive Aus.“

Das wieder eingesetzte Knochenstück begann einige Tage nach der Entlassung aus der Klinik zu nässen und zu bluten. Das löste Mitte Januar während eines Telefongesprächs massive Wortfindungsstörungen aus. Ich reagierte mit Hilflosigkeit und Panik, denn ich war noch nicht einmal in der Lage zu erklären, was mit mir los war. Das beklemmende Gefühl von Ohnmacht kann ich nur schwer beschreiben. Es hat sich in meinem Gedächtnis als Trauma festgesetzt. Wann immer mir Worte nicht unmittelbar zur Verfügung stehen, befürchte ich eine Wiederholung dieses Erlebens. Ulrike rief den Notarzt an und ich wurde zum nächstgelegenen Krankenhaus nach Winsen gefahren. Am anderen Tag überstellte man mich zur neurologischen Abteilung in Altona. Dort erlebte ich die Wiederholung der Kopfoperation. Wenige Wochen später wurde die komplette Schilddrüse mit dem Primärtumor entfernt. Nie habe ich mir vorstellen können, dass ich innerhalb kurzer Zeit in der neuen Heimat so viele Krankenhäuser besichtigen würde.

Die Metastasen in den Lymphknoten wurden mit zwei Radio-Jod-Therapien angegangen, bei denen man mir hochdosiertes Nuklearmaterial verabreichte. Ihnen gingen jeweils vierwöchige Phasen voraus, in denen ich die Tabletten zur Steuerung der Hormone absetzen musste. Das wirkte sich negativ auf die Psyche aus, raubte die Antriebskräfte und führte zu massiven Schlafstörungen.

Für die Behandlung der größten Krebszelle in der Lunge entschieden wir uns gegen einen operativen Eingriff. Dabei wäre ein Lungenlappen entfernt worden. Die koordinierende Ärztin riet nach Rücksprachen im Tumorboard, einer Konferenz mehrerer Fachärzte, zu Bestrahlungen. Der dafür zuständige Arzt eröffnete mir jedoch, dass sie mit Metastasen, die von der Schilddrüse herrühren, noch wenig Erfahrung hatten. Die beabsichtigte Zerstörung der Krebszelle umfasste zehn Einheiten und verursachte weder Schmerzen noch Nebenwirkungen. Bereits der Zwischenbericht fiel ermutigend aus.

„Herr Mühe, den Rest bekommen wir auch noch hin“, lautete das Statement des Radiologen.

Im Herbst wurde eine Computertomographie vom Kopf erstellt. Sie diente der Vorbereitung der Operation, bei der die Lücke im Schädelknochen wieder verschlossen werden sollte. Der Neurochirurg winkte ab. Er meinte, wenn ich mit der Gegebenheit leben gelernt habe, stünden Aufwand und Nutzen in keinem Verhältnis.

„Sie haben genügend andere Baustellen."

Hörte ich da einen verklausulierten Hinweis auf noch nicht erwähnte Befunde? Bei einer schweren Erkrankung legt man jedes Wort auf die Goldwaage. Und ein noch so kleines Zipperlein kann zur überdimensionierten Besorgnis führen. Ich muss lernen, mit dieser Verunsicherung gelassen umzugehen.

Ich pflichtete dem Arzt gern bei. Die Lücke im Schädelknochen wirkt sich im Alltag kaum aus. Mit Recht kann ich deshalb scherzhaft verlauten lassen, ich sei im Kopf nicht mehr ganz dicht. Der Befund, dass sich keine neue Metastase gebildet hat und der Operationsschnitt in der Nähe des Gehirns verheilt ist, versetzte mich in Hochstimmung. Der Arzt gratulierte, dass Krampfanfälle als Nachwirkung bei mir ausgeblieben seien. Ich gab seine Worte dankbar in einem stillen Gebet weiter an Jesus.

Nun stand die Verlaufskontrolle zur Behandlung der Lunge an. Konnte ich mit einem guten Ergebnis rechnen? Ich fuhr mit gewisser Anspannung zur Radiologie. Wenn der Lungenlappen doch entfernt werden müsste, wäre das ziemlich hart. Es reicht aus, dass die Schilddrüse und ein Teil meines Schädelknochens bereits im Himmel sind.

„Die Metastase ist eliminiert", beschied der Arzt. Dabei klang er geradewegs euphorisch. Er drehte den Computerbildschirm in meine Richtung und forderte mich auf:

„Da, schauen Sie!" Das Gebilde in der Größe einer Pflaume war in der Mitte eingefallen. Ich dankte dem Arzt und später dem Herrn sowie über WhatsApp den vielen, die diese Krankheit im Gebet mitgetragen hatten.

Es scheint, dass mir noch eine Lebensspanne gewährt wird. Ich erachte jeden Tag als ein Geschenk. Unser Heim ist jetzt

Ulrikes Haus, das uns genügend Raum zu Entfaltung bietet. Der umgebende Garten hat uns gerade in den Einschränkungen durch Corona einen geschützten Rückzugsort im Freien ermöglicht. Als jemand, der die herausfordernde Topografie der bisherigen Wohnorte gewohnt war, genieße ich jetzt die Beschaffenheit der norddeutschen Tiefebene. Sie bietet mit Marschland, Mooren, Magerwiesen, Deichen und Seen zahlreiche Fotomotive. Ulrike zeigt mir überdies gern ihre Heimatstadt Hamburg. Der Zauber des Neuen wirkt sich nicht allein auf unsere Ehe aus. Gern erkunde ich auch Ortsnamen, deren Bedeutung mir bisher fremd war, die aber für diese Gegend typisch sind.

Was bleibt mir noch zu sagen?

Ich danke Gott, der mich durch Jesus Christus zu einem Leben befreit hat, das von seiner Nähe bestimmt ist und zur ewigen Herrlichkeit führt. Mein Dank gilt auch den Verantwortlichen beim Bibellesebund. Sie haben es damals gewagt, mich als Mitarbeiter anzustellen. Da konnte ich jene Fähigkeiten entwickeln, die mir geschenkt wurden. Meine von Herzen kommende Wertschätzung gilt unseren Kindern. Sie machen mein Leben reich und haben sich so selbstlos eingesetzt, um den schweren Weg ihrer Mutter erträglicher zu gestalten. Ihre besorgte Anteilnahme nach der Diagnose meiner Krebserkrankung berührt mich tief. Als spätes Überraschungsgeschenk erachte ich meine Ehefrau Ulrike. Wie sehr hat sie mir bereits Loyalität und fürsorgende Liebe erwiesen. Ich rechne damit, dass wir einmal zusammen mit unseren ersten Ehepartnern Gottes Herrlichkeit sehen und ihn anbeten werden.

Und auch das noch: Die Gemeinschaft mit so vielen Christen gehört zur großartigen Zugabe für alle, die Jesus nachfolgen. Als Gottes große Familie ist sie dazu berufen, in dieser Welt Zeugnisse seiner Herrschaft abzulegen. Vielleicht konnte ich dazu ermutigen.

Weitere Publikationen von Ralf Mühe:

Bibel trifft leben

Bibel und Alltag gehören zusammen wie der Rettungsring und das Wasser. Er verleiht Auftrieb und trägt, ohne sich im Nass zu verlieren.

Ralf Mühe belegt an 100 Erfahrungen, wie wichtig es ist, im Alltag mit Gott verbunden zu sein. Ein Buch, das Lust macht auf neue persönliche Begegnungen mit der Bibel! Zum Selberlesen oder für kurze Impulse in der Gruppe.

Taschenbuch, 12 x 18 cm, 112 Seiten
Best.-Nr. 71431

Hauskreishefte

Das Buch Daniel
Best.-Nr. 32562
Geheftet, DIN A5,
80 S.

Das Matthäus-Evangelium
Best.-Nr. 32580
Geheftet, DIN A5,
128 S.

Die Offenbarung
Best.-Nr. 32561
Geheftet, DIN A5,
128 S.

Die Hefte der beliebten Reihe eignen sich ideal für Hauskreise und Kleingruppen. Wer biblisch fundierte Erklärungen, Impulse für Gruppengespräche und Übertragung in den Alltag sucht, wird hier fündig!

Weitere Hefte der Hauskreisreihe finden Sie unter:
Shop.bibellesebund.net